中共四川省委党史研究室 ◎ 编

四川党史人物传 第一卷

四川人民出版社

图书在版编目（CIP）数据

四川党史人物传・第一卷/中共四川省委党史研究室编.
—成都：四川人民出版社，2016.8（2021.3重印）
ISBN 978-7-220-09853-6-01

Ⅰ.①四… Ⅱ.①中… Ⅲ.①中国共产党－历史人物－列传－四川省　Ⅳ.①K820.871

中国版本图书馆 CIP 数据核字（2016）第 155627 号

SICHUAN DANGSHI RENWUZHUAN DIYIJUAN
四川党史人物传・第一卷
中共四川省委党史研究室　编

责任编辑	董　玲
封面设计	经典记忆
版式设计	戴雨虹
责任校对	蓝　海
责任印制	李　剑
出版发行	四川人民出版社（成都槐树街2号）
网　址	http://www.scpph.com
E-mail	scrmcbs@sina.com
新浪微博	@四川人民出版社
微信公众号	四川人民出版社
发行部业务电话	（028）86259624　86259453
防盗版举报电话	（028）86259624
照　排	四川胜翔数码印务设计有限公司
印　刷	自贡市华华广告印务有限公司
成品尺寸	148mm×210mm
印　张	11
字　数	230千
版　次	2016年8月第1版
印　次	2021年3月第4次印刷
书　号	ISBN 978-7-220-09853-6-01
定　价	46.00元

■版权所有・侵权必究
本书若出现印装质量问题，请与我社发行部联系调换
电话：（028）86259453

再版说明

党的十八大以来,以习近平同志为总书记的党中央高度重视党的历史和革命传统教育。2015年9月11日,习近平总书记在十八届中共中央政治局第二十六次集体学习时的重要讲话中指出:"英雄模范之所以能够赴汤蹈火、舍生忘死,之所以能够任劳任怨、鞠躬尽瘁,之所以能够洁身自好、光明磊落,最根本的就是他们对理想信念有执着追求和坚守。他们选定了主义,站定了队伍,就终身为此不懈奋斗",并强调革命烈士的家书、事迹是进行理想信念教育最生动、最有说服力的教材,要编辑成册,发给广大党员、干部,让他们经常读一读,想一想。

为了贯彻习近平总书记讲话精神,推动"两学一做"学习教育,2016年4月,中共四川省委党史研究室决定对《四川党史人物传》第一卷、第二卷进行一次重要史实的补充修订后再次出版。《四川党史人物传》第一卷、第二卷是1984年由中共四川省委党史研究室的前身中共四川省委党史工作委员会组织编写。这套书出版三十多年来,在进行革命传统教育、认识四川党的历史方面发挥了积极作用,深受广大读者喜爱,经过时间的积淀和新的重要文献的出现后,有必要对此书修订补充再版,为广大党员干部提供更为生动的学习资料。

再版工作由郭生春牵头,宋键、杨萍具体负责,图片的收集整理工作由宋键、杨萍、马睿、王植和李小聪完成。这项工作得到了该书前编辑组长乔毅民的大力支持。室务会还决定聘请邓寿明对书稿补充修订工作进行审定。在图片、资料的补充收集过程中,我们得到了重庆市委党史研究室,以及酉阳县、黔江区、涪陵区、潼南区等地党史部门的大力支持,在此表示诚挚的谢意。

《四川党史人物传》编辑组

2016年6月28日

以怀先烈 以育后代

邓小平

发扬先驱者的革命精神

为《四川省党史人物传》题

一九八三年五月 杨超

满卷是热烈的火，智慧的光永远照耀、鼓舞、指导着我们向共产主义道路前进

张秀熟学习 一九八三年六月六日

编委会名单

编审委员会

　　杨　超　任白戈　张秀熟　安法孝

　　周　颐　陈　文　彭　塞　郝　谦

编　辑　组

　　组　长：乔毅民

　　副组长：张迪明

　　成　员：毕　兴　阚孔璧　邓寿明

目 录

序 ……………………………………… 任白戈（001）

王右木 ……………………………………… 邓寿明（001）
杨闇公 ……………………………………… 郑洪泉（038）
吴玉章 ……………………………《吴玉章传》写作组（069）
赵世炎 ……………………………………… 彭承福（126）
傅　烈 ………………………… 邓禄田　熊哨空　周木根（152）
张曙时 ……………………………… 乔毅民　阚孔璧（171）
李鸣珂 ……………………………… 王　斌　周秀芳（207）
穆　青 ……………………………… 王　斌　苏温泽（238）
冉　钧 ………………… 邱富贵　张宣材　赵秀蓉　王　斌（253）
王维舟
　…… 四川大学川陕革命根据地科研组（徐正明　执笔）（267）
刘伯坚 ……………………………………… 白明高（305）

编后记 …………………………………………………（337）

序

任白戈

中共四川省委党史工作委员会《四川党史人物传》编辑组编辑出版的《四川党史人物传》，无论就党史的研究及就革命先烈和先辈的表彰来说，都对后辈起着长远的教育作用。我们有今天这样没有人剥削人、人压迫人的社会主义社会，过着人间幸福的生活，是与许多革命先烈的流血牺牲和革命先辈的艰苦奋斗分不开的。他们一生斗争的历史，不但给我们指明革命实践的道路，而且给我们鼓舞奋发的力量。现在许多青年人不懂得革命的历史，不懂得新中国是怎样由旧中国变来的，对革命的一些根本问题就难以理解或理解不深，所以对青年人来说，这种形象的、历史的、生动的传记读物特别需要。

人物传记，必须实事求是，力求做到真实无误。因为这是历史而不是小说。小说可以夸张虚构，历史必须存真。比如画一个人物的像，可以用素描，可以用油画，但必须像被画者的真实面貌，这才叫画像。传记也可以用彩笔写，但这只是增加它的光彩，而不能模糊它的真实面貌。真实应当是第一位的，不要写成华而不实。

每个人物都有一个成长发展的过程。即使是伟大的人物也有一个由幼稚到成熟的过程,没有谁一生下来就是革命的天才。所以我们在写人物传的时候必须坚持辩证唯物主义和历史唯物主义的观点,写出人物的变化和发展。每个人所处的时代环境和家庭地位关系不同,他所走的道路以及如何走上革命的道路都是不同的,这其中有千山万壑的羊肠小道,也有险阻湍急的关津渡口,由于时代的要求和革命的形势相同,往往又殊途同归。情况是非常复杂的,但又是有规律性的。所以在写革命人物传时,既要写得丰富多彩,又要写得合乎情理。历史的发展是曲折的,在某些转折的关头,或者由于路线的错误,或者由于思想认识跟不上,英勇的革命人物也会有某些过失,这在写传记的时候也不必避讳。因为这样更能显出人物的真实性和完整性,有助于光辉形象的塑造,并不削减他们的革命功绩和在历史上应有的地位。

一个革命人物的行动总会或多或少地贯穿着许多运动、斗争事件,而且有些在革命史上甚至现代历史上都是主要的事件。他是运动、斗争的参加者乃至领导者,在写他的传记的时候就必须把这些运动、斗争写清楚。这不但可以丰富革命人物的事迹,为其增添光彩,而且可以作为革命历史的一部分供后人参阅。当然这又与写某一运动史、斗争史不同,只能是简明扼要地包含于传记之中,而不能形成传外有传。

这部《四川党史人物传》,经过原中共四川省委党史研究室会同四川省中共党史研究会多次召开会议讨论研究和各地区、各大专院校乐于承担编写任务的同志的辛勤劳动,又由原省委党史研究室以乔毅民为组长、张迪明为副组长的《四川党史人物传》编辑组担负着整个编辑工作。由于许多烈士是在敌人的屠刀下牺牲的,在那些黑暗统治的艰苦日子里,没有保存什么资料,不得不走访一些知情的老人,多方来搜集,而这些老人又因年事已高,记忆难免不周和不准,为了对证一个史实往往花费很大的功夫,他们的心血凝成的几十篇党史人物传,对于党史的教育和革命史的教育作出了很大的贡献。今后的工作更加繁重,尚望同志们以锲而不舍的精神,总结过去的经验,取得更好的成绩。

1983 年 5 月

王右木

◎ 邓寿明

王右木（1887－1924），最早在四川传播马克思主义革命理论的宣传者和组织者，也是四川党、团组织的主要创始人之一。他从组织马克思主义读书会开始，到建立社会主义青年团成都地方团执行委员会，再到创建中共成都党支部，始终热情地宣传马列主义，深入群众，细致工作。他领导了学界争取教育经费独立的群众运动，又从事工人运动，创办《人声报》。他既不为反动派的气势汹汹所吓倒，也不为反动派的高官厚禄所诱惑，坚持为真理而斗争。他的一生虽然非常短暂，却为我们树立了一个无产阶级革命者的光辉形象，不愧是四川革命运动的先驱。

王右木

艰苦的青少年时代

1887年11月12日（阴历九月二十七日），王右木诞生在四川省江油县城关镇（今江油县武都镇）一个贫民的家庭。这里紧靠龙门山脉北段的东南侧，奔腾不息的涪江绕城而过，他家就坐落在城的中央。王右木的父亲王奎生，又名王源光，是一位老实人，曾考取过清朝秀才，年轻时以教书为生，勉强维持全家生活。后来开了个小客栈，收入不多，生活日益困难。母亲杨氏生下他时，其父尚在外面躲债，因无力喂养，准备忍痛送给别人。他在外教书的大哥知道后，坚决不同意，自己节衣缩食，全力支持家庭，决心将弟弟抚养成人。王右木排行第三，曾取名王丕昌、王燧。四岁起就跟着大哥识字读书，受到严格管教。

当时的中国，在清朝政府腐败无能的统治下，甲午战败，被迫签订了屈辱的《马关条约》，民族危机进一步加深。中国人民反抗帝国主义及其走狗的斗争，一浪高过一浪地向前发展。王右木十一岁那年，四川的东部爆发了规模浩大的余栋臣反洋教武装起义。稍后，又爆发了义和团运动。这一切都在王右木幼小的心灵上留下了深刻的记忆。当他读到中学时，由于家庭经济越来越困难，不得已曾两次停学去教蒙童（初小）来挣学费。全家人为了他不致停学，一年中除由本家亲戚凑集一个学期的学费外，另一个学期的学费，则靠王右木利用寒假在家门口摆摊写春联出售来筹集。当地的豪绅地痞，鄙视他的家世，对他进行冷嘲热讽。正是这样艰难困苦的环境，锻炼了他对邪恶势力的傲视和挺拔的高尚品格，以及努力向上的坚强意志。他终于在江油县立登龙书院和龙安府立匡山书院念完了初中和相当于高中的课程，清末应童生试，名列前茅。随着知识和年龄的增长，他开始观察和思考自己的周围及社会了。是时，接近灭亡的清政府，更加衰败无能，实业不振，一切仰外人鼻息，贪污成风，官吏不以为耻，竟相效尤。王右木每谈到这些，深感痛心疾首。

辛亥革命前夕，王右木以优异成绩考入成都的四川通省师范学堂数理科，决心从实业着手，使国家振兴，人民富强。当时的成都，已是四川革命党人的重要活动和集中地之一，四川通省师范学堂又是他们活动的主要场所，大批留日回川的学生在此任教，革命空气十分浓厚。尽管清王朝的四川政府严加防范，革命洪流仍然滚滚向前，许多革命读物如梁启超的《新民丛刊》，邹容的《革命军》，陈天华的《警世钟》《猛回头》，还有《新湖南》《太炎论事》，吴玉章在日本主持创办的《新四川》等，都在学生中广泛传阅。很多有志青年都感到要变法才能救国，学西欧、学日本，才能富强。生活在这种环境中的王右木，受到革命思想的熏陶，便产生了留学日本的愿望。但他的家庭经济这时更加困难，连供他继续读书也不可能，只好被迫中途休学，留日学习的愿望当然无法实现。回乡后，他应县立龙郡中学之聘任教务长。在校期间，除努力于教学的组织工作外，他还积极支持学生的正义行动。据当年曾在该校读过书的张秀熟回忆说：一次，校长的儿子流里流气地到他们班去当学监，学生都不满意，就抓住他有失礼节的一件小事，给以迎头痛击。学生们请教务长评理,王右木完全站在学生一边。结果,校长的儿子灰溜溜地被轰走了。

不久,王右木积攒了一些钱,又回到四川通省师范学堂去完成他未竟的学业。这时的成都,经过辛亥革命的风暴,民主共和国的观念深入人心。年轻的王右木,怀着炽热的心情,投入了当时沸腾的政治生活。但是,他逐步看到,辛亥革命并没能够给人民带来什么实质利益,人民依旧在水深火热中挣扎。他感到,一个幸福兴旺的国家,不可能在这貌新实旧的统治下实现。无情的现实,促使他团结有志之士,一起研讨国家政治,探索救国救民道路。

1913年秋,王右木在四川通省师范学堂学习毕业后,又回到龙郡中学,教授物理课程。他教学态度认真,阐发道理清楚,深受学生欢迎。

走上革命的道路

1914年,省上给江油、彰明两县一个官费留学日本的名额。王右木决定抓住这个难得的机会,争取这个官费留学日本的名额,最终以优异的成绩被录取。在亲友资助下,王右木终于实现了去日本留学的愿望,到东京明治大学经济系学习。这时,正值第一次世界大战爆发,日本帝国主义利用西方列强无暇东顾的机会加强了对中国的侵略,不仅出兵中国山东,强占青岛和胶济铁路,而且还向袁世凯提出企图灭亡中国的"二十一条",作为支持袁氏称帝的交换条件。消息传出后,立即激起了中国人民反日、反袁的斗争怒潮，中国的留日学生也迅速召开了留学生总会会议，反对袁氏签订卖国条约。会上，公推李大钊为文牍干事，负责起草通电。在这次运动中，王右木奔走呼号，动员人民竭力反对袁世凯的卖国行径。

1915年12月25日，云南首先高举讨袁护国的武装义旗。接着全国响应，维护民主共和国的反袁运动进入高潮。东京的留日学生总会组织学生积极支持云南的护国军，并代筹军饷，推举李大钊为文事委员会编辑主任。同时李大钊等还在东京留学生中发起组织"神州学会"。王右木立即加入这一组织，并在运动中结识了李大钊。在这场轰轰烈烈的爱国运动中，王右木的态度十分鲜明：他慷慨激昂地抨击袁世凯的倒行逆施，对一位友人司君加入袁世凯的筹安会愤怒地加以斥责，指出："如不退出，即断往来"。他在给家中的信里，也用较多的笔墨来评论国事，抒发自己的爱国热忱。

王右木留日期间，马、恩著作在日本知识界有较为广泛的流传，思想十分活跃。王右木在东京明治大学时，经常聆听进步学者山川均夫妇和上杉荣讲经济学，还去听京都帝国大学的马克思主义理论工作者河上肇讲《政治经济学史》。这时他还结识了俄国的革命诗人爱罗先珂。他们都是王右木学习、研究马克思主义理论的启蒙老师。这期间，王右木如饥似渴地阅读马克思主义的政治经济学和其他各种社会科学书籍，并联系自己的切身体会和中国现实进行探索，从而认识到靠单纯的发展实业是不能挽救中华民族的。俄国十月革命胜利的伟大实践，更加坚定了他对马克思主义的信仰。

1918年秋，王右木获得日本明治大学经济系学士头衔。归国后，他在上海稍事停留，于1919年春回到阔别四年的家乡。全家人在高兴之余，都希望他能参加当时的省议员竞选，以期日后升官发财，光宗耀祖。但是，王右木却断然拒绝了家里人的这种想法，耐心地解释说："我到日本去求学，是为了寻找救国救民的方法，绝不是为了个人的名利。现在，我找到了革命的真理，回来就是为了宣传真理，发动人民起来革命，改造这个黑暗透顶的社会，像俄国那样！"他大哥不能理解他的革命心情，愤怒地说："你要参加'过激党'，以后是要被砍头的！弄不好我还会受拖累。千万干不得！"为此，他大哥还动员亲朋好友来劝他。王右木不仅不为所动，反而极力说服众人。他大哥很是生气，骂他"没良心""败家子"，甚至要对他动拳头。事情越闹越凶，最后不得不以分家告终。

王右木没有在压力下屈服，他带着全家五人，离开了家乡，于1919年端午节后的第二天到达成都，在实业街租房住下。不久，应聘于高等师范学堂（原四川通省师范学堂），任学监（相当于后来的训导员），教经济学和日文。从此，他便以学校为基地，努力在成都开辟马克思主义的宣传阵地，积极从事革命活动。

从组织马克思读书会到建立社会主义青年团

1919年，北京爆发了反帝爱国的五四运动。消息传到四川，激起了全川人民的爱国热情，迅速掀起了反帝反封建的群众怒潮。广大青年学生首先起来响应。在学运中,四川学生联合会和川东学生联合会相继成立。各阶层人民都投入了这一伟大的爱国运动,王右木积极地置身于运动之中,并密切关注着它的发展。他认为在四川要开展这一运动,"必须首先抓住高师这支庞大的队伍,要把当前的文化运动更深刻、更向前推进一步,必须要有马克思主义作指导,用它来占领思想文化阵地。"因此,"亟需要组织一支马克思主义的先进队伍。"① 当时,他除在高师任课外,还先后兼任高师附中的领导职务和法政专门学校、成都女子师范、农业专门学校等校的课程。他利用在各校教学的机会,物色和联络青年积极分子,并给他们灌输革命思想。在农业专门学校讲课时,他针对当时一些空喊实业救国的人,尖锐地指出:中国政治问题不解决,经济问题就不可能解决,实业就没有前途。他还教育学生关心时局,注意政治,不要只是埋头读书。

1920年8月,陈独秀、李达、李汉俊等在上海成立了中国第一个共产主义小组。之后,陈独秀又积极倡导,并委托各地马克思主义者建立党的组织。王右木在这年夏天去过上海,在高师开学前夕,赶回到成都,开始考虑在四川省筹建党的组织。当时的四川,经过新文化运动的洗礼,马克思主义已较为广泛地在知识界流传,得到不少进步青年的拥护。王右木首先考虑到,现在应集中力量从事革命理论的宣传工作。就在这

---

① 张秀熟:《四川马克思主义的先驱者——记王右木烈士》。见1959年《峨眉》创刊号。

年,他邀集亲友和同乡成立了"马克思读书会"。起初有四十余人参加,经过几次集会后,只剩下一二人了。王右木很快意识到,用松散形式建立起来的组织是不可靠的。于是,他决定重新物色新的革命分子,并对想入会的同志进行一些必要的考察,再次组建"马克思读书会"。这次参加的人员有中专、大专院校的学生,中小学教师,新闻记者,还有少数工人。这是五四运动后,四川最早诞生的一个以研究和宣传马克思主义为主要任务的群众革命组织。"马克思读书会"的具体工作由袁诗荛和童庸生负责(后来是王右木自己负责)。四川学生联合会中的各校代表有一半左右都参加过这个读书会。他们在每星期天集会一次,地点随时变换,有时在老西门外万佛寺,有时在王右木家或杜甫草堂、武侯祠等处。王右木经常到会向大家讲解马克思、恩格斯著作中的一些基本原理。为了避免反动当局的注意,他们对外简称"读书会",公开讲演或扩大宣传时,就利用当时合法的团体进行。后来,由于参加的人数渐次增多,就借皇城明远学校教室或高师致公堂举行会议。方法上采取:一、自行阅读,不受时间地点限制,结合当时的社会问题,分组进行讨论,交流学习心得;二、利用纪念日、节日举行大型讲演会,结合学习内容作有指导性的报告。参加讲演会的人,不仅有读书会的会员,有时也广泛约请非会员参加,以扩大影响。王右木给读书会主讲过《资本论》《唯物史观》《社会主义精髓》等著作中的有关理论问题。他的讲演,能理论联系实际,深入浅出地揭露帝国主义和封建主义的罪恶,"发言激昂,鼓动性强,颇能打动听众的思想感情,是一位很好的革命理论宣传家"。他那诲人不倦的精神,受到了"读书会"成员和进步青年的敬重。除讲马克思主义哲学外,他还指导学生学习陈望道翻译的《共产党宣言》,恽代英翻译的《阶级争斗》,以及《新青年》《晨报》副刊等进步书刊。此外,他还组织读书会员,在各人所在的单位开展宣传,如成都女子师范学生李竹云、周斌如等人就在女子师范学生中广泛开展了革命宣传活动。

王右木在课堂上是学生的良师,在课外则是学生的益友。他经常注意观察并发现有革命思想的青年积极分子加以培养。他常到出售进步书刊的"华阳书报流通处"等地去了解新文化运动的方向和国内外大事。有一次,他发现高师附中学生刘孝祐、肖崇述等编了一个小报《黎明》,出了两期,内容很不错,是"不满当时的社会制度,不满军阀作威作福。"就亲自到高师附中去请他们到自己的办公室来摆谈,并和颜悦色地指出:"你们要多写社会,多写农村、多写贫穷苦人、多写帝国主义和兵匪在农村造成的残破和悲惨情况。"① 经过了解后,吸收他们参加了"马克思读书会"。后来,这些人都加入了成都的社会主义青年团。

1920年,正当四川人民反对北京政府,痛恨军阀混战的情绪十分高涨之际,北京卖国政府又在四川制造混乱,支持四川军阀刘存厚组织靖川军攻占成都。人民对此不满,学生尤为愤

---

① 肖崇述:《回忆五四时期四川的几个革命先烈》。见《五四运动回忆录》(下)。

恨。11月27日，刘存厚的军队在少城公园强占学生运动场，打伤学生多人，抓走十余人。学界极为震怒，两千多名学生齐集高师所在地，奔赴刘存厚住地北较场请愿。学生露宿一夜后，见毫无结果，便接着举行全城三十余校的大罢课，抗议军阀暴行。王右木指导读书会员积极参加，推动成都的四川学生会派大、中各校代表赴重庆争取支援。学生会派出了以读书会员为主的代表到重庆，得到了在重庆领导自治运动的吴玉章的亲切关怀和坚决支持。当学生会的代表离开重庆时，吴玉章还特意嘱咐他们回成都要听王右木指导，有事要同王右木商量。

1921年7月，中国共产党诞生了。这一划时代的事件，成为中国革命走向胜利的起点。对王右木来说，则是个很大的鼓舞和鞭策。这时，他已经由马克思主义的信仰者成长为一名坚定的无产阶级革命战士。在他的影响下，部分读书会员和一些先进青年，在1922年春组成了中国社会主义青年团成都组织（简称S.Y）。成都团组织的建立，对于成都的革命运动有着重要的意义。

团组织成立后，王右木更加努力于革命的宣传工作，十分留心全川的革命运动，希望能把革命的火种撒遍巴山蜀水。他在给高师毕业后到南充教书的团员袁诗荛和革命青年张秀熟的信中，指示他们"要多多散布革命种子，建立川北据点。"他还打算带领一些活动分子到川南去宣传革命、组织群众、开展革命活动。在革命运动的发展壮大中，成都的社会主义青年团组织也稳步地成长起来。1922年10月15日，十三名团员聚集在王右木家中，正式成立成都社会主义青年团地方执行委员会。选举执行委员时，王右木以最多数票当选，但因王右木年龄超过团章规定，所以不能担任团的执行委员。但是，为了使四川这个新生的革命组织能够得到进一步发展，王右木后来仍然义不容辞地担负起指导成都团地方执行委员会的工作。

创办《人声报》

1922年2月7日，王右木主持创办了《人声报》。该报的前身《新四川旬刊》创刊于1921年1月，其宗旨是配合四川自治运动，"研究学术，改进社会，建设新四川"。王右木亲任编辑，袁诗荛为经理，该刊后因多数参加编辑的同志出省或其他多方面的原因而停刊。在该刊停刊周年之际，王右木决定重新创刊，更名为《人声报》。在第一期上，他宣告了自己办报的基本方针：

（一）直接以马克思的基本要义，解释社会上的一切问题。

（二）对现实社会的一切罪恶现象，尽力的揭露和批评。

（三）对现实的政治组织，不为妥协的改善方法。

（四）注意此地的劳动（工）状况，给彼辈以知识上的帮助。

（五）注意世界各地之劳动界的进取状况，以为此地劳动组织之建设和修改的物质标准。

（六）注意世界各地的社会运动状况和已有的成绩，以资我辈讨论，或加入第三国际团体，作一致行动。

（七）讨论马克思社会主义之学术的及实际的一切问题。

（八）讨论新社会之一切建设问题。

上面八条，就是本社对诸君所表示的最诚恳、最鲜明的态度，至于本社为什么要取这种的态度，就是全为了我们的最终目的——为全人类谋均等幸福。①

《人声报》的编辑部设在王右木家中，他一身兼任社长、主笔、编辑，包括内外杂务都干，只邀约了刘先亮等三人组成精干的校刊和发行工作小组。王右木还对投寄《人声报》的稿件，要求一律用通俗易懂的文字，不要用文言文。

《人声报》的出版，给徘徊不前的四川革命运动指明了前进的方向，鼓舞了人民的革命斗争意志。《人声报》出到第三期时，反动当局指挥警察厅命令停止出版。王右木面对此事，十分巧妙地在《国民公报》上发表了《人声报》停发原因的《启事》。《启事》说："本报第三号业由警厅命令停止出版，谓'本号言论纯为鼓吹社会主义而作。'谨向爱读本报诸君道歉，已订报者准于后期出版时补送。"② 短短的几十个字，既揭露了当局压制言论自由的罪行，又提醒人民认识黑暗的世道和与之

---

① 《人声报》创刊号，1922年2月7日。
② 《人声报》创刊号，1922年2月7日。

斗争的勇气,还明确地告诉已订报者后期补送,表现了王右木机智的斗争艺术。3月2日以后,《人声报》改名为《人声日报》。从此它又恢复了青春的活力,继续前进在宣传革命理论的艰难道路上。

据当年读过《人声报》和《人声日报》的一些老同志回忆说:这个报纸能以深入浅出的文字,阐述马克思主义的基本原理,用通俗易懂的语言来解释马克思学说中比较深奥的内容,使从未接触过社会主义思想的进步分子也易理解,喜欢读,收到了良好的宣传效果。它还抓住当时革命的特点,大力宣传爱国主义思想,抨击帝国主义以及与帝国主义相勾结的北洋军阀,抨击封建势力以及省内的军阀割据势力,经常用马克思主义的基本观点,分析批判旧思想、旧制度,揭露了当时教育、社会、政治等方面的各种不合理现象,宣传男女平等、婚姻自主、社交公开,并提出了妇女解放运动、青年运动等问题。它十分注意用马克思主义教育青年,使其不受无政府主义的影响,因而深受群众欢迎。在报上,还介绍了一些俄国十月革命和世界工人运动情况,激励工人、农民组织起来参加爱国运动,为争取自身福利而斗争。《人声报》还发表了王右木的友人、日本革命活动家山川均的《十年后之日本》,该文分析了日本明治维新以来的历史发展、阶级分化和政治现状,指出:"现在日本的劳动者和无产阶级明明白白看见他们的反对阶级了……日本的劳动者和无产阶级现在有了明确意志了。他们不是无意识的'会成什么样子'的要素,完全是成了'如何做去'的要素了"。编者在这篇文章后面附言说:"日本的劳动者和无产阶级在明白看见他们的反对阶级之后，而又有明确的意志，读者诸君你说他们会如何去做？可怜中国的劳动者和无产阶级的人们啊！你们明明白白的看见你们的反对阶级没有？军阀、政客、地主、房主、商店主、工场主，这些都是天天在剥你们的皮，吸你们的血的人呀，你们应该把他们怎样？"①

《人声报》发表的新诗《"新"与"朽"之不两立》和《生日》，号召青年们要抱"绝对改造的观念，""把现在所有一切旧社会——腐朽势力所凭借的——制度，一齐打倒，作根本改造"，要"歼我的仇人，救我和我的朋友！头可断，身可毁！再也不敢放弃这份人的责任"。②

一段时间后，由于《人声日报》的经费十分困难，王右木不得不又将它改为《人声周报》。在一次"地方通讯栏中"，该报曾揭露驻防江油的小军阀刘膏腴不择手段搜刮民财的罪行。通讯见报后，刘膏腴恼羞成怒，对身在成都的王右木无可奈何，便把在江油县的王右木的两个哥哥抓去用刑。其二哥被迫害致死，大哥被打得遍体鳞伤。王右木闻讯后，悲愤异常，满怀仇恨，奋笔疾书，继续在周报上宣传马克思主义，狠狠揭露军阀统治的罪恶。大小军阀无不恨之，都把王右木视作眼中钉、肉中刺，从各方面发起对《人声周报》的攻击。后来，因经费奇缺，周报最后被迫停刊。王右木勉励同志们说："军阀恨我十分，就是我等工作做到十分，彼辈不恨我等，就是我等

---

① 《王右木同志创办的〈人声报〉》，蒲文俊、赵敏整理。
② 《王右木同志创办的〈人声报〉》，蒲文俊、赵敏整理。

没有做工作。"①《人声周报》是四川最早宣传马克思列宁主义的革命刊物,尽管它存在的时间不长,但是,它鲜明的观点和坚定的立场,勇敢战斗的顽强精神,唤起了人民的觉醒,在中共四川党组织的发展史上留下了光辉的篇章。

丢掉假自治　奋斗新目标

1922年春,四川的自治运动还在有名无实地进行着。对这一虚伪的民主运动,王右木不但已彻底和它决裂,而且积极运用马克思主义理论,对这场运动失败的原因进行深刻的剖析和认真的总结,并给人们指出新的革命道路。

他在《人声报》发表的《一年来自治运动之回顾与今后的新生命》一文中说:一年前他主办的《新四川旬刊》,曾认为自治的前提,首先在裁兵,于是登载过二位记者写的裁兵方案,谓:欲求军官不依靠军队为护符,必先求军官位置入手,务期军官与军队的多少,不生关系,然后分期遣散归田的事,方有可望。可是,一年多来,军人方面之自治,不过仅有换汤不换药的点缀,兵既不能裁,争夺防地也日趋激烈,谁有兵,谁就有权,议会的人不拥护军队的人,是当不上议员的。所以,说是人民制宪,不如说是军队在制宪。王右木对此得出了新的认识,他说:《新四川旬刊》记者所写的"裁兵方案",完全是"告哀求怜",简直是"说梦话。"他要求人们从现在起就

---

① 见《王右木给家中的信》。原件存于江油市文化馆。

"万莫去信那样能够裁兵的事",更不要"迷信自治运动再会有望",而是应当另求新计划。

这个新计划在哪里呢?王右木明确地告诉人们:"就是要直接以马克思的基本要义,解释社会上的一切问题。"① 只有社会主义才能救中国,这就是新计划、新目标,也是今后的新生命。接着,王右木又回顾了新生命的诞生经过。

他说:还在1920年10月,正当马克思主义经过"问题与主义"的论战之后,进一步广泛传播之时,英国的"大哲学家"罗素来到中国,在张东荪等人的陪同下,四处游说。11月6日,张东荪在《时事新报》上鼓吹罗素的观点,说什么中国的当务之急是开发实业,发展资本主义,而不是宣传社会主义,更不是进行社会主义运动。遭到一批怀着共产主义的知识分子和其他赞成社会主义的人们的愤怒驳斥。结果,使马克思主义的社会主义革命道理愈明,所谓实业救国的观点愈益不得人心。

王右木在概述了这场大论战之后,进一步发表了自己的看法。他说:"吾人于兹世界改造呼声中,对时局若有所主张,如未经过多数学者讨论以前,总应算是未成熟未确定的议论。今改造杂志与新青年杂志对于社会主义之评论,已及半年,所著言词几及百余万,决不类少年中国杂志、东方杂志、太平洋杂志等西走一步,东踢一脚的样子。吾人对此既成熟既确定之计划,如仍漠焉无所闻,即或已能知有此事;而以为事不关

---

① 《人声报》创刊号,1922年2月7日。

己,遂不关心,吾人对于此辈,只能目为非社会性的动物。此人生离不脱社会而居处,人生何事不受社会事项支配,社会制度,是人所建设的。"他的观点鲜明,引起了人们充分地注意。

王右木对这次大论战非常关心,对陈独秀、李达等人在论战中发表的论断,感到"得着的教训不少",加深了他对社会革命的认识,他认为要让人们知道自治运动失败后,我们共同起来奋斗的唯一目标,应该是进行社会主义革命。而社会主义又能给我们带来些什么呢?他把社会主义的好处结合当时社会实际问题概括为七个方面:

(一)社会主义,可免却世界资本主义的压迫。

(二)立可免除军国主义的压迫。

(三)立可阻止军阀构兵。

(四)可救济财政破产。

(五)可以减轻人民的痛苦。

(六)可使人民的精神及物产生活渐次安固。

(七)可促进世界和平。①

领导教育经费独立运动

1922年夏,四川教育界爆发了一场争取教育经费独立的群众运动,这是四川军阀长期压迫剥削的结果。

---

① 《人声报》创刊号,1922年2月7日。

早在1920年9月，四川教职员工就联合召开了教育经费独立问题的大会，王右木曾在会上愤慨地指出："吾川国家税收每年合计不下三千余万元"，而全川"六十万元的教育经费却无款开支，以此欺诈国人，万万不能承认，如再能忍受下去，吾人人格安在！"他主张积极进行教育经费独立运动，并向各地发出通电，"联络各界"，组织起来进行斗争，同时还要求处理那些"破坏团体之人"。① 只是由于当时条件还不成熟，他的这种勇于斗争的革命精神，未能促成大规模的群众运动。随着军阀防区战争的加剧，教职员工的薪水越来越少，每月只能领得其中二三成，有时一两月分文不发，教职员工思想浮动，议论纷纷，他们认为这样下去，喝稀饭也成问题。许多学生也因补贴经费无着，常常忍饥挨饿。因此，川中各地多次爆发了争取教育经费独立的群众运动。反动当局对群众的这种合理要求，一直是充耳不闻，大规模的群众运动有一触即发之势。

1922年3月1日，成都教职员联合会召开紧急会议，要求财政厅补发欠薪。4月1日，重庆男女学生为争取教育经费独立举行游街宣传。

王右木在成都领导社会主义青年团和读书会员，推动各校师生员工开展了比以往任何一次规模都大的教育经费独立运动。他首先在高师附中召集各校社会主义青年团员会议。经过热烈的讨论，会议一致认为，要发展教育，传播革命思想，一定要把教育阵线稳住，而要稳定教育阵线，必须争取教育经费

---

① 《国民公报》，1922年3月1日。

的独立。并提出：划拨全川肉税作为教育经费是这次运动的总目的。王右木还号召所有参加运动的人都要遵守纪律，团员更要带头做好各方面的工作，一定要争取这次请愿达到预期的目的。如果形势需要，各校团员负责派出纠察人员，共同组织纠察队，以维持秩序。四川学生联合会也决定全力支持教育经费独立运动。在教职员和学生代表会上，王右木被推举为这次运动的代表团总指挥，团员和一些读书会员也被学生选为主要代表。他们和全川各地联系，以便互相配合。

6月5日，教职员联合会和学生联合会决定成都各校一律罢课要求教育经费独立。10日，成都各校学生为争取教育经费独立举行游街大会。社会主义青年团发表了《四川社会主义青年团宣言》，号召教职员和学生要积极行动起来，动员"平民阶级"对"军阀阶级实行阶级斗争"，要求全体教职员和学生"一致起来奋斗"。这样，达到教育经费独立的目的才能"易如反掌"。《宣言》还号召"成都、重庆、泸州、顺庆（南充）各大埠组织教育大联合声会……余县设分部，一律罢课，"反对军阀摧残教育。《宣言》要求教育界全体教职员工积极参加，并同各界联络，发动群众，务使教育经费独立运动得到广泛的社会支持，那胜利就一定是我们的。6月12日，王右木率领学生代表到省议会请愿。省议会的议长熊烨（又名晓岩）及其追随者拒不出席会议，引起学生的气愤，决定派八名代表去熊宅要求其到会。熊烨竟命家丁将八名代表拘押起来。在省议会旁听的数百名请愿学生和教职员闻讯后更加义愤填膺。在王右木的率领下，浩浩荡荡奔赴熊宅质问，并救出代表。熊烨闻风逃窜，但斗争并没有结束。6月13日，社会主义青年团和读书会会员又组织数百学生到省议会请愿，熊烨及其同伙收买大批暴徒冲入请愿的学生队伍中。顿时，棍棒、铁器、石头向手无寸铁的学生飞来，当场打伤学生三十余人，其中有社会主义青年团员和读书会员数人。广大群众为之震怒。王右木号召人们不畏强暴，继续斗争，并慰问受伤学生。反动派在打人之后更加猖獗，熊烨及其一伙对教职员和学生采取了疯狂的进攻，竭尽造谣诬陷之能事。他们首先把矛头对准王右木，说他以马克思主义"麻痹"青年，专和政府"捣乱"，企图实现个人的"阴谋"，要求政府逮捕王右木，还在市面上到处张贴传单，妄图以迫害王右木来达到镇压教育经费独立运动的目的。在这重要关头，有的教职员产生了畏难情绪。王右木及时地在高师附中召开教职员和学生代表的紧急会议，积极动员并热情鼓励他们坚持斗争到底，决不要半途而废。他那果敢、坚毅、沉着和富于鼓动性的讲演，以及不怕牺牲的实际行动，给参加会议的同志们增添了无穷的力量。请愿群众统一了思想，坚定了斗争意志，他们既不为反动派的棍棒所吓倒，也不为反动派的谣言攻势所胁迫。运动在继续地向前发展着。为支持成都的教育经费独立运动，6月18日，重庆教职员联合会召开全体大会；6月20日，重庆各校学生上街游行；6月21日，重庆各校举行罢课。省议会迫于形势，终于通过师生代表提出的议案，教职员和学生无不欢欣鼓舞。斗争获得了初步的胜利。然而反动派是不会善罢甘休的，他们无理解聘了王右木在高师的职务。这就激起广大师生强烈的不满。面对政府的高压，王右木不为所屈,他决心以更充沛的精力,坚定的意志,迎着反革命风暴从事更为艰巨的斗争。通过斗争,成都马克思主义的信仰者和社会主义青年团在群众中从事革命活动的信息传遍了全川。人们更加相信,革命的真理,终究要得到胜利,任何反动势力是无法将它扑灭的。

勇敢进击的坚强战士

1922年7月,王右木辞别蓉城,奔赴重庆,与刘先亮在"大江东旅馆"找到正准备动身去上海的林如稷。相互见面,王右木一见如故,不等刘先亮介绍,就坦率地向这位不曾见过面的《人声报》通讯员作了自我介绍。并委托林如稷到上海后,替他预备一个住的地方,要一个小房间。当晚,王右木又在朝天门码头找到就要上船的林如稷,直说来意:"我们要来上海,你先别让别人知道,特别是要叮咛王怡庵,一个太随便的小浪漫派,敞口喇叭"。王右木为人爽直和当时处境的困难,是可想而知的。

不久,到了上海,王右木和林如稷同住贝勒路"法租界"鸿仪里寓所二号。第二天一早便去渔阳里会人。这时,中国共产党正在上海召开第二次全国代表大会,会议明确地提出了彻底地反帝反封建的民主革命纲领。在中共"二大"的各项决议中,还提出了与民主革命相适应的联合战线政策以及在新形势下党的建设问题。

王右木是否参加了这次会议,目前还没有准确的文献记载和可靠的回忆材料证实。他在上海，除每一两天要出门去会人外，常常是紧关着小门伏在条桌上写着什么。来访他的人很少，只有恽代英、李达等几位偶尔来过，他们在房间里低声谈话。

除了紧张的工作外，王右木一有空隙便给同住寓所搞文艺的进步青年滔滔不绝地宣讲马克思、恩格斯以及日本河上肇的理论。他常常是兴致勃勃，一谈就是两三个钟头。有的青年调皮地反问他："文艺同你那社会科学理论是两回事哩"。"你们总不肯多研究，信口乱说！"王右木口气很重，但并不露出丝毫生气的样子说："文艺？连宗教还不能不受社会经济条件规定啦。你们看，《资本论》里也常常提到莎士比亚，恩格斯对于文学还有不少专门的论文"。虽然这些青年未必能接受他的理论，听后却是很尊重他的。王右木在上海大约住了月余。夏末，他携带着中国共产党第二次全国代表大会宣言等文件回到成都，继续任教于高师。

9月20日，高师开学后，王右木和吴玉章"为改良社会促进文明，"在校内指导社会主义青年团员和积极分子筹备"平民教育社"。10月10日，在高师校门左侧设置了通俗讲演室，每晚7点至8点讲演，凡属平民人等"均表欢迎"；同时又在校门右侧设"平民阅报室"。为宣传革命道理，他们还经常在校内举办报告会、讲演会，各校学生前来听讲者络绎不绝。政府当局为阻止学生到高师开会，在校门口增加了"值班警士"，并声言要各校学生"谨守范围"，"不许各校学生再往该校开会"。这些措施不但不能阻止各校进步势力的相互往来，反而激起了进步青年的愤慨，使他们更热心于追求真理，更坚决地反对帝国主义和反动军阀的压迫。

王右木一边从事理论上的广泛宣传，一边又积极组织引导社会主义青年团员和读书会员声援全国各地的革命运动。开始时，有的团员认为，外地的工人运动与我们关系不大，而我们的工作还很多，不必下功夫去搞声援。王右木就用"全世界无产者联合起来"这个口号来教育大家，耐心进行说服。他说：全国反帝反封建的斗争是一致的，不能有外地和本地之分，只有通过我们所有的革命者共同携手才能冲垮反动势力的堡垒，社会主义才有实现的希望。他在成都领导了声援湖南第一纱厂罢工事件，并举行了黄爱、庞人铨的追悼活动，对于长辛店工人的罢工斗争也进行了声援。河北开滦工人惨遭屠杀的消息传到成都后，王右木领导社会主义青年团积极发动群众，召开大会，开展了反对英、美帝国主义，打倒北洋军阀、支援开滦工人的罢工斗争，并且开展各种宣传活动，广泛散发传单，冲破军警阻挠，组织宣传队上街讲演。通过这些活动，使社会主义青年团员和革命进步青年，得到了实际的教育和锻炼。

这年的11月，被泸州当局无理拘押的恽代英由吴玉章保释并聘请到成都高师任教。恽代英和他的学生张霁帆、余泽鸿等于1923年3月上旬到达成都，落脚在皋台四川公立警监专门学校（后住西南公学）。王右木立即前往会见，并邀恽代英给社会主义青年团和读书会员讲《阶级争斗》。恽代英表示谦逊，王右木却爽快地说："《阶级争斗》是你译的，难道你还讲不出来吗？"在谈到无政府主义时，王右木说："无政府主义者像赖抱鸡婆一样,见到别个上房子,自己上不去,只在下面咯咯乱叫一气。"① 随后,王右木又将同恽代英一起到成都的团员余泽鸿、张霁帆和外语专门学校的黄君尧编成一个社会主义青年团小组。从此,他们在王右木的领导下,积极投入到成都的革命运动。

1923年5月5日,王右木和恽代英共同在西南公学主持召开了四百余人参加的马克思诞生一百零五周年纪念大会。他们在会上作了马克思主义基本原理和生平事迹讲演,受到与会师生的热情赞扬,也引起了师生对马克思主义的更大兴趣,立即要求加入马克思主义读书会的群众达五十余人。

在此前后,王右木多次邀请恽代英到高师讲演革命理论,赢得了进步师生的热烈欢迎。王右木又亲自送去高师聘请恽代英为讲师的聘书。当时,恽代英在高师每周大约只有四小时课,主要还是在西南公学授课。王右木多次请他到家中畅谈革命理论,各抒己见,常谈到深夜。共同的理想使吴玉章、恽代英和王右木三人之间建立起革命的友谊。在他们的指导下,高师的校风大为改观,"师生员工团结得很紧密,树立了一种崭新的学风。同学们有秩序、有朝气,追求知识,孜孜不倦,议论政治,意气风发。成都高师成了进步势力的大本营。"②

---

① 钟心见:《代英堪称一代英》,见《泸州师范校史选辑》第一集。
② 《吴玉章回忆录》,中国青年出版社1978年11月版。

建立成都劳工联合会

　　1922年冬，成都团支部遵照中央关于团的工作应向劳工方面去活动，建立革命的劳工组织的指示，经过认真讨论分析成都工人队伍现状后，认为只有长机帮工人人数最多，待遇低劣，且以往就有过一些斗争经验，受过革命思想的影响。但那里的工人曾受工党马云衢的欺骗，罢工惨遭失败，需要做艰苦细致的工作才能重新发动起来。王右木决定，除派团员钟善辅、刘亚雄负责工人运动外，自己也毅然地取下博士帽，脱下旧长袍，换上工人装，首先走到工作较难的长机帮工人中去。他很快和那里的一些工人交上了朋友，向他们通俗地宣传组织工会，为工人利益进行斗争的意义。他说："要求得自己生活的改善和本阶级的解放，只有努力奋斗，组织自己的工会，团结工人阶级自己的力量。不要依靠他人，也不要幻想现时的政府能帮助你们。因为现时的政府都是保障资产阶级利益的。但部分工人鉴于以往罢工失败的教训，心中不免留有阴影。王右木了解这种历史的原委后，总是耐心细致地做工作，终于逐步和几十名苦大仇深的工人结成了知心朋友，受到工人的信任和爱戴。在工作有了一定的基础后，王右木便借成都皇城内的明远学校教室开办夜课学校，吸收各工帮的积极分子参加；从思想上提高他们的革命觉悟。加上社会主义青年团员在其他各厂的努力工作，工人中涌现了部分觉悟比较高的积极分子。尔后又继续组织团员出入于工人聚居区的主要街道和茶馆、酒店，努力宣传反帝反封建的爱国道理。王右木还对在长机帮中有威望的正直青年孟本斋进行重点培养，吸收他加入了社会主义青年团。他热情地进行工作。有一次，他得知军警林立的成都兵工厂的工人在酝酿罢工风潮，便不顾个人安危，化了装，着工人服，机智地混进去了解情况。王右木还很重视工人夜校，多次到夜校用理论联系实际的方法，给工人讲剩余价值和科学社会主义的基本理论，很受工人欢迎。由于他们在工人中的工作比较扎实，行业工会的组建也就比较顺利，先后成立起了长机帮、生绸帮、建筑帮、牛骨业和店员工会等二十余个工会组织。而各帮工会的建立，又为成立统一的成都联合工会准备了条件。

1923年，"二七"惨案的消息传来，王右木以成都社会主义青年团和读书会员为骨干，发动成都有组织的工人进行全市性的政治大罢工，声援京汉铁路工人的英勇斗争，并且组织以团员为核心的宣传队走上街头，愤怒声讨帝国主义走狗北洋军阀吴佩孚血腥镇压工人的罪行。这次声势浩大的游行示威，是对工人队伍的一次大检阅，充分显示了党领导下的成都工人阶级的伟大革命力量，有力地配合了全国工人阶级的斗争。

这年的五一国际劳动节，成都工人以长机帮、生绸帮、粗丝帮、牛骨业、刺绣工人等为骨干，正式成立成都劳工联合会，并隆重召开了成立大会。遍街都张贴着"唉！劳工不得不做五一运动啊！""诅咒的劳工做五一运动的人请看这好罢！"的鼓动性传单，给死气沉沉的蓉城增添了新的活力。各工界都选派了代表出席劳工联合会成立大会。大会还通过了关于工人正当利益的四种提案,会上散发了《人日宣言》和《劳动五一纪念游行大会宣言》。《川报》称劳工联合会的成立为成都破天荒之工人盛举,是为工人谋利益的"真正工人的工会"。它标志着四川工人运动的新起点。

马克思主义理论与工人运动相结合,使成都的革命形势发生了很大的变化。但是,王右木仍感到跟不上全国革命的发展形势,虽然他在社会主义青年团成都地方执行委员会中以"特殊"团员的身份指导着革命运动,仍不免感到工作上不能直接参与之苦。恽代英到成都后不久,了解和观察到成都团组织的一些情况,他佩服王右木的革命意志和理论水平,认为王右木的年龄是大了些,但在当时的成都,他是团组织的发起人,只有他才是暂时的恰当的领导人。为了发展和领导好四川人民的革命运动,恽代英从具体情况出发,于1923年6月给团中央写了《关于请团中央给予四川青年团工作的指示信》,信中说:"但我望中央能为川中慎于发令,使王(指王右木)得合当指导,则川中前途尚可为也。"同月,社会主义青年团成都地方执行委员会举行第三届选举会议,王右木当选为书记。成都社会主义青年团组织在王右木的领导下,更加生气勃勃地开展革命运动,组织得到了进一步发展壮大。

在革命运动发展的过程中,王右木领导的社会主义青年团和读书会在群众中开展了民权运动。陈毅(仲弘)也以"四川留法勤工俭学同学会四川代表"的名义参加了这个运动。7月1日,"四川民权运动大同盟"在成都东大街公所召开改组代表会议,由陈毅担任会议的文书职务。会议选举王右木、裴紫琚为文书股主任，康明惠、钟善辅为庶务股主任，钟协安、孟本斋为交际股主任，刘亚雄、罗荣同为宣传股主任，推选钟协安为联席会议主席，刘亚雄为副主席。10月，重庆民权运动大同盟发表宣言，表示要和成都的四川民权运动大同盟"携手进行"工作。这就使全川民权运动取得了新的进展。

建立党的支部

1923年，为了进一步宣传革命思想和推动青年运动，王右木指导团员创刊了《青年之友》，派邹进贤、窦勤伯、张霁帆等几位团员负责办理。为掩护刊物，他们成立了"青年之友社"作为社会主义青年团的外围组织。

这年，经过考察的读书会员已发展到九十余人，流动听讲的达百余人，团员也发展到三十余人。这为中共成都党组织的建立打下了基础。

6月，中国共产党在广州召开了第三次全国代表大会，通过了同孙中山领导的国民党建立革命统一战线的方针，确定共产党员、社会主义青年团员以个人的身份加入国民党。9月，王右木从成都到达上海，准备去广东。在上海的一条胡同里，他见到了林如稷。林如稷在《我认识的第一个共产党人》一文中是这样记述的："这次他（王右木）的身体比前一年显得强健许多，神采焕发，而且，真出我意外，他穿一身米黄色的西服，脚上是深黄色皮鞋，他的脚病完全好了哩。谈过几句话之后，我禁不住想要打趣这一位苦行家了：

"'哈,为什么你也洋起了呢?'

"'我到广东去——去开会'。他回答的音调却是很郑重的。'什么会呀?又有秘密吗?'他踌躇片刻不回答我,但又似乎不愿欺骗我这样一位忘年之交的小朋友,所以终于沉着地说:'这次的会,将要发生重大的影响,你以后慢慢会明白的'。

"他知道我要动身到法国去读书,还是想学文学,在分别的时候,他紧紧握着我的手,红涨着脸激动地说:'中国的革命是完全有希望的。也许等到将来你再回国,一切情形便大不相同,不过,困难却也真多——一句话,我一直把你当成朋友看待的,文学可以弄,就是,你还应该多研究经济问题,要从那里去看问题'。"①

去广州以后,王右木又及时赶回四川,沿途目睹四川各派军阀调动数万军队参加的角逐战争,在南起泸州,北至遂宁,东起重庆、永川、荣昌,西至成都的广阔地域上,你打过去,我打过来,战火蔓延之处,十室九空,民不聊生。饥民吃完树皮、草根,还以观音土充饥。无辜的贫民大批惨死路旁。而成都的当政者们却正在歌舞升平庆祝辛亥革命胜利十二周年。王右木痛恨地说:照例的庆祝又来了,仍然是命令式的挂国旗。除官厅方面在表面上表示喜庆外,人民的痛苦,还是十二年所过的日子不稍减轻,并且变本加厉的恼火。这样的国庆,值得我们庆祝吗?名共和而实专制的中国,到了今天,也是痛苦极了,国内各地的战争,相继而起,国外帝国主义的压迫,日甚一日,这些军阀流氓们,反说今天很可庆祝,欺谁呢!他决心

---

① 林如稷:《我认识的第一个共产党人》。见《四川日报》1959年6月。

要进一步努力动员人民起来和敌人进行斗争。

在成都,王右木召集全体团员传达了党中央关于和国民党合作的指示,要求大家坚决按党的决定去做。但一般同志对国民党在四川的表现是很不满意的,尤其是在教育经费独立运动中受过国民党摧残的人们,对国民党更为愤慨,几乎一致反对国共合作。王右木认为这是党中央的决策,应当遵守党的纪律。他向大家反复讲解中国无产阶级革命策略问题,阐述国共合作的伟大意义,提出要以大局为重,贯彻中央决议。他还以身作则,带头以个人身份加入国民党。7月5日,孙中山任命了改组后的四川国民党总支部长,他们聘请王右木担任国民党总支部的宣传科副科长。

王右木回川时还从党中央带来了新的喜讯:中央已同意在四川成立党的组织。1923年秋,王右木在团员中选拔了一批斗争中涌现出来的优秀分子,秘密组成中国共产党成都独立小组(简称 C.P),直属中央领导,王右木暂任书记。下分学生组和工人组,每周开会一次。工人组开会的主要内容是由王右木作通俗的政治报告,讲一些社会科学中的问题,结合讨论工会的活动方向问题。

1923年初冬,中共中央正式任命王右木任成都党的书记,同时命他辞去团的职务。王右木鉴于成都各地正在发展和建立团的支部,考虑到学生的寒假即将来临,改选会影响组织发展,因此,准备推到次年春天改选,他继续专心致志地领导党团组织的工作。

国共合作后,革命的群众运动进入了新的发展阶段。在新的条件下，王右木对党组织的发展提出了"对同志教育第一，发展党员第二"的方针，以减少和防范投机分子在革命高潮来临之际混入党内的可能。严格选择和考验入党对象，以及严密组织生活的举措，使党、团组织保持了政治上的独立性和思想上的纯洁性，保证了党团组织的健康发展。

甘洒热血化春雨

为了宣传群众、组织群众，使我党的方针、政策、路线尽快地为四川群众所了解，王右木将自己经济收入的绝大部分用在了党的组织和理论宣传工作上。他在高师任教期间，月薪达一百元左右，还先后兼任几个学校的课程，收入相当可观。但他自己从没有作过微小的享受。当年和他一起工作过的梁华说：王右木是一个大学教授，每月的收入自然不会少，可是他的生活却是过得非常的坏。他老婆、孩子们的生活水平还当不上一些工人家的，他把每月的收入多花在党的工作需要上了。对党的工作，他废寝忘食，不顾自己的一切。他每天不停地跑，有时甚至通宵不睡，也没有看见他喊疲倦和好好休息。可真是我十几年来少见的同志。为了苦心支撑《人声报》的经费，王右木还把他留学日本的宝贵纪念品牙骨手杖、自鸣钟都送去卖掉，连杯盘碗盏都卖了。他家里人说：你挣那么多的钱还要去卖这些东西？他轻言细语地解释说：你们要晓得，我在搞革命。革命是干啥子？就是革除那些压迫人的人，革除那些欺负人的人。我们现在苦，是为将来所有受苦的人不苦，大家有饭吃，有衣穿。这些都是马克思主义。他每月只给二十元钱作为全家六口人的衣食费用。任白戈同志回忆说：听刘亚雄和钟善辅讲，王右木当年在成都高等师范任学监时，他老婆和孩子在家里连菜都没有吃的。尽管这样，家人仍是和睦相处，克勤克俭，积极支持王右木的革命活动。

王右木关心别人胜过自己。对于那些家庭经济困难的同志或进步学生，他总是慷慨无私地给予援助。有些学生无钱买书，他就送书，或者把自己的付款折子交给学生，让书店把学生的书钱记在他的账上。有的学生积极分子缺衣少被，他就毫不犹豫地将自己并不多余的衣物被子送去。家中多次发现他正在使用的衣被忽然不见了，问他这些东西呢？王右木心平气和地说：我送了人，别人比我更困难嘛！我们打紧一点就过去了。

那时《人声报》的主要文章都是出自王右木的手笔。为写好一篇文章，他有时连续几天不沾床，实在困了就伏在桌子上养一下神，睡梦中还大声说话，似乎仍在激烈地同别人争论问题。家里的人非常担心他的身体健康，省吃俭用总想为他弄些肉、蛋之类的补养品，但他决不允许。有次深夜，家里的人给他煮了两个荷包蛋，他严厉地说：可不要在我身上多花钱，以后再不许这样做了。晚上不管工作到何时，第二天他仍然黎明即起，按时洗冷水浴一次，自始至终保持着勤劳俭朴、为党为民夜以继日、奋斗不息的革命精神。

为了和党保持紧密的联系，王右木从日本回川后，几乎每年夏天都要赴上海向党中央请示和汇报工作。他每次乘轮船，都是坐价钱最便宜的统舱。1922年7月，王右木到上海没几天，便出现了头晕、两眼红肿的症状并患了脚气病。但他满不在乎，继续为革命四处奔走。很快，他患湿气的双脚由浮肿而流着黄水溃烂起来。同住的林如稷替他购买七分小洋一磅的方面包，有时还给他带回一种瓶装牛肉汁，他总是要求下次不要再买。严重的脚湿病使他走起路来一瘸一拐。林如稷给他弄了几次清炖鳖汤，据说可以医治脚湿病。当王右木知道每次要费用两块多钱之后，便严厉禁止说：钱要安排在正大的用途上，这两块的数目，你当惯了少爷的满不在乎，却够别人吃半月一月哩！他心直口快，好在他们有深厚的情谊。因为在王右木看来，疾病是自己的，只有党和人民的革命事业才是崇高神圣的，为了无产阶级的革命事业，自己就是粉身碎骨也在所不辞。这些生活的细微地方，也充分表现了他公而忘私、奋不顾身的共产主义高贵品质。

生命虽短事业永存

1923年下半年，盘踞重庆的四川军阀刘湘和流窜湖北的杨森，在北洋军阀吴佩孚的支持下联合进攻成都。1924年2月8日，杨森攻下成都，在城内烧、杀、抢、淫，无恶不作。王右木对此无比愤慨，亲自率领部分社会主义青年团员和积极分子去散发传单。他幽默地说："今晚上成都无政府，散传单机会好得很。"他号召人民起来反对罪恶的军阀战争。

1924年2月，伟大的革命导师列宁逝世的消息传到成都。

23日，王右木主持召开了邹进贤等九人参加的活动分子会议，认真讨论如何召开隆重的追悼列宁大会的问题。会议决定，由"社会科学研究会同民权运动大同盟发起，在各报征求意见，要求各团体参加筹备。"会后，各方积极筹备，为5月1日在成都少城公园召开的列宁追悼会作了组织上和思想上的充分准备。由于军阀压迫，王右木未能参加这次大会。

杨森占领成都后，被北京军阀政府委任为四川督理，独揽军政大权。为了收买人心，杨森提出了所谓"建设新四川"的口号，并委督署秘书秦正树筹办报纸为他的"新政"呐喊。秦正树原是留日学生，和王右木有深厚的交往。回国返川后，又加入了成都的社会主义青年团。在接受杨森的办报任务后，他即找王右木汇报情况。王右木很快召开社会主义青年团骨干分子会议，商量如何利用该报进行革命宣传。有的同志担心，该报是杨森叫办的，恐怕难以利用它来达到为革命服务的目的，搞不好，反会招来更多的麻烦。王右木认为，利用反动派的东西来为革命事业服务是有先例的，因为我们的力量太单薄，没有力量自办日报，即使办起来也难以维持下去。如谋发展本团和把革命理想传播到群众中去，一部分党团员和积极分子需要加入进去。经过讨论，统一了意见，决定将办报的事承担下来，以当年的甲子年为刊名，就叫作《甲子日刊》。社址在成都三倒拐街（原川汉铁路公司旧址）。由秦正树任社长，王右木为总编辑，刘亚雄为助理编辑，还有廖划平、张霁帆、刘孝祐、吴汝柏、窦勤伯、黄君尧、李盛虞等参加，邹进贤、赵维屏为（成都）东南门外普通访员（即通讯员）。报丁杂役多是同志,"似乎报纸成了我们党办的一样"。宣传方向是:利用杨森所谓建设"新四川"的口号,宣传反对防区、反对军阀混战,主张还政于民。有时也在报纸上宣传马克思主义的思想,颂扬苏联革命的成功,介绍社会主义制度等新事物。这样办报当然不合军阀心意,不久,就被杨森迫令停刊。

杨森在成都为了巩固和发展他的封建势力,统一全川,还特别制定了一个延揽人才的计划,一些"五老七贤"、封建余孽、失意文人纷纷聚至他的署前。这时的王右木正从事于《甲子日刊》的编辑工作,杨森深知王右木在成都工人学生中有很高威望,想用高官厚禄来收买。3月下旬的一个上午,杨森派他的四个亲随副官,大大咧咧地提着一箱银圆直闯王右木家中,虚情假意,恭恭敬敬地呈上一张杨森军部督办署顾问的委任状,说什么杨督理久仰大名,请出来共理川事。王右木心里非常明白,这是军阀在玩弄卑鄙的收买伎俩,若马上严词拒绝,必遭暗算,即虚与周旋,叫他们把钱带走,留下委任状。副官走后,王右木轻蔑地说:杨森想用高官厚禄来收买我,简直是痴心妄想。我和他的主义是水火不容的,我怎能去作他的官。他决定暂别蓉城去上海。

但是,中央在去年冬就指示他辞去团的书记,目前团还没有改选,这桩重大事件,无论如何要在走之前落实。3月的一天,王右木召集团员大会,改选的第四届成都地方团执行委员会书记为张霁帆。在会上,王右木语重心长地对团的工作作了交代,并建议团组织在今后的大发展中,要加强对团员的考查和教育工作。他的建议得到团员大会的一致通过。3月24日,王右木给团中央写了《关于改选团组织给团中央的报告》,汇报了推迟改选的原因。这也是王右木在川中给团中央的最后一次通信。在一天的深夜,王右木准备了几件换洗衣服,收拾了个一尺多长的包袱,全家人都含泪围在他的身旁。王右木为了中国人民的解放事业,毅然抛妻别子,在女儿的陪伴下,轻快地穿街过巷到了九眼桥,喊来轿子将女儿送回,随即登上去上海的途程。

王右木到达上海不久,即去广州。他在给亲人和同志们的信中谈到,他在广州参加了党的重要会议,会后,为节约路费、沿途实地考察,准备从广西、贵州步行回川。1924年中秋节前夕,王右木在贵州赤水县土城给家中和同志们写信,说他不久就要回到成都。得悉王右木即将返蓉的消息,同志们互相转告,非常高兴。可是,从那以后,再也没有看到王右木高大

王右木故居

的身影在成都出现了,再也没有得到有关王右木的信息了。党组织和同志们十分关心,四处打听均无下落。后来传说王右木在路过贵州土城宣传革命时,被当地反动派杀害。

王右木虽然为革命牺牲了,但是,他所传播的革命理论和在四川创建的党、团组织,为四川革命运动的发展奠定了坚实的基础。他为无产阶级革命事业艰苦奋斗、忘我工作、不畏强暴、不怕牺牲的革命战斗精神,将永远活在人民的心中。

杨闇公

◎ 郑洪泉

杨闇公

杨闇公（1898—1927），中共四川地方组织的建立者和早期领导人之一。1917年东渡日本学习，开始接触马克思主义，1920年归国。1922年，在成都加入社会主义青年团。1924年，与吴玉章等组织"中国青年共产党"，同年入党，担任社会主义青年团重庆地委组织部长。国共合作后，他和吴玉章等对四川地区的国民党组织进行整顿，巩固和扩大革命统一战线，并利用这一有利条件，开展了一系列反帝反封建的斗争。1926年春，中共重庆地方委员会成立，杨闇公担任书记。为了配合北伐战争，他和刘伯承领导了顺（庆）泸（州）起义。1927年春，蒋介石在发动"四一二"反革命政变前夕，指使四川反动军阀制造了屠杀革命群众的重庆"三三一"惨案，杨闇公不幸被捕，壮烈牺牲。时年二十九岁。

一

杨闇公又名尚述，1898年3月10日出身于四川省潼南县（今属重庆）双江镇一个没落的封建大家族中。他排行第四，幼年过继给杨霞峰为子。

杨闇公的大哥杨剑秋在东渡日本期间，就参加了孙中山领导的同盟会，二哥杨衡石到成都进了铁道学校，堂兄杨宝民于1906年加入同盟会，参加过黄花岗起义。他们常在家信中谈论救国救民的道理并传来一些革命的信息，有时还寄回一些报刊书籍，这使杨闇公在少年时就受到新思潮的影响。

1913年7月，杨闇公看见报载李烈钧在江西湖口宣布独立，兴兵讨伐袁世凯的消息，他的堂兄杨宝民在江西讨袁军中任总参议，便决定去江西投奔革命。到达宜昌时，传来了赣宁之役失败的消息，其余各地讨袁军也纷纷失利，杨闇公便到上海与不久前从日本留学回国的大哥杨剑秋相会。适逢杨宝民于湖口起义失败后，也避居上海法租界嵩山路，以行医为掩护，继续从事反对袁世凯的活动。杨闇公见到杨宝民时说："我是来革命的"。杨宝民便介绍他加入了国民党，以后又托江苏都督冯国璋、南京军官教导团少将教官彭维翰保荐他进军官教导团学习。

为了准备进行反对袁世凯的军事活动，杨闇公常于周末去上海，秘密筹集和运送军火，受到外国巡捕追捕。他穿弄堂、越屋顶，机智脱险。他还在军官教导团内秘密发展革命党人图谋倒袁。1915年12月，袁世凯在北京上演复辟帝制的丑剧，遭到全国人民的反对。军官教导团为了防范革命党人在内部从事革命活动，突然包围搜查了学员宿舍。杨闇公恐事情泄露，越窗而出。1916年初赶到江阴炮台，策动要塞司令肖某率部举起反袁义旗。因事机不密，冯国璋派兵镇压，起义失败。杨闇公跳崖滚坡逃至江边，幸遇一渔舟，得救脱险。

1917年，杨闇公渡海去日本，先就读于成城学校补习日语，1918年转入日本士官学校，攻读军事。在成城学校读书期间，杨闇公积极参与组织留日同学读书会，学习进步理论。日本警视厅以未经学校当局批准为借口，解散读书会，拘留了杨闇公。几天后无罪释放。这时随着俄国十月社会主义革命的胜利和欧洲无产阶级革命运动的高涨，社会主义思潮在日本兴起，马克思主义也逐渐传播开来。杨闇公开始阅读宣传社会主义思潮和马克思主义的书刊，初步认识到一些关于社会主义和马克思主义的道理。

1919年，五四运动的消息传到日本，留日中国学生和华侨举行集会，并到中国驻日公使馆请愿示威。杨闇公连夜奔走，四处联络。当时，中国公使馆留学生监督江庸、监督署职员杨肇熉都是杨闇公的戚族。他们面见杨闇公，希望他看在戚族份上，设法缓和学生的示威活动，杨闇公却不予理会。当日本宪兵队的马队向请愿示威队伍冲闯，日本警察挥舞棍棒毒打中国留学生和爱国华侨时，杨闇公怒不可遏，奋不顾身救护被殴打的同胞，并与日本宪警进行搏斗。东京警视厅以所谓"违反治安罪"将他逮捕入狱，判处八个月徒刑。这是杨闇公在日本第二次身陷囹圄。1920年出狱后，他被迫离开日本回国。

二

1921年冬，杨闇公由重庆到成都，参加了成都留日学友读书会，同一些留日归国在成都教育界工作的人联系，以便发现志同道合者。1922年，他结识了成都社会主义青年团负责人之一的童庸生，不久，就加入了这个组织。同时，他还认识了成都高等师范学校校长吴玉章。他和吴玉章等人以成都高等师范学校为基地，组织进步学生深入工厂，发动工人罢工，组织工会，深入农村，发动农民，组织农会。这时，恽代英因在泸州（当时又称泸县）进行革命活动被军阀赖心辉扣押，吴玉章特去电泸州保释，将恽代英请到成都高师任教，并介绍杨闇公与之相识。1923年8月，刘伯承作为川军第一军第二混成旅的团长，因率部队在大足县同吴佩孚派来的黔军王天培部激战受伤，正在成都就医，吴玉章又介绍杨闇公与之相识。杨闇公常常同吴玉章、刘伯承在一起谈论时事，研究革命问题。

1924年1月12日，一个叫作中国青年共产党（简称C.Y，不久改为Y.C）的共产主义组织，在成都市娘娘庙街24号杨闇公的寓所里宣告成立。在一间挂有马克思、恩格斯和列宁画像的房间里，二十来个人举行了将近三小时的会议，大家热烈地讨论并通过了一周以来经过两次研究的"中国Y.C团"的纲领、章程和各种议案，推选出吴玉章、杨闇公等六人为负责人。

"中国Y.C团"是按照"横的方面少数服从多数，纵的方面下级服从上级"的民主集中制的原则组织起来的。它有严密的组织和严格的纪律，有明确的纲领。这个纲领发表在1924年5月1日出版的"中国Y.C团"机关刊物《赤心评论》创刊号上。杨闇公在"中国Y.C团"成立前后的日记中写道：

"欲指导群众，究竟从哪条道路走的好？……刻已认定马氏为主"（"马氏"，指马克思、马克思主义——《杨闇公日记》编者注）

"社会的进程是循序渐进的，有自然的定律。"

"社会主义是为一般人各得其所，都有发展天才的机会，不致受经济压迫，得真正的自由。"

"吾……必须为他人尽力，使彼第四阶级者得一反其生活与地位。"①

"中国Y.C团"是一个以马克思主义为指导思想，以反对帝国主义和封建军阀，争取实现社会主义，谋求无产阶级的解放为目标的革命团体。

"中国Y.C团"成立的初期，在吴玉章、杨闇公领导下，主要进行了以下三个方面的革命活动。

（一）积极开展马克思列宁主义的宣传教育和反帝反封建的革命鼓动工作。"中国Y.C团"刚成立时，由杨闇公担任

---

① 《杨闇公日记》，第18页。四川人民出版社，1979年版。

编辑，出版了油印刊物《微波》，揭露封建军阀祸国殃民的罪行，宣传革命道理。1924年5月，由成员积资创办了十六开铅印月刊《赤心评论》。杨闇公积极参与筹办，把它看作"中国Y.C团"的化身。《赤心评论》第一、二期分别刊载了"中国Y.C团"的纲领和章程。第一期是纪念列宁特刊，以后几期刊登了《列宁年谱》，宣传列宁的革命业绩。"中国Y.C团"成员吴玉章、曾凡觉、郭祖劼、张可勤和吕渺崖等发表了不少宣传马克思列宁主义理论，介绍苏俄情况和揭露帝国主义、封建军阀暴行的文章。

（二）成立社会主义研究会，从各方面物色人才，培养群众运动的骨干。"中国Y.C团"成立后，就作出了以王右木在上世纪20年代初建立的成都马克思主义读书会为基础，建立社会主义研究会的决定。4月13日，风和日丽，春意盎然，社会主义研究会正式成立。上午9时，杨闇公赶到会场，见七十多人济济一堂，显示了"中国Y.C团"三个多月来的工作成绩，十分高兴。特别使他兴奋的是到会的人中，有五名是工厂里的职工。他想，这些"被压迫而欲待救于人的，也因自身的关系出而奋斗了。此后善于指挥，会内必能物色些人才来"。开会时，吴玉章以《马克思派社会主义的势力》为题发表演说，指出马克思派的社会主义是"普遍于全世界"的"最伟大最新颖的潮流"，"经过苏俄的试验，人人已知道它有实现的可能性。""实行社会主义以扫除资本阶级，消弭国际战争，也是时势的要求"。他号召中国人民要"对于最流行的社会主义明辨而后笃行"，以达到"改造社会的目的。"杨闇公在当天的日记中写道："玉章演说词甚善"。

（三）同成都社会主义青年团一道派人到工厂、农村和学校去开展工人运动，农民运动和学生运动。1924年5月1日，"中国Y.C团"同中国社会主义青年团成都地区的组织在成都少城公园联合举行盛大的纪念"五一"并追悼列宁的群众大会。杨闇公在会上发表了题为《国际资本主义对中国的侵略》的讲演。他说："创造俄罗斯苏维埃联邦社会主义共和国的列宁逝世了，世界人民得此噩耗莫不痛悼。这不正因为列宁是实行经济革命与世界革命的第一个成功者吗？不正因为列宁是人类推倒资本帝国主义的急先锋吗？当我们还在痛苦地呻吟于资本帝国主义压迫之下急盼解放的时候，忽然失去这样一位革命的巨人、劳动界的救星，我们怎么能不痛哭呢!?"他呼吁青年志士们，加速团结，"顶天立地树建民族精神与国民的大义，系统的宣传，严密的组织，向国际资本帝国主义进攻，为继承列宁未竟而奋斗。"① 杨闇公富于鼓动性的精彩演说，博得了全场群众的热烈掌声。讲演结束后，群众正准备游行，四川军务督理署秘书秦正树突然跑来对大会主持人杨闇公等说："军长有命令，阻止游行。"消息传开，大家十分愤慨。杨闇公在5月1日和2日的日记中写道："我很笑这些无识的军阀和他的走狗，何苦作此无谓的举动来惹起反感啊！愚呀！愚呀！""昨天的运动，我们可以证明，'自由'不是空谈可得来的，非血、

---

① 这篇演讲稿刊登于附在《赤心评论》第2期后面的成都社会研究会刊行的《追悼列宁纪念号》上。

泪、汗，不能得真正的自由。前途的障碍还多得多，非对此三种有最大的决心，哪能说得到其他，我很希望大家努力。"① 这是对"中国 Y．C 团"成立以来的革命活动的深刻总结。

三

1924年5月7日，杨闇公离开成都，经乐至、遂宁回到潼南双江镇。在家住了一个星期，便乘轮船经合川去重庆。

杨闇公抵达重庆后，立即找到社会主义青年团重庆地区组织的负责人童庸生，交换成、渝两地革命活动的情况并研究了今后的任务。在童庸生的热忱赞助和支持下，杨闇公于1924年6月初乘轮船东下，前往中国共产党中央所在地——上海，寻求党的指导。在上海，他会见了中国社会主义青年团中央执行委员兼宣传部长恽代英。杨闇公十分推崇恽代英，在日记里记下了这样的感想："此君谈话，很有一部分真理存在。""故我很有动于中。"他还访问了一些川籍的国民党人士，谈论了改组后的国民党的状况。7月底，杨闇公离沪返渝。归途中，他在轮船上抓紧时间学习了《唯物史观浅释》等书。轮船在中途停泊时，他便下船与劳动群众接触。他的日记中有这样的记述："午后停船，与土人谈甚久，心甚安适。""江边群立而观轮船的人，约有二三十，我因欲知他们的生活状况，遂与之交谈。……农人们的生活着实太苦。""那般乡民的亲切和友爱的

---

① 《杨闇公日记》，第80~90页。

样子，着实令人感动得很。社会上最苦的，也没有他们那样可怜，不觉又令人鼓舞起为人流血的雄心来了。"

杨闇公自上海回到重庆后，参加了社会主义青年团重庆地委的领导工作，任组织部长。不久，即加入了中国共产党。1925年初，他被选为团地委书记。这段时间，他一直全力以赴地做团的工作，同奉命来重庆领导团工作，并筹建党组织的团中央特派员萧楚女取得了联系。经过几个月的努力，重庆地区团的工作颇有起色，杨闇公也更为同志们所信赖。

1924年秋，全国各大城市纷纷建立反对帝国主义大同盟，掀起了爱国反帝运动新高潮。杨闇公在抓紧团的工作的同时，十分重视做基层群众的工作。他和萧楚女等发动重庆工人、学生和各界爱国群众，建立四川反帝大同盟，开展爱国反帝的宣传。同年11月，在重庆又组织了青年团的外围组织——"四川平民学社"。杨闇公在该社成立大会上发表演讲时指出，这个组织的前途是不可限量的，鼓励大家要努力工作。四川平民学社开办了平民学校，广泛地联系并发动群众，杨闇公和萧楚女还发动各校进步学生组织各种社团或读书会，引导他们学习革命理论，研究社会问题，走上革命道路。

1924年11月19日，日本商船"德阳丸"在重庆私贩劣币，扰乱金融市场。重庆军警团督察处派员上船搜查，竟遭日船人员殴打，检查人员还被抛入江中，造成数人伤亡，这就是震惊全川的"德阳丸案"。事件发生后，重庆各阶层爱国群众纷纷向日本帝国主义和反动军阀提出强烈抗议。萧楚女、杨闇公等联络各团体组织了抗议"德阳丸"暴行的重庆人民外交后援会，还通过四川平民学社广泛动员群众向日本帝国主义及其走狗四川军阀展开斗争。12月13日，重庆市各界人民举行声讨"德阳丸"暴行的群众集会，萧楚女发表了声讨日本帝国主义罪行的演说。会后举行示威游行并到军阀政府请愿，杨闇公被推举为请愿的总代表。当队伍行进到省长公署时，衙门里大大小小的官僚们一个个都溜之大吉了。杨闇公说：由于这次群众运动的兴起，使"死气沉沉的渝中，因此顿现生气。"群众"精神因之大振"，"群众受此大训练后，必易于激动。"

1924年11月，孙中山接受中国共产党的建议，自广州北上，呼吁立即召开国民会议，制定宪法，反对军阀专制，废除不平等条约。中国共产党于孙中山北上的同时，在全国发起召开国民会议和废除不平等条约的群众运动。杨闇公根据党中央关于开展国民会议运动的指示，多次同童庸生和团地委负责人罗世文等进行研究，确定了在重庆地区开展国民会议运动的策略，即：发动青年团员积极投入运动，尽力掌握各进步团体，早日组成国民会议促成会，对国民党右派要有分寸地向他们开展斗争，先是监督他们对运动的不努力，第二步才攻击他们向右的倾向。

这期间，杨闇公夜以继日地紧张工作着：写文章，作讲演，主持会议，指导基层的活动，简直忙个不停。为了抵制段祺瑞企图用军阀、官僚和御用文人政客参加的所谓"善后会议"来取代国民会议，他决心用"积极的手段"，"拼命的做去"，以便迅速地把国民会议的群众运动开展起来。即使在身染疾病的情况下，仍四处奔波，甚至在病榻上还与来访者研究问题。为了广泛地发动群众，他还曾多次带领团员和积极分子在1925年的春节期间到南岸真武山，向进香和游览的群众散发革命传单和发表演说。这年正月初二，杨闇公一连讲演了八次。开始，他讲的道理深了些，群众不甚了解。他发现后立即加以改进，注意采用通俗生动的语言，并着重联系群众的切身利益。因此，他越讲越有吸引力，听的人个个点头称是。群众的热情使杨闇公深为感动。他在日记中写道："从前他们何尝知道他们是国家的主人翁啊！以为只是几个所谓伟人的人，是应该来支配他们的。"

经过杨闇公等人几个月的工作，重庆国民会议促成会于1925年1月18日正式成立。杨闇公被推举为负责人之一。他们排除了国民党右派的干扰，选出了童庸生等四人代表重庆地区去北京参加全国国民会议促成会。这时，綦江县也推选出邹进贤，危直士等四名代表。2月27日，重庆国民会议促成会召开群众大会，到会者有一万四千多人，其中工人占一半以上。杨闇公担任大会主席，他报告了重庆国民会议促成会成立的经过并阐述了开展国民会议运动的重大意义。去北京的代表也发表了演说。大会还顺利地通过了由杨闇公提出的增选两名女代表的提案。至此，在选举代表的问题上，中国共产党和国民党左派取得了对国民党右派的完全胜利。会后举行了游行示威。当队伍行进到夫子池时，杨闇公再一次向群众发表了热情洋溢的演说。与群众大会和游行示威相配合，杨闇公等发动党团员和积极分子，组成二十多个讲演队，沿街向市民进行宣传、并散发了四十多种油印传单，使"迅速召开国民会议""反对善后会议""打倒帝国主义和军阀"等口号在重庆广泛传播开来。

国民会议促成会全国代表大会进行期间,突然传来了伟大的革命先行者孙中山病逝的噩耗。3月14日,杨闇公在重庆国民会议促成会的会议上提议为孙中山举行隆重的追悼大会。由各进步团体组成了重庆市孙中山先生追悼会筹委会,萧楚女、杨闇公等被推举为负责人。4月7日,各界群众八千多人在打枪坝举行了隆重的追悼大会,萧楚女、杨闇公等在大会上发表演说,热情颂扬孙中山的伟大功绩,宣传他"以俄为师"的指导思想和"联俄联共扶助农工"的三大政策。他们还揭露了帝国主义和封建军阀勾结起来奴役中国人民的罪行,这段时间,党组织还动员大批学生与工人组成几十个宣传队,在市中区、江北和南岸等地大街小巷,向群众讲演,散发了八十多种传单,"打倒帝国主义""打倒军阀""废除不平等条约"和"努力国民革命"等标语张贴在各大街小巷。当时杨闇公在重庆二府衙街70号的寓所,经常是宣传队员聚集和休息的地方。杨闇公的父亲杨淮清很同情革命活动,常常赞助这些青年人的革命活动,他对来到家里的宣传队员们说:"孙中山先生死了,我当孝子。你们离学校、工厂太远,宣传完了,就请到我家里吃饭。"

1925年5月30日,上海公共租界发生了英国巡捕开枪屠杀中国人民的惨案。消息传到重庆,激起了全市人民的极大义愤。杨闇公同冉钧、罗世文等党团组织的负责人一道,领导各进步团体成立反抗英人惨杀上海华人重庆外交后援会,并组织共青团和爱国学生到群众中去开展宣传活动,广泛地揭露帝国主义的暴行。6月25日，重庆市的工人、学生和市民举行大规模游行示威，英、日帝国主义企业中的中国工人开展了罢工斗争。自7月1日起，重庆人民对英、日等帝国主义实行经济绝交，码头工人拒绝为英、日商轮装卸货物，广大群众坚决抵制仇货。英帝国主义者恼羞成怒，竟派水兵登陆，在龙门浩"隆茂洋行"一带，破坏我爱国反帝宣传，拘捕爱国学生数名。次日，残暴的英国水兵又刺死中国群众数人，制造了"龙门浩血案"。全市人民更加怒不可遏。杨闇公和党团的其他负责人当即决定领导全市人民开展更大规模的斗争，提出了惩办凶手、赔款和要英帝国主义者向中国人民道歉的正义要求，停止了对外国领事馆、企业和洋行人员的生活必需品的供应，使帝国主义者遭到沉重的打击，向中国人民炫耀武力而开往重庆江面的两艘英国军舰也不得不夹着尾巴离去。

期间，党加强了对各群众团体的领导和促进国民党的改组工作。党组织决定将已有的平民学社加以改组并扩充到各县去，将劳工互助社改为青年劳工互助社，吸收各工会的下层青年分子，准备作为将来成立总工会的基础；将四川妇女改进社加以改组使之成为妇女运动的总机关。同时，党还准备建立重庆青年团体联合会。对于四川地区的国民党组织，党决定由杨闇公负责，发动党团员和积极分子加入进去，以打破国民党右派的垄断。此外，杨闇公还主张将当时重庆联合中学、重庆第二女子师范学校、巴县中学等校建立的学校互进社、怒涛社、波浪社等进步学生团体置于党的掌握之中，成为党的外围组织。

革命形势的发展，亟待培养大批骨干并加强马克思列宁主义的教育。1925年8月，吴玉章由广州返回重庆，着手整顿四川省的国民党组织，同时和杨闇公、冉钧等商量筹办培养革命干部的学校。由于吴玉章1916年在法国同蔡元培发起组织过法华教育会，1917年又在北京参加开办留法预备学校，所以将拟议中的学校定名为中法学校，其大学部名为中法大学。不久，杨闇公租得通远门外大溪沟谭家花园一幢旧式楼房及其附近的几处民房作为校舍，首先办起了中法学校附属高初级中学，招收了二百多名因闹学潮而被江北中学、合川联合中学、重庆第二女子师范学校开除的进步学生与闻风而至的进步青年作为第一批学员。9月14日，中法学校正式开学。吴玉章任校长，童庸生任教务主任（年底由肖华清接替），杨伯恺任训育主任，张克勤任事务主任，杨闇公、冉钧、周贡植和漆树棻等为兼职教员。学校开办不久，杨闇公亲自布置第一期学生到磁器口的几个丝厂去组织平民学校。平民学校条件很差，学生只能在一些竹林捆绑的四周通风的房子里给工人上课。晚上就作为宿舍，伙食问题也是自己解决。经过两个多月的艰苦工作，学生们在思想和工作能力方面都受到了锻炼。到1927年初，中法学校已发展到一千多人，教育了大批进步青年，培养了许多革命骨干，其中有些人加入了共产党和共青团，有的为革命事业英勇献身，有的在长期革命斗争中为中国人民做出了重大贡献。

在创办中法学校的同时，杨闇公还领导开办了党团员训练班，培养党团基层组织的骨干。训练班每周开两三次会，讲授马克思列宁主义基本原理，传达党的指示。主要由杨闇公、冉钧上课。杨闇公派任煜（即任白戈，新中国成立后，曾任中共重庆市委书记）为这个训练班的教务长。在重庆创办中法学校期间，吴玉章、杨闇公团结国民党左派，对四川的国民党组织作了进一步整顿，并将国民党四川省党部移至重庆莲花池。杨闇公负责省党部的实际领导工作。10月底，省党部通知各县、市党部就地选举四川省出席国民党第二次全国代表大会的代表，当选的有吴玉章、杨闇公、童庸生、廖竺君（廖苏华）、廖划平和黄复生等。除黄复生外，其余五人都是共产党员。选举结果表明，两个多月以来四川省国民党组织经过整顿，左派已占很大优势。

11月，杨闇公和吴玉章等离渝赴广州参加国民党第二次全国代表大会。吴玉章是大会的秘书长，杨闇公参加了大会秘书处的工作。大会从1926年1月1日开幕至19日结束。大会期间，杨闇公以敏锐的政治眼光，察觉出汪精卫在大会上的政治报告暗示了对中国共产党和苏联顾问鲍罗廷的不满是"有用心的"。蒋介石伪装一副革命的面孔，一些人为他的"左"的言辞所迷惑，在他讲话时，竟出现了与会代表"起立致敬"的场面。杨闇公却轻蔑地认为这简直是"笑话"，并一针见血地指出："蒋介石的报告抹杀一切工农援助的事实，而表示自我太强"，也是"有用心的"。他对毛泽东所作的关于宣传工作的报告十分推崇，认为较其他报告都"有系统些，他能把具体事实指得出来，并对于每个时期所施的宣传口号，也恰中客观的需要。"他对恽代英的报告也给予很高的评价，认为"颇多中节"。杨闇公在会外也很活跃，除参加各种群众集会外，还发起成立四川革命同志会，并亲自起草章程。他想通过这一团体，把在粤的四川革命同志组织起来，使之具有正确思想，以免受到反动派的迷惑，便于他们将来返川进行革命工作。杨闇公在广州期间，中国共产党中央的负责同志对四川党的工作曾作指示，要求在国民革命军北伐时，对四川军阀采取"前顶后拖"的办法。国民党左派邓演达也向杨闇公说："将来北伐一定成功，要取武汉，驻守万县的川军杨森对湖北宜昌、武汉威胁太重，四川同志要负起这一方面的工作。"①

四

国民党"二大"以后，杨闇公、童庸生到了上海，中共党、团中央召集杨闇公、童庸生和在沪的同志开会，研究了四川的工作，同意四川省级组织的建立。1926年2月24日，杨闇公、童庸生回到重庆，即着手建立中共重庆地委的工作。很快，来自全川各地的一些共产党员于重庆中法学校举行秘密会议，正式成立了中国共产党重庆地方执行委员会（简称中共重庆地委），选举杨闇公为书记，冉钧为组织部长，吴玉章为宣传部长（因吴玉章当时不在重庆，遂由周贡植代理，后来为钟梦侠接任），加强了党对全川革命工作的领导。

中共重庆地方执行委员会建立后，杨闇公决定安排一次领

---

① 刘伯承：《纪念杨闇公同志》，载《忆杨闇公同志》。

导班子成员的民主生活会，这是在上海时党中央安排的，因为1926年1月，杨洵（即杨伯恺）给中共中央去信，反映重庆党团组织存在的问题，党中央收到来信后，十分重视，适逢杨闇公、童庸生在广州参加会议结束后来到上海，党中央随即专门召集杨闇公、童庸生二人，要求解决这个问题。

党中央的办法就是一个：开会！目的：澄清事实，消除误会，团结同志向前进。

1926年4月15日，重庆党、团地委领导干部共十人，按照中央的要求开了一个批判会。杨闇公开门见山地指出："我们仅可赤裸裸地把许多经过的事实说出来，请各位加以批评，以免因一点小事，妨碍团体工作的进行。"杨洵随即发言，详细陈述了自己在工作中遇到的十个不适问题和对童庸生的误会，同时也抱怨道：自己给中央写信贡献意见，却被中央认为"不工作，在团体外说话，以后要负一部分实际工作"，实在是难以接受。童庸生则一如既往，把相关情况一一陈述，言下之意对杨洵极为不满。意外的是，参会的同志逐一发言，既陈述事实，又一字一句见血见肉，根本没有什么童庸生是重庆党团的创始人、杨洵是老党员的顾虑。"这次全是他（童庸生）的态度不好惹出来的，以后希望改正。这次的误会，全是你自己的疑心生出来的，不应因个人的误会，不信任团体"；"庸生对团体工作虽诚实，但个性强烈，有'左'倾幼稚病。杨以前也曾努力工作，但回团后，态度上不十分好……对地委生出许多误会来，全是不明了团体与个人的关系而发生的"；"庸生个性甚强，批评同志时甚至于谩骂，故很容易引起误会……"面对同志们的批评，杨洵、童庸生更多的则是一再回答并接受批评。杨闇公其实一直是非常认可童庸生。早在1924年5月，杨闇公遇到童庸生，长谈之后，"不觉精神大振，内心的痛苦亦全忘却矣"，"我们的结合，乃精神上的真结合，是由于志同道合"。然而，杨闇公主持这次会议时，始终不偏不倚，从未打断任何一人的发言。当所有人发言完毕之时，他客观总结童、杨二人缺点，并以极为严肃的态度强调道："我们的团体是统一的，我们的同志时时刻刻都应该维护团体的统一的，不应因一点误会而离开团体去说话，表现分裂的毛病。这是我们同志应该注意的。团体不是私人能把持的，决不是个人化的，是要团体化的。"最后，他希望童、杨"以后共同努力奋斗，不再闹此资产阶级的意气"。这样的党内批评会可谓成效显著。童、杨二人因此化解了矛盾，放下了包袱。经过这次批评会的四川党团组织，以更加团结、更富战斗力的工作姿态受到党中央的赞誉。不久，吴玉章亦来重庆。当时，刘伯承也住在重庆浮图关（刘伯承经杨闇公介绍加入中国共产党，杨闇公曾要他去广州看一看，并在黄埔军校当教官）。他们遵循中国共产党中央的指示，根据国民党"二大"的精神，讨论并研究了当前的工作，决定由杨闇公负责发展共产党的组织和开展工农运动，吴玉章负责继续整顿四川国民党的组织并在中上层人物和军队中进行工作。在几个月的时间内，许多县、市都成立了国民党党部，重庆、成都等地均组织了工会，有组织的工人达三四万人，营山、南川等地成立了县农民协会。兵运工作亦有相当进展，党已争取并掌握了部分军阀部队，使之有的同情革命，有的在后来参加党所领导的武装起义。7月，吴玉章去广州。刘伯承不久亦离渝。

杨闇公十分重视人民群众在革命斗争中的作用。他认为，"扩大四川的民众力量，才能使全国革命成功。而加入革命的人们，才能变为真正的革命者。"他特别强调农民运动的重要性，他说："应扶助在全川人口百分之八十九的农民的发展才能得到真实的动力"，才能"使四川的革命基础巩固，不致于为假革命所动摇"，"不致因环境变迁而动摇本党在政治上的地位。"他经常说："只要把群众发动起来了，军阀们那几杆烂枪是没有多大用处的。"为了开展全川的农民运动，重庆地方委员会派了一些干部到各地去组织农民协会，还派遣二十多人去广州毛泽东主持的第六届农民运动讲习所受训。

当国家主义派和国民党右派向革命人民发动猖狂进攻时，杨闇公坚定地领导革命势力进行了坚决回击。

"五卅惨案"周年纪念时，中国共产党重庆地方委员会通过莲花池的国民党左派省党部在打枪坝召开各界群众纪念大会，并举行声势浩大的示威游行。但是在国家主义派骨干分子徐孝匡、杨叔明把持下的重庆联合中学和第二女子师范学校的师生却不参加大会。国家主义派分子还大放厥词，辱骂革命群众是"卢布虫"，胡说"五卅惨案"是共产党制造的。会后，重庆《新蜀报》在报道大会消息的特稿的标题中，标明了"惟联中女师不参加大会未免美中不足"。国家主义派遂以此为借口，于次日纠合几十名学生到《新蜀报》社起哄，要挟报纸刊登启事赔偿两校名誉损失，并强使主编周钦岳到第二女子师范学校，要他向学生鞠躬赔礼。杨闇公闻讯后赶到报社问明情况，并布置"全面反击"。各报社成立了重庆新闻界雪耻大会。第二天各报均辟专栏揭露国家主义派的暴行。各进步团体纷纷发出"快邮代电"，进步人士亦发表谈话支援新闻界反对国家主义派的斗争。不久，成都、泸州、顺庆（即南充）等地的新闻界亦起而响应，这就形成了全川舆论界对国家主义派的总进攻。斗争持续了一个月之久，使徐孝匡、杨叔明处境十分狼狈，不得不被迫托人出来调处，并在各报刊登道歉启事，最后灰溜溜地离开了重庆教育界。在党的重庆地方委员会和杨闇公领导下的这场反对国家主义派的斗争，搞得有声有色，大获全胜。

这时，国民党右派已在重庆另立国民党四川省党部，同莲花池的国民党左派省党部相对立，经常挑起冲突，大打出手。有一次，中法学校的一支学生宣传队在街头向群众宣传北伐胜利的消息，却遭到国民党右派的袭击。一些学生挨打受伤，鲜血直流。杨闇公闻讯后，赶到刘湘军部（北伐军进入两湖战场后，刘湘迫于形势，将部队改称为国民革命军第二十一军），面见刘湘，痛斥了国民党右派的罪恶行径，并严正指出："实在不能容忍伪省党部再存在下去了。"这时，几百名革命群众用滑竿抬着受伤的学生聚集刘湘军部请愿，高呼："打倒伪省党部！""请刘军长严惩凶手！"要求刘湘取缔国民党右派省党部。刘湘此时既已易帜改号，也就只好装出"革命"的样子，当众下了一道查封伪省党部的命令，派人取下了伪省党部的牌匾。

9月初，正当北伐军打到武汉时，发生了英国军舰在万县向中国军民开枪开炮，造成毁房数百间，近千人伤亡的"九五惨案"。事件发生后，中共重庆地方委员会立即发动全川人民掀起反英浪潮。9月7日，成立了万县惨案重庆国民雪耻会，杨闇公被推举为主要负责人。中共重庆地方委员会、国民党左派省党部和各进步团体相继发出"快邮代电"，声讨英帝国主义罪行，号召人民奋起斗争。9月9日，"雪耻会"召开市民大会，会后举行大规模反英示威游行，参加群众达十多万人。杨闇公强调要充分发动和依靠群众，彻底实行对英帝国主义经济绝交。党组织还通过"雪耻会"组织了纠察队，严禁英货行销，并防止奸商的破坏活动，使市面上"洋油""洋烟"很快绝迹。愤怒的群众又查封了大量英国制造的"哈德门"香烟和布匹。这期间，党还组织英国企业中的华工开展了罢工斗争。

五

1926年秋季以后，党的重庆地方委员会一面继续大力发展工农运动，一面又把主要注意力集中于抓军事斗争，以配合北伐的胜利进军。这年10月，吴玉章根据中国共产党中央的意图，向国民党中央执行委员会和监察委员会联席会议提议，派刘伯承到四川做军事工作。刘伯承回四川后，向朱德、杨闇公传达了中国共产党的指示。随后，由杨闇公、朱德、刘伯承组成了中共重庆地方执行委员会的军事委员会，杨闇公兼任军委书记。军委决定，一方面努力争取四川所有军队都倾向国民革命而反对北洋军阀,以此抑其出兵东下威胁武汉;另一方面是利用军阀内部矛盾,策动部分军队起义,建立革命武装,配合北伐战争。当时,我们党在四川已掌握了一部分武装力量:其一是驻合川的江防第二区司令黄慕颜的部队。党对黄慕颜进行争取教育,经过杨闇公、童庸生介绍,他加入了中国共产党。其部队中有党派去的政治工作人员,还开办了培训骨干的学生队,并建立了共产党的组织和国民党的区分部。其二是驻顺庆的川军第五师何光烈部秦汉三、杜伯乾两个旅。其三是驻泸州的赖心辉部袁品文、陈兰亭两个旅。此外,共产党员李蔚如在涪陵掌握了数千人的团队武装,旷继勋在彭县、崇宁掌握了部分江防部队,潼南、綦江等地的共产党员亦掌握了部分团队。这说明,党要从军事方面在四川开创局面是有一定基础的。1926年秋,由杨闇公主持,在重庆莲花池国民党左派省党部召开了倾向革命的川军师、旅、团各级十二个单位代表参加的军事会议。杨闇公在会上提出了"响应北伐,会师武汉"的口号。会后,杨闇公将黄慕颜、秦汉三、杜伯乾、袁品文、陈兰亭和皮光泽(驻泸州部队)等部分代表留下,向他们正式公布了关于举行泸州、顺庆起义的决定,并宣布成立国民革命军川军各路军总指挥部,由刘伯承任总指挥,黄慕颜任副总指挥。刘伯承当时尚不在重庆,但他来渝后便立即到合川向黄慕颜作有关起义的军事部署。他们筹划由黄慕颜假称调防成都,率领所部开赴顺庆与秦汉三、杜伯乾两旅会合,挟持何光烈就范,先在顺庆举事,再由袁品文、陈兰亭等在泸州发起响应,并迅速率部到顺庆与黄、秦、杜三部会合,以顺庆为根据地,将起义部队整编为六个师,向绥定(今达县)进击,消灭刘存厚部。然后挥师入陕,接应已由甘肃开入陕西的冯玉祥的国民军,在中原与北伐军胜利会师。商定后,刘伯承返回重庆。党组织又派遣童庸生持刘伯承亲笔信去泸州,指示袁品文、陈兰亭等按计划行动。

1926年11月25日至12月4日,中国国民党四川省第一次代表大会在重庆中山学校举行。大会代表都是共产党员和国民党左派。杨闇公和刘伯承被选为大会主席团成员。杨闇公代表省党部作了《政治报告》《工人运动报告》和《农民运动报告》,刘伯承作了《军事报告》。大会通过了杨闇公参加起草的《中国国民党四川省第一次代表大会宣言》。杨闇公的报告和大会宣言分析了全国和四川的形势,揭露了帝国主义和国家主义派破坏统一战线的卑劣行径,提出了充分发动群众,支援北伐战争,争取全国革命成功的任务。杨闇公强调说:只要"以农民为后援,以有主义之军为先锋,将来倾之覆之亦易若反掌。"大会通过了制裁国民党右派的决议案,选举了省党部执行委员会,杨闇公、刘伯承、朱玉阶(朱德)等当选为执行委员。这次大会对巩固和扩大统一战线,发展四川革命形势有深远影响。

当国民党四川省第一次代表大会正在进行的过程中,袁品文、陈兰亭于12月1日在泸州蓝田坝扣押了赖心辉的师长李章甫,宣告起义。起义部队在当天晚上击溃了李章甫三个团的兵力,占领了泸州城,宣布成立国民革命军川军第五路军(袁品文部)和第四路军(陈兰亭部)。12月3日,顺庆方面的秦汉三和杜伯乾亦率部起义。这些行动都突破了原订计划。消息传来后,杨闇公忙将主持大会的任务交由他人接替,自己与刘伯承等赶赴合川,负责起义的组织领导工作,决定由刘伯承和黄慕颜率合川江防部队开往顺庆。12月9日,黄慕颜部与秦汉三、杜伯乾的部队在顺庆会合。次日,在顺庆城内果山公园召开起义军誓师大会,宣告国民革命军川军各路军总指挥部正式成立,刘伯承就任总指挥之职。顺庆方面起义部队改编为第一、二、三路军,第一路军司令由副总指挥黄慕颜兼任,秦汉三、杜伯乾分别担任第二、三路军司令。这时,杨闇公派人送来一封密信,说中共重庆地委已严令泸州起义部队立即向顺庆集中,嘱咐刘伯承、黄慕颜等人率部坚守顺庆。同时,杨闇公又派人送信给武汉的吴玉章,请求设法对泸顺起义予以支持。吴玉章便在武汉国民政府会议上提议按军事序列给起义部队以国民革命军第二十五军番号,委派刘伯承为军长。会议通过了这个提案。但国民党右派谭延闿竭力阻挠贯彻执行,幸有吴玉章力争,武汉国民政府终于公布起义部队为国民革命军暂编第十五军。

泸顺起义的爆发震惊全川,封建军阀的反动统治为之动摇,军阀们神魂不定,一部分军阀如邓锡侯等立即公开出兵镇压,另一部分军阀如刘湘、杨森等暂时采取观望态度,窥伺时机,再下毒手。四川的形势顿时紧张起来。

12月下旬,杨森假意邀请杨闇公、刘伯承和童庸生赴万县主持国民党党务并进行会商。利用这一机会,杨闇公、刘伯承和朱德等军委负责人在万县会晤,讨论了全川的革命军事问题，决定将国民革命军川军各路总指挥部移往泸州，委派刘伯承带领十多名政工人员立即赴泸，以加强对该地起义部队的统一指挥。刘伯承在杨闇公掩护下到达泸州后，整顿部队，密切军民联系，加强防卫，大大提高了起义部队的战斗力。

到1927年春季，四川的反动军阀已和反革命野心家蒋介石进一步勾结起来，他们一方面处心积虑要将泸州起义部队置于死地，一方面加紧策划对共产党人和革命群众实行大屠杀。

1927年3月24日，正当北伐军占领南京时，英美帝国主义停泊在下关江面的军舰竟然无理炮轰南京城，对中国革命进行蛮横的武装干涉，造成两千多军民伤亡的大惨案。"南京惨案"发生后，重庆市各界人民无不义愤填膺。杨闇公等党的重庆地委负责人议定，并同国民党左派负责人商妥，于3月31日在重庆打枪坝召开全市群众大会，抗议英美帝国主义炮击南京的暴行，扩大反帝反封建的宣传教育。

召开群众大会的消息传出后，重庆地区革命与反革命力量之间的斗争达到白热化的程度。反动势力下决心要向人民开刀。3月下旬，刘湘在他的督办公署召集秘密会议，决定在召开群众大会时，暗中布置军队，以调停"工学冲突"为名，对共产党人和国民党左派省党部负责人下毒手，并拟定了大屠杀的黑名单。刘湘还派人把蒋介石派到四川来的爪牙杨引之等请来充当大屠杀的指挥。

这时，社会上谣言四起，什么"共产党要暴动"啦，"工人学生要打洋人"啦，"打枪坝的群众要冲外国领事馆毁教堂"啦，闹得满城风雨。反动派利用他们自己所制造的谣言作为镇压群众的舆论准备，并以保护侨民和领事馆、洋行为名，进行大屠杀的军事部署。3月30日，刘湘指使人对杨闇公进行恫吓说："明天的大会最好不要开，外面的大炮已脱了炮衣。"遭到杨闇公严词拒绝。当天中午，杨闇公又得密报，说刘湘在军部召集秘密会议，准备破坏大会。针对这种险恶形势，晚上，杨闇公在党的秘密机关主持召开紧急会议，参加者为党团地委的负责同志冉钧、钟梦侠、程志筠、刘成辉、蔡铭钊、任煜和程仲苍等。会议决定，为了不向反动派示弱和不失信于人民，群众大会如期举行。杨闇公严肃而坚定地说：这是一场严重的斗争，反动派要杀我们，不取决于我们这个会开与不开。要革命就不怕牺牲，怕牺牲就不是共产党人。与会同志一致采取宁愿牺牲也要开会的态度。接着研究了会场的警戒问题，决定了几项安全保卫措施：由工人纠察队负责在场内巡查，各校童子军携带木棍和绳套在会场四周警戒，各单位整队入场，不许闲杂人混入队伍等。杨闇公还说，他已找过杨森部的向时俊，要他带卫队入场维持秩序。那天晚上，党的负责人还在川东师范学校召集工人纠察队员开会，要他们严守会场大门，并作好主席团的保卫工作。深夜，杨闇公去黄慕颜寓所（当时黄慕颜正在重庆，请党的重庆地委向武汉国民政府求援，筹集款项接济驻开江的起义部队），嘱其次日一早赶到会场。然后，他才拖着疲惫的身子回家。

3月31日，杨闇公很早就起床了，他对妻子赵宗楷说："今天召开市民大会，我要早点去主持。"刚下楼，杨淮清就来劝阻儿子不要赴会。这几天来出现的种种迹象，使老人对杨闇公的安全十分担心。但是，杨闇公还是说服了父亲。正待出门时，接到在刘湘军部当参谋长的一位亲戚派人送来的信，信中说："大会将有事故发生，恐对你不利，若能不去赴会，军座定有好音。"杨闇公冷笑道："威胁和利诱，对我都无济于事，我们是为了正义事业，不是为了个人利益，难道还有错么？你们收买不了我，也阻止不了我！"说罢便慈爱地搂抱着不满一岁半的女儿赤化，亲昵地说："爸爸死了，你可要给我报仇啊！"接着又深情地吻了睡在摇篮中刚满月的小儿子共产，喃喃地说："儿啊！你还在朦胧地睡着，可爸爸走了啊！还能再见吗？"杨闇公给两个孩子取这样的名字，意在表示他同一切反动派斗争到底的决心和对共产主义事业的必胜信念。出门时，杨闇公转向结婚两年的妻子说："我走后，你赶快去妇联集合，如消息不好，即作准备。"他还叮嘱弟妹们都要去开会。然后，向家人挥一挥手，大踏步走了。

杨闇公赶到会场后，中共重庆地委和国民党左派省党部的负责人及各界知名人士冉钧、李筱亭、程秉渊（程子健）和漆树棻等均陆续来了。任煜在主席台上准备作记录。各界群众队伍正举着队旗，敲着锣鼓，高呼革命口号，歌声嘹亮地涌入会场。这一天虽然天空阴霾，但革命群众却热情高涨。沿途虽然军警林立，赴会群众却无所畏惧。工人纠察队和童子军在认真地维持秩序，会场警戒很严密。杨闇公在主席台上密切注视着会场动静，并嘱咐纠察队提高警惕。这时，军阀刘湘已按照他们的既定计划，命令王陵基的部队包围会场，堵住了各个出口通道。而蓝文彬和巴县团阀曹燮阳、申文英的反动兵士和团丁,则扮着工人模样,暗藏凶器,混入群众队伍,或佯装摊贩。当黄慕颜告诉杨闇公沿途所见情况和场内发现形迹可疑分子时,杨闇公非常镇静,要大家沉着应付,并增调童子军参加维持会场秩序的工作。当大会即将开始时,会场周围突然响了一串鞭炮,接着场内外枪声四起,混在群众中间的暴徒一齐大打出手,他们抡起铁条见人就打,抽出砍刀见人就杀。顿时,会场秩序大乱。混乱中,匪徒们开始向主席台上的大会主持人冲击。正在台前制止反动分子暴行的《新蜀报》主笔漆树棻首先被打倒拖出会场,惨死于两路口的荒冢之中。主席台上的其他负责人只得随着四散奔逃的人群,由会场一角跳下高高的城墙。许多跳墙群众在城外又遭敌人伏兵袭击,有的被打死,有的被打伤,跳墙时摔死跌伤的人也不少。这一天,被杀害的革命群众有四五百人,受伤者在千人以上。杨闇公由于跳墙后潜藏在通远门外一户农民家中,才得以脱险转移到江北。这就是蒋介石支使四川反动军阀制造的惨绝人寰的重庆"三三一"惨案。

4月1日清晨,杨闇公毅然从江北回到城里,联络同志,布置工作。家里的人劝他暂避一下。他却用深沉的语调对亲人们说:"敌人虽然十分残酷,但我岂能顾及个人安危?"晚上,他在妻子赵宗楷哥哥的家里召集党团负责人钟梦侠、任煜和刘成辉开秘密会议,说他要到武汉去向中央请示报告,叮嘱其他几位党团负责同志做好善后工作。

4月2日,杨闇公与黄慕颜及六妹杨毅君搭上去武汉的"和平"号轮船。由于发现便衣特务跟踪,当夜又返回家中。

次日，他化装偕妻子赵宗楷及一位党员登上"亚东"号轮船。又遭叛徒告密。4日凌晨，"亚东"轮行至江心，特务便开出快艇和木船将轮船包围。杨闇公临危不惧，神色自若，迅速将身边隐藏的秘密文件吞咽下肚。特务以检查为名逮捕他时问道："你是不是杨闇公？"他说："我是，你们又怎么样？"那人说："那你就不要什么共产党了，跟上我们才有命。"杨闇公斩钉截铁地说："你们国民党反动派和反动军阀是什么东西？你们是一伙凶恶的强盗，无耻的卖国贼，屠杀工农的刽子手。你们眼看就要无立锥之地了。"当特务要将赵宗楷和随行的同志一齐逮捕时，杨闇公机智地掩护了那位同志。他故意问道："我是共产党员，他们要逮捕我，你先生为什么也要被逮捕呢？"特务们以为那位同志不是共产党员，就把他放了。特务们将杨闇公、赵宗楷带上了囤船，杨闇公向周围群众义正词严地揭露了反动派制造"三三一"惨案的罪行，他大声疾呼："大家团结起来，打倒列强！反对蒋介石独裁！铲除军阀！"当特务强行将杨闇公、赵宗楷分别带走时，杨闇公沉着地对妻子说："宗楷，你不要害怕，也不要难过，转告同志们，我会斗争到底。孩子大了，要他们为我报仇！你要好好抚养他们。"接着又说："敌人眼看就要无立锥之地了，共产主义事业一定会在全中国胜利的"。船上群众越聚越多，他们不顾特务阻拦，聆听杨闇公慷慨激昂的话语，目睹了这悲壮的一幕。

　　两天以后，赵宗楷经党组织和杨淮清多方营救获释。杨闇公仍被关押在蓝文彬的监狱里受尽折磨。审讯时，敌人用乱棍猛击杨闇公的双腿，强迫他下跪，他宁死不屈膝。蒋介石派来

杨闇公一家

的特务问道:"难道你不怕死吗?"杨闇公愤怒地说:"只有你们才怕,你们也必然要死无葬身之地了。你们只能砍下我的头,可绝不能丝毫动摇我的信仰。我的头可断,志不可夺。"敌人的一切阴谋诡计都未能得逞,于是在4月6日深夜,将他押至浮图关一个山岩边秘密处死。临刑前,杨闇公大义凛然,高呼"打倒帝国主义!""打倒军阀!"为了阻止杨闇公继续呼喊革命口号,匪徒首先割去他的舌头,可他仍用鼻子哼斥,用眼睛怒视,用手指比画,以表示对敌人的无比仇恨。这位英勇不屈的共产主义战士、全身都迸发出战斗的火花。暴徒们的兽性发作了,他们丧心病狂地挖掉了杨闇公的双眼,砍断了他的双手,最后还向他射出了三发罪恶的子弹……英勇不屈的共产主义战士、中国人民的忠诚儿子——杨闇公壮烈牺牲了。他以二十九岁的壮丽青春,谱写了一曲气贯长虹、惊天动地的正气歌。

杨闇公烈士陵园

吴玉章

◎ 《吴玉章传》写作组

吴玉章（1878－1966），我党久经考验的无产阶级革命家，深受全党和全国人民敬重爱戴的"延安五老"之一。他也是我国著名的教育家，马克思主义史学家和语言学家。

青年时的吴玉章

吴玉章的一生是革命的一生，追求真理的一生。在我国近代革命史上，出现的巨大历史性转折和几次重大斗争，他均始终置身于时代的最前列，而且总是立场坚定，旗帜鲜明，艰苦奋斗，临危不惧。正如毛泽东同志对他的高度评价："一辈子做好事，不做坏事，一贯的有益于广大群众，一贯的有益于青年，一贯的有益于革命"。他的生活和斗争经历，正如党中央在他六十寿辰时的祝词中所说："是近几十年里一部活的中国革命史的缩影。"

一

吴玉章原名永珊，号树人。1878年12月30日（阴历戊寅年十二月七日）出生于四川省荣县双石乡蔡家堰。

荣县地处蜀中，富庶而又文风鼎盛。陆游曾有诗赞道："其民简朴土甚良，千里郁为诗书乡。"双石文风之盛，又为全县之冠。吴玉章的家庭就是个耕种着几亩薄田，教育子弟谨严，很注重民族道德操守的耕读人家。他在家中是幼子，父亲去世较早，在祖母和兄嫂的教诲下，从小就有很强的自尊心和自信心，养成了不偷懒，不苟且，做事善始善终，诚信笃行，坚忍沉毅的好品德，好作风。他先后在乡间私塾、贡井旭川书院、成都尊经书院和泸州经纬学堂等处就读。他二哥吴永焜是一个服膺宋明理学，崇尚清代朴学的秀才，在治学上推崇黄黎洲、王船山，讲求性理与经济兼通，思想与实行并重。吴玉章在他二哥的指导下，少年时既受了理学熏陶和孔孟经典的教育，也注重经世致用的学问。他喜读史书，崇拜诸葛亮、范仲淹、岳飞等民族先贤，把他们崇礼尚礼、大公至诚、淡泊宁静、爱人习劳的思想行为立作自己表率，特别是文天祥的《正气歌》和《绝命词》，他更书贴于壁，朝夕诵读，从而陶铸了他崇高的民族气节和深厚的爱国主义精神。

当清朝甲午战败消息传来时，适值吴玉章母亲病故，他二哥便趁"庐墓三年"，守制在家的机会对他进行苦心培育，兄弟对坐共读,一灯萤然,每至夜深。他二哥圈点的多是《通鉴辑览》《天(启)崇(祯)百篇》等书文,吴玉章看到古人忠义节烈的言行,常常掩卷咨嗟,潸然泪下。当清朝政府签订了丧权辱国的《马关条约》后,他二哥特意选了明末烈士黄淳耀《见义不为,无勇也》一文,并把黄的事迹写于文后。诵念着黄淳耀文中的话,想到忠奸之分就在临危受命的一刹那,吴玉章心中沸腾着难以抑制的救国献身的激情。掩卷之后,忧国伤时,不禁悲从中来,兄弟相抱痛哭。吴老晚年常常回忆起这段往事:"我们兄弟之所以痛哭,因为有感于国事之临危,正志士仁人杀身成仁、舍身取义之时……因而常以'富贵不能淫,贫贱不能移,威武不能屈'相期许,想做点有益于人有益于国的事情。"①

甲午战后,国难加深,变法维新学说随着国家有被列强瓜分的危险而广为流行。当时,吴玉章虽在荣县乡下,却非常热心新学,到处收罗新书,一听到废科举,兴学校,就眉飞色舞,广为宣传,兴奋得像发疯一样,因而被人讥为"时务大家"。不久戊戌政变,"六君子"被杀。于是守旧的人就出来非难他了:"早说不对嘛,要杀头哩!"他仍然仗义力争,毫不气馁,并用谭嗣同拒绝到外国使馆去避难,甘愿做第一个变法流血者的英勇故事,来回答这些人的嘲笑。

正是怀着寻求救国救民真理的热望,1903年3月,吴玉章浮槎东渡,去日本留学,在过三峡途中和到日本之后,他感时

---

① 吴玉章:《六十自述》。

抚事，写了几首慷慨沉郁的述怀诗：

不辞艰险出夔门，救国图强一片心。
莫谓东方皆落后，亚洲崛起有黄人。

莽莽神洲久陆沉，鲸吞虎视梦魂惊。
伤心亿万神明胄，忍祚中流自在行。

中原王气久销磨，四面军声遍楚歌。
仗剑纵横驱房骑，不教荆棘没铜驼。

为了拯救陆沉的神州，吴玉章一到日本，就如饥似渴地学习各种新学问、新学说，什么物竞天择、优胜劣败的进化论，什么天赋人权、平等自由的民主论，都使他极为醉心。进成城学校读书时，他就是"德赛二先生"（民主和科学）的信徒了。他一面刻苦攻读数理，准备异日深研一种实用科学，一面饱读民权革命的史籍，并热心参加爱国学生运动（如要求沙俄从东北撤兵的拒俄运动，反对日本的"取缔清韩留学生规则"，以及反对美国排斥和虐待华工的反美运动）。当时，他在四川的留日学生中已逐渐具有相当的声望。

1905年，孙中山在东京成立同盟会。早已同康有为、梁启超的改良主义思想决裂的吴玉章，接触到三民主义思想，就使他蕴蓄多时的反清思想和资产阶级民主革命意识获得了理论武装。他高兴地接受了同盟会纲领，愿意为之奋斗，并于1906

年（丙午）4月26日宣誓入盟，并被选为同盟会评议部评议员。从此他不但在思想上，而且在行动上都站到了革命的前沿。1907年秋，他考入第六高等学校，不久即离校，专门从事革命活动，在东京负责主持《四川》杂志，积极鼓吹反帝反清的革命斗争。1908年秋，《四川》与同盟会的主要喉舌《民报》同时被日本当局查封。他作为《四川》编辑兼发行人被传讯受审，以"鼓吹革命"的"罪名"，除课以罚金外还被判半年徒刑，因系学生，缓期执行。但他奋斗的决心愈受挫折愈坚强。他的大哥吴永梆（匡时）、二哥吴永焜（紫光），受他影响，都在日本加入了同盟会。因为革命活动需要发动力量，他大哥还与四川的张百祥，湖北的孙武、居正，湖南的焦达峰等人，在东京筹组了共进会。吴玉章为做会党工作的方便，还在共进会中任了负责组织联络的"管事"。这一时期，同盟会员在国内组织了多次武装起义和翦除清朝官吏的暗杀活动。如孙中山、黄兴策动的河口起义，熊克武、谢奉琦发动的成都、广安等多次起义，黄复生、喻云纪等计划的对端方、李准、摄政王载沣的暗杀等。吴玉章都直接参与密议策划，并在东京筹措经费，购置转运器材，来往联络接应，做了许多踏实的默默无闻的工作。

吴玉章还是辛亥"三二九"广州起义的参加者。1910年7月，他冒险潜赴北京，准备营救因谋刺载沣失败而被捕的黄复生、汪精卫。劫狱未成，就与熊克武、但懋辛、井勿幕同去香港，会同喻云纪（培伦）试验炸弹，并赴起义统筹部与黄兴等领导人筹商广州暴动事宜。当时设在广州莲塘街的一个机关，即用他的名义租赁，取名为"吴老翁公馆"（吴公馆）。在募集到大批款项后，便采购和储备军火。由于他一贯做事谨慎，且与日本友人宫琦寅藏、萱野长知等相熟，遂分配他去日本负责购运枪弹。其间，碰到过多次险阻，都因他镇定机智，化险为夷，胜利地完成了任务。1911年3月27日，他亲自把最后一批军火运抵香港，随即赶赴广州参加起义行动，途中还在船上赶草檄文。到广州时得知起义已经发动并遭失败，他仍镇静地去一处起义机关，派人了解情况，得知城门已闭，官兵正四处抓人，方才折返香港统筹部，再亲持黄兴信件回同盟会总部汇报。这是一次牺牲惨重但推动了全国的大起义。著名烈士喻云纪就是在日本受了他的感召，成了激进的革命者，是广州之役中勇敢献身的英雄。牺牲者均葬于黄花岗，民国成立后建七十二烈士墓，碑记中称吴永珊为"当日未死同志"。宫琦寅藏夫人知道他为购运军火多次犯难而毫不居功，曾几次对孙中山说："你不要忘记了吴永珊啊！"

广州之役是当时革命策略转变的一个关键。同盟会员的暴动虽然被清廷血腥镇压下去，但四川百姓的保路风潮却声势浩大，日益高涨起来。这时，吴玉章受同盟会总部之命回川工作，以期因势利导，将群众性的保路运动转化为推翻清廷的革命斗争。当时宋教仁等定下在长江流域各树潜势力，一声令下，同时并举，创立政府，然后北伐的方略，并筹组中国同盟会中部总会为实行之枢纽。又因上流的川、陕两省，地势险要，也须物色同志经营，以策万全。恰巧吴玉章由东京本部过沪归川，又有井勿幕已在陕西运动军队，派人来沪，有所密谋，宋教仁便分别和两人接洽，嘱其合作，各立分会，使成首尾一贯的形势，至于实行方面，决定由武昌发动……四方即起响应。据《吴玉章回忆录》说，他过上海时并未见到过宋教仁，但他的整个行动却都是和各地起义准备息息相关，密切联系着的。在离东京前见到了曾推动陕西方面斗争的张奚若，在上海见到了负同盟会联络责任的淡春谷（宅赐），过武昌见到了共进会的孙武，抵重庆时曾和杨庶堪、谢持密商。辛亥阴历的七月十五日他回到荣县，正好碰上同盟会员龙鸣剑、王天杰带领保路同志军去攻打成都。龙鸣剑一见他就说："你回来就好了。同志会由蒲殿俊、罗纶等立宪党人领导，做不出什么好事。我们必须组织同志军，领导人民起来斗争，才有出路。我马上要上前线去，一切大计望你细心筹划吧！"吴玉章慨然承担起巩固革命后方的全都责任。

吴玉章抵达荣县的当天，就收到上海党人寄来的密信。这封信叙述了营救但懋辛（"三二九"之役在广州被捕）的方式和进展外，还通告了一些地区的起义准备活动。信中称："秦中派来张君……谈及秦中公司已有基础。本拟择吉开张，以诸多未备，议延半载，然入股者有急不能待之势，能否延半年，未可必也。张君为办机器而来，本欲央春旭往办，奈其已去都，井电都促进其返沪，春旭以淡哥转即可与张就商一切，须其再返否？可电告弟等。集议购机事，弟等在此即可与前途直接，似无须春旭来徒劳往返，议定已函促春旭速入秦矣……徐后续。"①

---

① 摘自刘亚休致吴玉章函件。

信中所说的"春旭"是熊克武的代号,时在北京,"前途"是指同盟会总部。所谓"秦中公司"的"择吉开张"和"办机器",就是井勿幕派出张奚若和吴玉章联系过的发动陕西起义的事。从这封密件看,吴玉章不仅负组织四川起义的重任,其他地区的重大活动也及时向他通报,并听取他的意见,这可以想见他在整个辛亥起义中的地位和作用了。由于胸有全局,高屋建瓴,吴玉章在荣县一着手工作,即有回天之势。在龙鸣剑带兵出征的当天,荣县就有劣绅乘虚反扑,企图联署向清廷告状,诬称"三费局"(经征局)被"匪"抢劫。吴玉章当场痛加驳斥,指出同志军是为国掌权,为民除害,不仅不能称"匪",还提议全县按租捐款,替他们筹军饷。这些士绅们被他的凛然正气所震慑,均不敢反对。就这样为同志军解决了粮饷问题。有了经费,他们就加紧训练各乡民团。当时民军只有土枪,缺乏军事知识,吴玉章遂决计办一个短期训练班,由成都来的同盟会员方朝珍等人教练军事。当秦载赓、王天杰率领的东路民兵折回荣县之时,地方上的清朝官吏都悚惧逃遁。9月25日(辛亥年八月初四),吴玉章和王天杰等在荣县城内召集各界开会,由吴玉章发表演说,宣告独立,还提议由广安赶来的同盟会员蒲洵(寿昌)为新生革命政权的县知事。在这之前,同志军还是打的保路旗号,街道上到处供着光绪牌位,这时才公开揭示了同盟会的纲领,起义民兵擎起了"驱逐鞑虏,恢复中华,建立民国,平均地权"四面大旗。声威所及,四方景从,荣县成了成都东南一路反清武装斗争的中心。

荣县独立之后,井研、仁寿、威远等县也相继反正独立。

清廷的盐务巡防军和端方带领入川的鄂军,准备会师围剿,前锋已达荣县的程家场和威远的高市场。其间,秦载赓不幸在井研牺牲,龙鸣剑误以为荣县失陷,在嘉定呕血而亡。一时间,形势很是危急。吴玉章在革命军中"定计分兵,收复州县,规划军机,并司发一切密令。"① 以激励人心,稳定危局。他早从孙武那儿知道鄂军中潜伏有许多革命党人,相信他们必会派人来联系。为了打破巡防军的荣威之围。吴玉章于11月21日偷越敌军防线去自流井,在与当地党人计议之后,又连夜赶赴内江,藏身在喻培伦烈士家中。第二天就和鄂军中的革命党人接上头,约定他们在资州(现资中县)杀端方,内江党人随即起义。11月25日,端方在资州被杀,第二天吴玉章等党人就夺取了内江团防局的武装,同时鸣锣开会,宣布独立。二十五年后,吴玉章在法国回忆起这段经历时,还很激动地说:"六号(11月26日)晨,喻烈士之父亲及当地同志召集群众大会于天后宫的露天大戏台前,到数千人。我在戏台上宣布革命宗旨,主张树立革命政权,立即展开革命旗帜,群众欢呼万岁,声震屋瓦。我当时恍然如意大利的马志尼达舞台上宣布独立一幕的重演。我从奔走革命到最荣幸快活之事,无过于此的。"②

内江起义后,吴玉章被一致推举为行政部长。当时,成都同盟会还派董修武和康宝忠由荣县而内江找上了他,促他赴成都举义。同盟会领导的重庆蜀军政府成立后,又一再函电催他

---

① 《蜀中先烈备征录秦载赓传》。
② 巴黎《救国时报》,1936年10月13日。

赴渝。当时他已知道武昌起义成功，清政府呈土崩瓦解之势，他连夜东下，以便和领导全国革命的总机关取得联系。途经重庆时，还主持了军政府的军事裁判会，协助整顿纪律，消除反侧，树立革命权威。这期间，全国各地纷纷起义，南京也被民军攻克，中华民国临时政府已着手在南京成立。他又作为蜀军政府的代表赶赴南京，参加全国革命政权的筹建工作。

从广州起义到武昌起义，统治中国人民达两千多年之久的封建专制政体被推翻了。这场历史的大变革中，四川人民的斗争是全国广泛起义的革命大爆发的前奏，吴玉章组织领导的荣县独立，又是四川人民接受了同盟会的政治纲领，用武装斗争推翻清王朝的革命高潮。荣县起义的发动要比武昌首义早两个月，荣县独立也要比武昌革命政府的成立早半个月。荣县独立当时虽只影响及成都东南各县，但就其历史作用来说，则是促成了武昌首义的成功，并开了辛亥革命中各地起义独立之先河！

二

辛亥革命虽然把清王朝推翻，从政体上结束了几千年的封建专制，但革命的基本任务并未实现。特别是袁世凯当上民国第一任总统后，很快就暴露出他是帝国主义和封建势力在中国的新代理人。"两座大山"依旧压迫着中国人民，民族危机和人民的灾难更加深重，对于矢志救国图强的吴玉章来说，中华民国成立不久就目睹革命成果丧失、革命阵营分化，内心很是痛苦，思想上经历了一个苦闷和求索的新时期。

1912年正月，吴玉章到达南京。这时临时政府和参议院都已组建。由于他是蜀军政府的代表，南京方面的同志曾推他为四川省的代参议员。但后来成渝两地政权进行合并谈判，结果以同盟会员领导的重庆蜀军政府向立宪党人领导的大汉四川军政府妥协而告终，他的参议员之职也就被取代了。临时政府各部主要官职都已分配完毕，居正等人很觉歉然，向他表示司局长一类的官职还可任选一个来当。吴玉章严正地说："我们革命不是为了做官"。他把送来的疆理局局长委任状立即给退了回去。在民国初期的南京，他参加了《国会组织法大纲》和《选举法大纲》的拟定，担任过内务部参事和筹办国史馆专员，倡议召开了四川革命烈士追悼会，孙中山亲往致祭，并以总统名义追赠邹容、喻培伦、彭家珍为大将军，谢奉琦为中将。以后吴玉章还曾在南北和议声中，受孙中山的邀请，到行将结束的临时总统府秘书处做收拾残局的工作。

中华民国的成立，四川人民的保路风潮是起了巨大作用并付出了重大牺牲的。袁世凯当总统后，也假惺惺地派慰问使入川慰问。吴玉章是四川首义的组织者，1912年7月22日，他和朱芾煌作为中央政府的慰问使抵达成都，都督、议长郊迎十里，备极隆重。但他不违有益于群众、有益于革命的初衷，轻车简从，接近百姓。他深感共和之后，必须派学生去"民气民智先进之国"留学，以"输世界文明于国内"，"造成新社会新国民"。慰问所经之处，到处倡导组织青年学生去法国勤工俭学，其间还筹设留法预备学校于成都少城济川公学。后来他带了一批赴法学生离川，首开了尚俭乐学的风气。

吴玉章在成都期间，利用中央慰问使身份，对于袁世凯窃国后的反动行径，积极采取措施，努力保卫共和，保护辛亥革命果实。他应成都广大群众的请求，力保同盟会员杨维为成都卫戍司令。到重庆后，又力阻袁世凯走卒胡文澜调兵川东，保护由同盟会员熊克武等新建的蜀军。这些活动，深受袁世凯及其亲信的嫉恨。他还在慰问途中时，反动势力就在报端造谣，对他捏词诬陷，他甫离川境，就受到匿名恫吓，反动势力公然用"四川军界全体"名义以暗杀相威胁，扬言要以"爆炸物数品，敬备不时之需。"① 他回到北京后，新任的四川民政长张培爵就被袁世凯以"调京质询"名义解职，实际是弄到北京羁縻起来。吴玉章在京和张培爵住在一起，感到反动压力日益加重，政治空气非常污浊。袁世凯卖国借款，独裁专制，而原来的革命同志，却有的高蹈远引，放洋留学；有的蜕化变质，终日追逐官职利禄；还有的人认不清袁世凯反动本性，热衷议会政治。如宋教仁组织了国民党，还到处筹集金钱，要在竞选议长中同袁世凯贿买议员相竞争。吴玉章心中很是不安，他坚持维护民主政治的原则性和纯洁性，规劝宋不要对袁妥协，将同盟会纲领中的革命内容删除或降低，更反对用金钱活动方式去竞选议长。但宋教仁总以为只要国民党取得议会多数，就可以建立起民主国家。尽管宋教仁一再妥协退让，袁世凯还是不放过他，于1913年3月，在上海将其刺杀。袁世凯的独裁和凶

---

① 《国民公报》，1912年12月8日。

杀，使革命党人的幻想破灭了。孙中山决计兴兵讨袁，发动第二次革命。这时，吴玉章为了反袁也在上海活动，他立即往见孙中山，建议国民党的南方四督联合通电，反对袁世凯卖国违法的独裁行径，以号召群众，先发制人。讨袁军兴之后，吴玉章赶到南京参加起事。由于反革命势力相对强大，赣宁之役受挫，他仍然毫不气馁地继续为革命奔走，承担着京津方面同志和在上海的黄兴、陈其美之间秘密联系任务，还曾组织过一支行动队保卫起义军控制的吴淞炮台，并策划夺取或炸毁停在上海的"肇和"军舰。各省的讨袁起义由于发动过迟，没有充分依靠群众，且与反革命力量悬殊，因而相继遭到血腥镇压。二次革命的失败，使国民党在各地的军事力量丧失严重，特别是四川党人牺牲更大。吴玉章的大哥在民国初期任过渠县县长和大竹县县长，因撤职而逃亡；二哥这时在成都办学，也在反革命压力下悲愤自缢。荣县独立的领导人之一王天杰被俘牺牲。吴玉章也因受到袁世凯明令通缉，在国内存身不住，他只好满怀悲愤地于1913年底流亡法国。

吴玉章早年留学日本时，为了"救国图强"，曾准备学工程技术，考入东京帝国大学的电气工科，只是因为要回国参加起义，才中断了学习。这次到巴黎后，他思索着辛亥革命的失败，深刻认识到在一个政治黑暗腐败的地方，是不可能振兴实业的，就入了法科大学，改学政治经济学，想通过对西方社会学说的研究，寻找一条拯救中国的道路。当时正值第一次世界大战爆发，各帝国主义国家为了分割殖民地、争夺市场和原料产地，驱使千百万人民互相屠杀，资本主义制度的弊病暴露无遗。帝国主义战争所提出的政治经济问题，自然要比课堂所学的生动丰富得多，而各种各样的社会主义思潮，也在欧洲盛行一时。他在日本时就读过幸德秋水的《社会主义神髓》一书，这次重又接触社会主义学说，觉得人人平等，消灭贫富，实在是一个伟大而美丽的理想。只是怎样才能在中国实现呢？他读过克鲁泡特金的无政府主义著作，也曾一度认为法国的合作主义可能是到达社会主义之路，但结合以往革命失败的教训，又觉得问题很多，思之茫然。他曾为这些问题同李石曾作过辩论。李石曾是无政府主义者，主张不要组织，只要搞教育，传播理想，感化别人就行了。吴玉章早年也受过无政府主义思想影响，后来，从多年革命实践中认识到，这种不要组织革命团体的主张是根本行不通的。但对受着军阀统治，遭受列强侵凌的中国，究竟该成立一个什么样的革命团体，什么才是救国救民的正确方法，他在思想上还没有找到明白的答案。在日本提出"二十一条"，袁世凯密谋称帝期间，吴玉章更是忧心如焚，时刻惦念着祖国，期盼革命火焰再起。

正当袁世凯沐猴而冠，将民国五年（1916年）改为"洪宪元年"的时候，国内爆发了声势浩大的反帝制运动。蔡锷、唐继尧首先在云南宣布独立，成立护国军政府。吴玉章也在国外积极活动起来，向在上海或南洋各地的同志去信，要他们捐弃党派之争，联合国内反袁力量，以完成同盟会未竟之志。他散发印刷品，要求欧洲各国支持和承认护国军政府。1916年4月2日，护国军政府向他发去专电，正式的"托以外务"，他也就以共和军外交人员身份在法国公开进行反袁活动。从当时的往来函电中可以看出，吴玉章曾通过法国和比利时的一些议员，禁阻过袁世凯政府向法、比违法借款的活动，并警告过北洋政府的驻欧使领馆人员汪荣宝等，使他们不敢贸然在借款条约上签字。他还和法国共产党的《人道报》取得联系，组织并撰写文章刊登在报上，动员舆论在这次中国革命中赞助民军，排斥民贼。5月15日他去到伦敦，拜访英国工党和自由党的议会领袖，力陈"欲保远东和平，非去袁不可"。在他写回国内的信件中，他敦促护国军首领要顺应文明竞进的时代，在内政上除旧布新，坚决反对与袁世凯的任何议和活动，强调"袁已处绝境，宜从根本上推翻"，而不可"苟且言和，姑息养奸"。

吴玉章在留法期间，一直热心着勤工俭学的工作。在这之前，1916年3月29日，中法两国文化教育界人士在巴黎发起组织以"发展中法两国之交谊，尤重以法国科学与精神之教育，图中国道德、智识、经济之发展"为宗旨的华法教育会。蔡元培和法国教授欧乐分任会长，李石曾为书记，吴玉章为会计。华法教育会还管理着在法华工的文化教育。这批华工是第一次世界大战期间招募赴法的。袁世凯政府与法国所订的招募条约对中国不利，没有顾及工人利益。吴玉章等与法国政府多次交涉，费了很大周折，终于与法国政府改订了招募华工条约，使在法华工能与法国工人同工同酬，以及尽可能地以工兼学。袁世凯在万人唾骂声中暴死之后，对吴玉章的通缉令自然失效。1916年冬，他与蔡元培等一道回国，中途取道云南，与云南督军唐继尧筹商在滇发展华法教育会事宜，但没有取得什么成果。1917年2月，吴玉章到达北京，向北洋军阀政府交涉招募华工赴法条约的批准问题，并着手重建北京留法俭学会预备学校。5月27日，预备学校开学，吴玉章在开学典礼上作了重要演讲。在早年倡导赴法留学的同盟会会员中，即使如民主主义教育家蔡元培灌输给留法俭学学生的也只是教育救国、实业救国的思想。只有吴玉章是鲜明强调要青年学生到法国去学习革命思想。他指出："'社会主义'一名词，早已通行于世界，而东亚人士尚有惴惴然唯恐其发生者，亦有援引而妄用者，殊不知今日为社会主义盛行时代。自德国之国家主义以至俄国之共产主义派别之多，大约可分为二：一急烈，一平和。急烈者，为改造的，即欲打破旧社会之组织而建设一新社会者也。平和者，为进化的，即欲就旧社会之组织而改良之者也。其手段虽有不同，其认今日之社会为不良则一也，其欲使今日经济分配不平之现象，使之日趋于平则一也。"他以甲午战后，爱国者留日学习革命学说相激励，"甚愿吾国青年目光注于全世界，勇猛精进，必穷究世界学术之精微，由自主的择一自信者而力行之。"在国势危急中"痛自刻责，发奋为雄，以求生存于世界者也"。① 在俄国十月革命尚未爆发前的中国，吴玉章的讲话表明，他已是新时代的探索者。1918年2月，熊克武在对抗北洋军阀势力的战争中统一了四川。吴玉章被派作四川省的代表，去南方参加护法运动。他在广州会见了护法军政府大元帅孙中山，随即回北京交代华法教育会的工作，以便在孙中山领导下继续革命事业。谁知他于6月重返广州时，孙中山已

---

① 《留法俭学会发起人公启》。

受桂系军阀的排挤而去上海了。从北到南,所见都是军阀争权,人民受苦,充满了混乱和腐败现象。在北方,本是为中国工人争回权利的华工条约,只因吴玉章拒绝行贿,就一直得不到北洋军阀政府的批准。在南方,他曾在军政府的各种会议上仗义执言,极力维护和保全陈炯明所率领的粤军,希冀孙中山回广州后,能有一支同盟会员领导的武装作依靠。谁知桂系被逐,陈炯明率部回广州后,竟又作为新军阀背叛了孙中山。就吴玉章所代表的四川省来说,何尝不是如此?当年的同盟会战友互相拥兵割地,争战不休,他这个代表也就在各种幕后摩擦中,于1919年9月被撤换掉了。真是南北一丘之貉,不知何时才走得出这隧道的尽头啊!

三

五四运动的爆发,使古老的中国受到强烈震撼,各种新的思想流派也像春潮般地在社会上荡漾开来,对于一直处于时代的漩涡中心,早就为社会主义理想所吸引,只是苦于不知如何去实现的吴玉章来说,十月革命的胜利,使俄国人民摆脱剥削制度,建立了工农政权,他的心情该是何等的振奋啊!五四运动期间,他往返于广州、上海等地,热烈支持学生们的爱国示威运动,积极协助和指导《救国报》(留日归国学生所办,激烈反对"二十一条"之刊物)、《劳动者》(无政府主义者所办刊物)的反帝宣传,还支持过社会主义者同盟在南方地区的活动。

随着五四运动后新文化运动的进展，留法勤工俭学运动的性质和内容也发生了相应的变化。由于吴玉章和继起的赵世炎等人热心提倡，四川成了勤工俭学学生最多的省份。1919年3月15日，吴玉章在上海送别留法学生时讲道："此次世界大战而后，政治社会革新之声遍于全球，我们国人亦知顺此潮流研究改变。"他尖锐指出政治不良、政府恶劣、补救无方，人民起来革命，这是应该的。主张青年战胜阻力，讲求新学，谋大多数人的幸福，务期劳力与报酬得正当之分配，以符各尽所能、各取所需的主义……为社会开一新纪元。同年底，他在四川留法预备学校的演说中，更加鲜明地指出："我辈生于现代，凡事不可盲从，必须经自身考察，决其合乎理性才能认为真理……俄国革命进步最快，是因为俄国有新党主政。俄国党人无不曾历法国。吾人欲察其发动之源，亦不可不一往考查。诸君遇着这举世混浊之时，新潮汹涌之会，不可不勇往直前，造最新的时势。"在五四运动后掀起的勤工俭学热潮中，大批青年出国求学，不但在动乱环境中为国家培养出一批人才，从中还为我党造就了一大批优秀干部和领导中坚。周恩来、蔡和森、陈延年、向警予、赵世炎、刘伯坚、陈毅和邓小平等同志，就是在五四浪潮的推动下，抱着学习新思想，寻求拯救中国之路而相继赴法的。

1919年10月，吴玉章受到西南军阀的排挤，离开广州回到成都。这时他的目光已转向俄国，并打算从经济着手，研究社会问题。他先后读了约翰·里德的《震撼世界的十月》和一本日文著作《过激派》（即布尔什维克），结合自己半生的革命经历，认真地进行思索。他想：中国古代的大同学说，孙中山的三民主义，不都是美丽的社会理想吗？何以经过这么多人的奋斗，总不能实现。直到现在，孙中山心境仍然烦恼苦闷。至于无政府主义、合作主义和所谓的"好人政府"，事实证明只是些于事无补的空话。没有政治的清明，连起码的教育工作也不能安心从事。自己不就因为张勋复辟，只好丢下留法预备学校的工作而避往天津吗？经过对以往思想行动的批判和总结，结合俄国十月革命经验的启示，他深刻认识到：要革命就要有革命的理论，就要组织布尔什维克那样的政党，就要学俄国革命榜样。为此，他曾鼓励和资助过几个学生去苏俄学习。

1920年，南方各省曾掀起过一股"地方自治"的浪潮。被军阀争战弄得四分五裂的四川，当时也有制定"省宪"，实行自治的呼声。吴玉章是老同盟会员，又不参与当时国民党内的派系之争，自然最具主办"地方自治"的资格和声望。他并不把"自治"当作解决国内问题的根本办法，但认为在南北对峙中，地方上可以借口"自治"对北洋军阀的"武力统一"作一定抵制，还是应予赞助。更主要的是社会主义的热情已在他心中燃起，觉得可以利用"自治"运动，作为宣传教育群众的讲台。他是个一旦认识真理就要身体力行的人。在他起草的《全川自治联合会》宣言和拟具的"十二条纲领"，就提出了以"建设平民政治，改造社会经济"为总目标，强调平民政治以反对军阀专制；提出"不作工，不得食"以反对社会寄生虫；提出合作互助以改善工农生活，以及"男女平权""保障人权"

"普及教育""制定保工法律""设立劳动机关"等进步措施。这些主张在报刊上发表后，大受青年学生和工农的欢迎。自治机构在重庆召开大会时，不但全省一百多个县的代表应邀而来，每天还有许多群众旁听。其影响社会的力量，大大超过了御用的民意机关——省议会，吴玉章不但充分利用这个公开的讲台，还撰写文章和去南充、达县等地演讲，进一步阐述"自治纲领"中的革命道理，收到了热烈的反响。

1922年8月，吴玉章被聘任为成都高等师范学校校长，9月4日到校视事。成都高等师范学校当时是四川的最高学府，也是五四运动后传播新文化、新思想的据点之一。但也存在着纪律松弛，课程陈腐和一些封建陋习。吴玉章出任校长后，锐意进行改革，聘请了许多具有新思想的人来任教，保护了四川全省学生联合会、"马克思主义研究会"等组织在校内的活动。当恽代英在泸州被军阀扣押，他立即致电保释，并聘请到成都高等师范学校来任教。随着校内马克思主义宣传活动的展开，外地新书报的纷纷传入，成都高等师范学校逐步成了成都进步势力的大本营。

吴玉章除利用他的身份和与四川上层社会的历史关系，在校内掩护进步力量外，还在他周围团结了一批志同道合热心革命的同志，如从日本回国的杨闇公、同盟会时期的老战友刘伯承等。他们在一起学习切磋，还派出学生到成都的兵工厂、丝织作坊和教会学校工友中去宣传社会主义思想，组织工会，发动罢工，还到近郊农村中发动农民，组织农会。就在这种学习和组织发动的深入过程中，吴玉章、杨闇公等迫切感到有建立一个马克思主义团体的必要。1924年1月12日,他们秘密成立了"中国Y.C团",(中国青年共产团,简称Y.C),作为领导革命斗争的机构。这个组织有二十多名成员,并发行《赤心评论》作为机关刊物。

"中国Y.C团"的创建,是吴玉章走上马克思主义道路的一个重要标志。这时他在《赤心评论》"追悼列宁纪念号"上发表了《马克思派社会主义的势力》一文(刊载于1924年5月,《国民公报》连载时题为《马克思主义的势力》),集中反映了他组建"中国Y.C团"的指导思想,此文也是我国早期的马列主义战斗文献之一。这篇战斗檄文,一开始就用《共产党宣言》的笔法,热情赞颂说:"现在有一最伟大最新颖的潮流,普遍于全世界。人类对之,或惊,或喜,或疑,或惧,莫不有一种奇异的感想,真所谓二十世纪的大怪物。这就是轰动世界的'社会主义'。其中以马克思派的社会主义为最流行。因为经过苏俄的试验,人人已知道它有实现的可能性。"他分析了自法国大革命以来的世界演化,指出世界各国的第四阶级(劳动阶级),只有"大联合共立于波尔希维主义旗帜之下……经过旗帜鲜明的堂堂正正的阶级战争之后,种种社会问题才有一个总解决。"他又进而批驳了"以为中国资本主义尚未十分发达,无行社会主义之必要",以及想在帝国主义和封建军阀压迫之下"谋和平局部改革"的错误观点和改良主义幻想,断言"现在急需实行社会主义,以扫除资本主义,消弭国际战争。""最近的将来,继俄国而实行社会主义的国家一定是不少,尤其是弱小被压迫民族沦于殖民地或半殖民地的国家,首先会实行起来"。他号召"第四阶级奋起,与苏维埃俄国联盟",实行暴力革命,在国内"打倒旧组织,驱除旧的统治者阶级",在国际上"推倒世界的资本帝国主义"。他满怀热情地预言:"社会主义是现代社会的新生命,尤其是我们被压迫民族的新生命。""二十世纪光明的世界为期当不远了。""最后的胜利终必归于劳动阶级。"

1924年2月,吴玉章的成都高等师范学校校长的职务被军阀杨森解除,"马克思主义研究会"也被取缔,于是,学校的学生掀起"择师运动"进行抵制。这时,吴玉章就更加致力于"中国Y.C团"的工作,以有组织有计划地推进传播马列主义和反帝反封建的群众运动。"中国Y.C团"在成都又组织了社会主义研究会,并与王右木领导的社会主义青年团(S.Y)合作,于1924年5月1日,联合召开了追悼列宁的群众大会。军阀杨森调集军队,实行戒严,武装看守作为会址的少城公园,在会后制止游行,并不准郊区农民队伍入城。尽管军阀气势汹汹,当天仍有近万群众参加大会,工人到会的有五千多人。吴玉章因同志们的力劝,没有亲身参加。但这次工农群众展示的力量,还是把军阀吓坏了。杨森捏造了一个"过激派阴谋聚众夺取政权"的罪名,要派兵逮捕吴玉章,幸亏陈毅等人得信后力斥其非,杨森才悻悻罢手。吴玉章于是被迫离川,和刘伯承一道取道贵州、湖南到了上海。1925年1月,为参加孙中山拟议召开的国民会议,到了北京。

吴玉章途经上海期间,看到国共合作后全国革命形势蒸蒸日上,工人运动汹涌澎湃,感到无比兴奋。到北京后,见到原

"中国Y.C团"成员童庸生,知道他已经加入中国共产党,也就要求会见中共领导人。1925年4月,他在北京大学会见了原是他的学生、当时是中共北方机关领导人之一的赵世炎。赵世炎向吴玉章介绍了中国共产党的组织原则、政治纲领,以及和国民党建立革命统一战线的情况。他听了非常高兴,即由赵世炎、童庸生、李国喧介绍加入了中国共产党。

吴玉章入党后,就写信给在重庆的杨闇公,建议解散"中国Y.C团",其成员再按党章条件个别入党。同时又在北京"中国Y.C团"会议上,专门谈了个别争取入党和结束"中国Y.C团"独立工作的意义。杨闇公这时也已入党,是重庆党组织的负责人,当然同意吴玉章的建议,并采取步骤将这个团体中的优秀分子先后吸收入党。1926年2月,杨闇公、吴玉章和冉钧等人,正式组成中共重庆地方执行委员会。杨闇公任书记,吴玉章任宣传部长。

经过近半个世纪的奋斗和摸索,在马列主义理论传入中国并与工人运动结合的历史条件下,吴玉章在斗争中完成了个人思想上的革命转变,从一个激进的革命民主主义者发展成为一个共产主义者。他在入党时就毅然决定解散"中国Y.C团"。当少数人要求集体转党时,他曾一再开导说服,坚决反对在入党问题上掺杂私心,搞小团体活动,充分体现了他是一个有着恢宏气概和高度党性原则的无产阶级政治家。

四

吴玉章加入中国共产党之时,适逢孙中山在北京逝世。他作为老同盟会员参加了治丧工作,在追悼大会中负责接待,并为扶柩执绋人之一。孙中山虽然逝世了,但所留下的联俄、联共、扶助农工的三大政策,造就了国共合作共同推进国民革命的政治局面。党中央考虑到吴玉章同国民党深厚的历史关系,决定让他留在国民党内,以便做统一战线的工作。当他在上海会晤中央领导人时,目击了"五卅惨案"的发生,看到全国各地的工人运动和反帝群众运动有如怒潮澎湃,深深为大革命高潮的到来所鼓舞。他向中央同志谈到,尽管他在国民党中枢中故旧很多,但不愿只在上层人物中周旋,决心从整顿巩固国民党基层组织入手,切实发展左派力量,方能使统一战线具有雄厚的实力和广泛的影响。党中央很赞成他的意见。他去广州,见了新成立的国民政府领导人,又得到廖仲恺的大力支持,拨付了专款,特派他回川筹备党务,整顿组织。这时四川的国民党头面人物或陷入内争,或吸食烟毒,早已使各地组织瘫痪,他们听了国民党右派的唆使,为抵制吴玉章的到来,在吴玉章到达重庆的第二天(8月16日),匆忙地成立了国民党重庆市党部。而所推举的七名执行委员中,就有六名是瘾君子。并作了限制甚至禁阻学生与工人入党的一些规定。接着,就由在重庆的黄复生、朱叔痴等人以市党部名义接待吴玉章,为他留了个组织部长的职务。实则认为在他们挟制下,吴玉章将无所作为，也无法整顿国民党这个烂摊子。孰知吴玉章一到重庆就提出了整顿方案，随即改组临时省执委会，拟具了各市、县党务进行计划。他不是依靠少数几人在干革命，而是有着马列主义政党的领导和群众运动的依托，因而能在不到两个月的时间内，就办起了重庆中法学校（大学部称中法大学），整顿健全了国民党各重要县、市的党部，大造革命舆论，培养出一批干部。后来，将省党部迁到了莲花池新址——这就是大革命时期非常有名的左派党部。到10月底筹办出席国民党第二次全国代表大会的代表选举时，全川已有四百多个区分部，八千多名党员。在选出的七名代表中，除黄复生、邓懋修外，他和杨闇公等五人都是共产党员。

当时国民党的中枢机构也是软弱而涣散的，尤其是在廖仲恺被暗杀之后，右翼的西山会议派分子猖獗一时，拼命攻击孙中山制定的"三大政策"。以致国民党"二大"召开时期一再后延，最后定到1926年元旦召开，又因各地都有左派和右派的斗争，代表或不能选出，或不能到会，存在着流产的危险。吴玉章到广州后，立即往见当时担任国民政府主席的汪精卫，批驳了他的悲观论调，严肃告诫说：右派的猖狂不但排斥共产党，也排斥广东的国民党，如不突破他们的阻挠，召开"二大"，进行还击，不仅广东这块根据地保不住，整个国民党都有解体的危险。在他的坚持和催促下，国民党的中央会议召开了，他在会上被推举为秘书长，负责筹备国民党"二大"的工作。由于国民党左派和共产党人的通力合作，1926年元旦，规模盛大的国民党第二次全国代表大会如期召开。大会坚持了孙中山制定的三大政策，通过了谴责右派集团，开除西山会议派邹鲁、谢持等人党籍的决议。在最后进行领导机构的选举时，尽管有陈独秀右的影响，在人选上作了一些不应有的妥协，在当选的六十名中央执行委员和候补委员中，共产党仍占十四名。吴玉章是中央执行委员之一。在国民党历史上，这是一次开得生动热烈、具有革命声势的进步的大会。

国民党右派势力看到这种情况，四出反扑。在上海，西山会议派召开了伪"二大"以图对抗，在四川，右派头子石青阳在总土地另立重庆党部，成天找左派党部打架寻衅。在广州，蒋介石也开始露出反动面目，制造了反革命的"中山舰事件"。为了贯彻国民党"二大"决议，捍卫三大政策和准备北伐，吴玉章不顾积劳成疾的病体，到处奔波，在黄埔军校和上海、南京等地作了多次演讲。他对黄埔学生讲道：孙中山之制定三大政策，是因为苏俄和中国共产党是最革命的，"而苏俄之所以援助国民政府，共产党之所以参加国民党，亦是光明磊落，可以说是为要促成革命成功，这是他们应有的一种责任。"他指出：对孙中山的三大政策，"唯有帝国主义者、军阀、反动派，宜乎造谣反对的。而国民党右派和国家主义派，尚自号为革命的爱国的，也出而反对，那就可知他们是何居心了！"① 他在回川途中，曾经两次晕厥。在重庆住院卧床期中，仍指导着群众的反帝爱国运动，关心着党组织的发展，组织力量对右派进行反击。5月13日，他和杨闇公介绍刘伯承入党，还同刘伯承在

---

① 《中国革命与世界革命关系》，《黄埔日刊》第142期。

社会中上层和军队中进行活动，争取了原熊克武系统下的一些师、旅长同情革命，说服了黔军将领王天培等反正，改编入国民革命军序列。7月底，他和刘伯承一道出川，过上海时，向党中央报告了四川局势及川军情况。8月，到了广州，了解到蒋介石揽权专横，不可一世。他就提议召开一次国民党中央执行委员的会议，以限制蒋介石的独裁。9月，由吴玉章、宋庆龄、谭延闿、孙科、徐谦五人担任主席，有毛泽东、董必武、夏曦等参加的国民党中央执行委员和监察委员以及各省区特别市及海外代表的联席扩大会议在广州召开。会议通过了提高党内民主、反对个人独裁，发展工农运动、实行"一五减租"等重要决议。当北伐军攻下武汉后，10月26日又在广州召开了一次国民党政治会议，决定迁都武汉，中央党部也同时北迁。这两次会议及时地打击了蒋介石妄图自立中心，搞军事独裁的阴谋。

1926年12月8日，吴玉章到武汉，参加了国民党中央委员和国民政府委员联席会议的工作，参与主持军政大计，并具体处理革命进程各项急务。1927年1月1日起，国民政府在武汉办公，这年1月间，革命军民胜利地收复了在汉口和九江的英租界。贺龙等部队也在上游攻下宜昌，打通了到四川的道路。为了给武汉政府解决粮食和经费上的困难，处理贺龙所部和何键右派部队间的纠纷，吴玉章曾去宜昌工作了一个来月，发动了当地的工人运动，并把贺部调至武汉以拱卫革命中心。2月初，他返回武汉，得知蒋介石拒不执行迁都武汉的决议，擅自将途经江西的党政人员扣留于南昌，要挟国民政府迁往南昌，以及威胁撤换苏联顾问鲍罗廷。而联席会议主席徐谦，在蒋的压力下准备有所妥协。吴玉章当即表示坚决反对。2月9日,他和邓演达、徐谦、孙科、顾孟余等五人组成行动委员会,发表了提高党的权威、反对独裁的宣言,作出了定期召开国民党二届三中全会的决议。三中全会召开前夕(3月7日),吴玉章作了《政治党务报告》,公开揭发了蒋介石制造"三月二十日的军事行动及围俄顾问住宅逮捕海军局长等非常事件",直至反对孙中山制定的迁都武汉等一系列反革命行径,痛斥了蒋介石反对三大政策的各种反党谬论。他警告说:"现在我们革命的力量大了,投机的人已经不少了",在"革命与不革命之逐渐分化"中,会有人"封建和特权思想洗刷不尽,渐渐怨他人的进步太快,使得他们快要无藏身的余地,他们会不知不觉就反对起来。明说反对共产,实际反对革命,甚至于渐渐走到反革命道路上去。"号召"提高党的权威,恢复民主的集中制;反对独裁制,速开中央执行委员全体会议,来解决一切问题"。①吴玉章的报告,也就是随即在武汉召开的国民党二届三中全会的指导思想。这次会上,左派势力占了压倒优势,通过了统一党的领导机关决议案等一系列执行三大政策的决议与宣言,确立了中央常务委员会、政治委员会及军事委员会的集体领导制度,实际剥夺了蒋介石所窃据的中央职权。吴玉章在这次会上当选为中央常务委员和政治委员,并兼任中常会秘书。除参与中央决策外,他还具体负责中枢机构的日常工作,是革命首都中享有崇高威望的领导人。

---

① 《民国日报》,1927年3月10日。

在北伐进程中，为了接应冯玉祥在西北的部队，解除杨森所部侧击危险，吴玉章在1926年10月15日的一次会上，提议派刘伯承回川，以中央党部特派员名义全面负责四川军事运动，推动四川军阀倒戈易帜。以后，又派朱德去杨森部队工作。根据党的指示，由杨闇公、朱德和刘伯承组成中共重庆地委的军委，由杨闇公兼书记。武汉政府成立后，又建立了一个指导和解决四川重大问题的委员会，由吴玉章负责。因而大革命中四川方面的重大活动，一直受到吴玉章的密切关注。在刘伯承任总指挥的泸顺起义发动时，他即在国民政府中力争，公开发表了给泸顺起义军以国民革命军暂编第十五军的番号，和委任刘伯承担任军长的主张。在起义的全过程中，他一直和四川军委保持着密切的电报联系，及时将起义情况和党中央指示上传下达。这时蒋介石已经露出反动面目，派了杨引之（黄埔同学会组织科长）等爪牙入川收买封建军阀，调动反动武装进行泸州"会剿"，刘伯承在泸州坚持了四十多天战斗后，在敌人的优势兵力下被迫弃城突围。紧接着，四川军阀又在重庆群众举行反帝集会之际，进行了血腥的"三三一"大屠杀。这次惨案中，杨闇公等党的领导人壮烈牺牲，吴玉章也被列为"宣传共产、运动赤化"的"祸首"，发出了"抄没家产，逮捕立处极刑"的反革命通缉令。当泸顺起义失败和"三三一"惨案消息传至武汉的时候，不几天，蒋介石又在上海进行了"四一二"大屠杀，在革命人民血泊中，建立起他的南京反动政权。这些反革命屠杀事件，使吴玉章极为悲愤。1927年4月23日，武汉群众在阅马场召开反蒋大会，适逢"三三一"惨案凶手杨引之要去南京报功,立即将这个刽子手逮捕捆赴大会,群众对蒋介石叛变革命莫不义愤填膺。在吴玉章的坚持下,革命法庭判处了杨引之死刑,伸张了革命正义,打击了蒋介石反动派的嚣张气焰。

武汉革命政府时期,政权初创,机构不全,外有帝国主义和北洋军阀的压力,内有蒋介石、汪精卫等已经暴露或尚未暴露的国民党右派。党内还有陈独秀右倾机会主义的影响,特别是在蒋介石的收买唆使之下,还相继发生了杨森部队的猖狂进犯和许克祥、夏斗寅的武装叛变,真是外忧内患,矛盾多端,各项事务极其艰难繁杂。但吴玉章总是怀着一片赤忱,巨细不遗,沉着冷静地处理着各项工作,在惊涛骇浪、急流漩涡中,始终旗帜鲜明地捍卫"三大政策",保护两湖工农革命运动,保护共产党人为骨干的"铁军",采取一切措施回击右派的分裂寻衅。他本来是中共"五大"的代表,为了不暴露身份,没有出席在武汉召开的这次大会。但就在汪精卫集团也逐步背叛革命的时候,陈独秀却在《向导》上的一篇文章中泄露了吴玉章中共党员的身份。在全国白色恐怖极端严重气氛中,他仍坚持斗争到最后时刻。直到汪精卫进行"七一五"反革命政变,他的寓所已为反动军队监视,电话已被剪除的危险情况下,他还从容镇定地去到国民党中央党部,把所经管的印信、账目作了清楚交代,杜绝敌人可能寻找借口造谣,并堂堂正正留下信件,谴责汪精卫集团"分共"的错误决定,严正指出,这应由放弃了孙中山三大政策的国民党负中断革命之责。

革命的统一战线破裂了,吴玉章立即按照党中央指示,转入革命的武装斗争。他于1927年7月15日傍晚脱险去到武昌，随即东下九江，主持国民党中央办事处，接应共产党员和国民党左派人士去南昌。九江的工作完后，他方同刘伯承乘铁路中断前的最后一班火车南下。到南昌时，正好赶上贺龙部队在作起义动员。"八一"起义的枪声打响了，南昌城头高扬着革命红旗。起义胜利后成立了中央革命委员会，吴玉章任革命委员会委员兼秘书长。他怀着继承烈士未竟之志的赤心，承担了革命起义后各种艰难繁重的内部事务，以后又随军南征，于炎天溽暑中转战赣闽，并一路进行群众工作，解决大军行进中的各种需求。在汤坑一战失败后，他和所率领的部分文职人员都非常镇定，并不灰心。起义领导机关在流沙开会，决定非军事必需人员一律分散，他们还互相鼓励，决定继续斗争，坚持革命到底。吴玉章和谭平山及其侄吴鸣和一道搭民船偷渡。到达香港后，在党组织的接应和安排下，又避居上海。党中央考虑到认识吴玉章的人太多，不便在国内工作，必须尽快地去苏联。1927年10月，他和刘伯承等一道，极端秘密地上了赴海参崴的轮船，再次为革命流亡离开祖国。

五

吴玉章到苏联时，已经是五十岁以上的人了。在度过长期紧张的革命生涯之后，这次到了列宁的故乡，难得有了可以安静养病和读书的环境，能够系统学习马列主义的条件。他于1927年冬天到莫斯科，即进了中山大学。后因病去黑海疗治，未能参加当时在莫斯科召开的党的"六大"。1928年夏,吴玉章与林伯渠一道,进中山大学中国问题研究院工作。1929年2月,又与林伯渠、徐特立、何叔衡等入中国劳动共产主义大学(中山大学改名)特别班,1930年到海参崴,在远东工人列宁学校任教。1932年任苏联科学研究院远东分院中国部主任,1933年夏回莫斯科,又任东方大学中国部主任。无论是作学员或当教员,他都结合自己的经历,如饥似渴地攻读马克思、列宁的著作,认真学习国际共运有关文件,在思想认识和理论水平上有了很大提高。他回顾以往自己之从事革命,大半为不满现状,想改变中国落后状况,出于忧国忧民的感情和不甘受人压迫的爱国思想,对于革命前途和社会发展规律,并没有深刻的认识和理论武装。到苏联集中学习马列主义理论后,真像得到一面能够透视社会和自身的宝镜,越学兴趣越浓。无论是马列主义经典著作,辩证唯物主义和政治经济学诸门课程,他都成绩很好,得到教员的优等评语。比如对孙中山领导的资产阶级革命局限性的认识,对汪精卫在大革命中变来变去的本质剖析,他都能用辩证的观点、阶级分析的方法,透过表象而见其实质。通过学习总结,他更加坚信,虽然大革命失败了,但逞凶一时的封建主义和帝国主义必然灭亡,无产阶级领导的民主革命、社会主义革命,在中国一定会得到胜利。

吴玉章出自农家,在以往的革命实践中,特别是在大革命时期两湖农民运动中,深感土地问题是中国革命的大问题。在苏联,他和林伯渠一道天天去列宁图书馆查找资料,反复讨论,由他执笔写了《中国土地问题》的论文,引述了大量历史和现实的农村阶级关系以及租佃、高利贷剥削的事实，剖析中国封建主义特点，以及近代中国半殖民地半封建的社会性质，论证了中国革命在现阶段，必须在共产党领导下进行资产阶级民主革命的必要性。吴玉章对国内的土地革命斗争一直非常关切，为工农红军不断粉碎蒋介石的"围剿"，农村革命根据地日益扩大而由衷高兴。他多次向党反映，希望能回国参加实际工作。

吴玉章在苏联期间，除参加了联共党领导的反托洛茨基派的斗争，还以很高的热情和积极性，研究改革中国文字，以利在工农大众中扫除文盲。他研究过汉字的产生、变迁及其发展趋势，以及汉字的反切和声韵的发明。1928年，他与瞿秋白、林伯渠、萧三共同探索，拟具了拉丁化新文字的雏形；1931年又参加新文字方案的起草，并在海参崴召开了中国新文字第一次代表大会；先后写了《中国新文字的新文法》和《中国文字的源流及其改革的方案》等书，在苏联科学院远东分院作了学术报告。拉丁化新文字的推行，对于当时在苏联的中国工人扫盲和提高文化水平方面，起过积极的作用。

吴玉章一生十分重视历史科学在革命斗争中的巨大作用。在苏联期间，他也从事着中国历史的教学工作，并运用马克思主义的原理系统研究中国历史上的一些问题。他在这个时期编写的《中国历史教程》讲义，是我国史学界较早运用马克思主义研究历史的重要成果。

1931年"九一八"事变发生后，由于日寇的疯狂侵略，引起了国际关系和中国内部阶级关系的变化，中日民族矛盾已上升为主要矛盾。吴玉章在远东时就在华工中动员反日,鼓励他们参加东北义勇军,也积极支持"一·二八"淞沪抗战。1935年8月,他作为中共代表团成员之一,出席了在莫斯科召开的共产国际第七次代表大会。中共代表团在这次大会的发言中,把吴玉章列名为领导工农红军和苏维埃政权的出色领袖。吴玉章化名"王荣",以苏维埃中国代表的身份,在8月11日的会议上作了两次发言,着重论述了建立反帝的人民统一战线的重要性。他指出:"民族危机到了前所未有的程度,群众对于日寇的不断进攻和南京政府不断退却投降所表现的愤怒,目前尤有急剧的增长。为了驱逐日本帝国主义和打倒它的走狗,中国人民需要举国团结一致。"他说:只有中国共产党才能组织并领导这扩大的"民族革命统一战线",以及运用这一策略时必须反对旧的宗派主义倾向。全场对他的讲话一再报以热烈的掌声。

吴玉章在这次大会期间,参与了《为抗日救国告同胞书》(即《八一宣言》)的修订。这次会后,他即受党的委派,去巴黎着手进行扩大《救国报》的工作,以加强反对法西斯和建立抗日民族统一战线的宣传。1935年11月,他乘苏联轮船出波罗的海,入比利时境时,为躲避检查,船长把他锁在立柜里,几经周折,才秘密地到达巴黎。可他一到法国就遇上了麻烦问题:法国政府在南京国民党政府要求下,突令《救国报》停刊。在法共同志的帮助下,他们决定用合法斗争方式解决这一问题。经请示领导同意,将《救国报》改名《救国时报》,照常出版,一期也没有停。在报纸改名出刊的第一天,正好是12

月9日，是国内爆发"一二·九"爱国运动的伟大日子：报馆职工既为国内抗日运动的高涨而非常振奋，也意识到《救国时报》传回国去，一定能起推动抗日的积极作用，人人都更加热情奋发地加紧工作。

《救国时报》是我党在国外从事抗日宣传的机关报，工作非常重要，因必须及时解决各种问题，吴玉章没有居留证，而是用"岳平洋""岳镇东"种种假名在法国非法居住，随时都可能遇到麻烦。为了指导报纸工作，不仅要经常约同志到咖啡馆商量事情，每天还总要设法进报馆一次，处理问题。要解决报纸的印刷问题，就得在巴黎创办印刷所，要自办印刷所，还得从国内购买汉字铜模。至于筹集经费，远程购运，都要安排。在报纸宣传上，既要坚持抗日救国的革命方针，还得对付国内外反动派的检查，不让敌人制造借口，影响出版，报纸印出后，又得突破南京政府对报刊入口的限制，以便在国内扩大发行。所有这些困难，吴玉章都在党的领导下和抗日军民、爱国华侨、国际友人的帮助下，一一加以克服解决。《救国时报》办了两年多，共出版一百五十二期，直至1938年2月10日才停刊。在这两年多中，它作为抗日喉舌，不断宣传我党的抗日民族统一战线政策，报道国内抗日救亡运动和东北抗日联军的斗争情况，并经常揭露蒋介石进行反革命内战和向日本帝国主义妥协投降的阴谋活动。《救国时报》的言论反映了广大人民的心声，发行量增长很快，成为当时国内外同胞，特别是进步青年最喜爱的读物之一。在办报的同时，吴玉章为了加强与欧洲各国的中共党员的联系，为协调力量促进抗日统一战线的形成和扩大,也作了广泛的工作。他于1936年1月,在巴黎召开了一次旅欧党员代表会议,在会上作了《抗日民族统一战线——党的新政策》的报告。会上还交流了各地情况和工作经验,讨论制订了组织各国华侨抗日救国联合会的计划。在世界学生联合会为援助中国学生的抗日救国活动而召开国际青年代表大会期间,他又及时提出了既要坚持统一战线,又要保持我党的独立性、斗争性,断不能因为顾到统一战线而把自己手脚束缚起来的重要原则问题。吴玉章在法国秘密活动了约十个月,尽管他的行动一直小心谨慎,又有国际友人的掩护,还是引起了国民党驻外使馆中特务分子的注意。为安全起见,党组织又在1936年7月召他回莫斯科,这时抗日民族统一战线已日益深入人心。不久,"西安事变"发生。第二年,"七七事变"爆发,全国抗战开始,蒋介石政府也感到需要为抗日作国际宣传了。在国共再次合作共同抗日的新形势下,吴玉章就正式地向国民党驻苏使馆申请护照,于1937年11月12日重返巴黎。在法国,他会同我党其他同志,大张旗鼓地为神圣的抗日民族战争作鼓动宣传,以争取英、法、美各国对中国抗日事业的同情和帮助。共产国际还特派了一位法国同志协助他工作,并号召各国支部及各国劳动人民帮助中国抗战。当时就发生过多起法国工人拒绝为日本生产和运输战争物资的罢工行动。当"九国公约"各国在布鲁塞尔开会,讨论日本侵华战争,希特勒代表陶德曼企图制造一场远东慕尼黑的时候,吴玉章又及时的赶至比利时首都,一一会晤中国出席会议的代表,向他们介绍了蓬勃高涨的抗日形势,说明苏联对我抗日必予援助，痛斥了亲日分子的议和滥言，激励他们力促南京政府反对议和。为了使欧洲人民真实了解中国的形势，同时也是为促进反法西斯战线的斗争，吴玉章还作了多次公开演讲。在国际援助西班牙大会上，在法国"中国人民之友社"援助中国大会上，在世界反法西斯委员会特为他举行的新闻记者招待会上，他都慷慨陈词，作了热情而又翔实的报告。以后又将这些讲稿改定，汇编为《中国能战胜日本》的小册子，在欧洲广为散发。1938年2月，他作为世界反侵略大会中国分会的代表，出席为援助中国抗战而在伦敦召开的世界和平会议，在会上作了《中国抗日战争的新阶段》的演讲。会议期间，他同陶行知等人拜谒了马克思墓。他不辞辛劳地为抗日宣传呼吁奔走，在欧洲各国中树立了中国人民不畏强暴的正义形象，争得了国际上对我民族解放战争的广泛同情和有力支持。

六

1938年春，吴玉章作为国际知名的爱国主义者和政治活动家回到祖国。4月24日到武汉，受到周恩来和八路军办事处的接待，并被中国共产党中央提名为国民参政会参政员。当时抗战初兴，各方面的老朋友都来拜访叙旧，甚至康泽、贺衷寒这样的反共顽固派也以留俄同学聚餐会名义邀请他。在国民党政府中居宰辅地位的张群，两次邀他作私下深谈。他知道张群是蒋介石最为亲信的智囊，说动了他就会对蒋介石的决策施加影响，也就以同盟会旧友的身份，坦率地批驳了张的说法只是依赖外援和害怕日军武力的失败论调,剀切地说:法西斯的失败是一定的,中国抗日固然需要国际援助,但主要的还是要靠自己,以中国的人力物力,只要能坚持团结,坚持抗战,发扬民主,顾及民生,一德一心,不屈不挠,最后的胜利一定是我们的。同时还诚恳表明:我党为救民族危亡,为抗日胜利和孙中山三大政策的实现,愿与国民党精诚团结,共御外侮。他在武汉停留后,又于6月初回川,到了重庆、成都和荣县,一路都受到盛大欢迎。无论是军政界的头目人物或在野名流,都想从同他的接触中,探知世界趋势及国际上对中国抗战的态度,有的人还想得知苏联是否会出兵援助,以及中国共产党究竟如何对蒋等等。各种欢迎宴会应接不暇,甚至像黄复生、谢持等风瘫在床的同盟会时期老友,也都肩舆莅会,以能同他握手一叙为快。社会上的各种青年组织、抗日团体,更是热情地邀他去群众集会中演讲,还有报馆、电台请他去谈话或发表广播演说。无论在公开场合或私下交谈中,吴玉章都以鲜明的立场、坦诚的态度,宣传抗日民族统一战线的前途及世界反法西斯阵线的力量,宣传苏联社会主义建设的胜利及其帮助中国抗日的真诚态度,并时时论及社会发展的前途,阐明孙中山制定的三大政策是符合中国现阶段的政策,抗日一定会胜利,社会一定会进步,三民主义也必将进到符合人类大同理想的共产主义。

他返回荣县时,群众结队欢迎,还满城挂旗欢庆,吴老在群众拥戴中回到蔡家堰老家,见到了阔别十来年的老伴和后辈。他本想对乡邻给予他家人的照顾表示感谢,可是两袖清风,拿不出钱来,还是老伴杀了自养的肥猪,才办了几席水酒。荣县青年听了他关于抗日民族战争的正义性的宣传,一时间志愿参军抗日的达两千多人。没想到这件事反引起了国民党当局的恐慌,认为荣县地方被吴玉章"赤化了,陕北化了"。专门派出一个调查团来荣县检查,还对地方官吏作了记过惩戒。

国民党反动派一方面防着吴玉章和群众接触,另一方面又千方百计地用高官厚禄去笼络他、软化他。在吴老由武汉回川前夕,国民党的中央社突发电讯,说什么国民党监委会作出决定,"恢复毛泽东、周恩来和吴玉章等人的国民党党籍。"根据党的指示,吴玉章一到重庆即向报界负责人声明:国民党决议不能接受。(一)两党合作关系是否恢复到民国十三年之办法,并未商定;(二)事前未通知我们与征求我党中央及我们的意见;(三)在这恢复党籍的名单中,还有张国焘、陈独秀等已为我党开除的人,更是不能容忍。要求各报将周恩来等七人的严正声明刊出,以正视听。国民党方面慌了手脚,忙派张继等人找到吴玉章,转圜道歉,承认错误,后来才遮遮掩掩地由国民党中央作个间接声明而撤销了事。蒋介石碰了钉子,还不死心,竟在重庆召开第二次参政会期间,亲自邀请周恩来、董必武、吴玉章等"恳谈",直接出面力劝他们回国民党去作"强有力的骨干"。周恩来等当场批驳了"溶共"的滥调。蒋介石却聒絮不休,纠缠达五六小时之久,还特别对吴玉章说:"你是老同盟会,国民党的老前辈,还是回到国民党来吧。"吴玉章当即作了有理有节的回击:"我相信共产党,是相信马列主义社会科学的真理,深知只有共产主义才是社会发展的正确道路,不能动摇。如果二三其德,毫无气节,你也会看不起吧。"

当时的国民参政会虽然还不是民意机构，我党从团结抗战的利益出发，还是很重视这个抗日统一战线的组织。在党中央、毛泽东和周恩来领导下，吴玉章在参政会中广泛联系爱国民主人士和国民党某些开明之士，共同酝酿提出推动抗日战争、推进团结进步、保护人民利益的提案。由于坚定灵活地贯彻了党在统一战线上独立自主的方针政策，每有比较民主进步的提案，总能争取到四五十人的联合署名，而在讨论通过时，常常获得半数以上的赞成票。比如邹韬奋等七十四人联名的《撤销图书杂志原稿审查办法》的提案，就是在中共代表的赞成下得以通过的，打击了国民党的文化专制措施，使反动派大为狼狈。吴玉章也因在参政会期间，每天不停地紧张活动，再一次积劳成疾。

1938年9月，吴玉章第一次到延安，参加党的扩大的六届六中全会，听了毛泽东《论新阶段》的报告，讨论制定了党的领导抗战的新方略，并在会上作了国际上对抗战的同情和国际宣传的发言。这次会上，他被增选为党的中央委员。11月，他回陕甘宁边区工作，先后担任延安宪政促进会会长、陕甘宁边区新文字协会会长、鲁迅艺术学院院长、延安大学校长、陕甘宁边区政府文化委员会主任、中苏文化协会延安分会会长、陕甘宁边区自然科学研究会会长等职务。为了建设边区，为了反击反动派的反共摩擦，他昼夜辛劳，作了许多热情洋溢的报告，写了不少正气凛然的文章。边区政府常以吴老为榜样教育青年，为他的革命生平办过展览。1940年1月15日，在延安中央大礼堂还补行了一次宴会，庆祝他的六十寿辰。各方面人士都来祝贺,成了陕甘宁边区少见的热烈而亲切的喜庆场景。毛泽东亲临祝酒,说:"从同盟会中留下到今天的人,已经不多了,而始终为革命奋斗,无论如何不变其革命节操的更没有几个人了。要这样做,不但需要有坚定正确的政治方向,而且需要艰苦奋斗的精神,不然就不能抵抗各种恶势力恶风浪,例如死的威胁,饿饭的威胁,革命失败的威胁等等。我们的吴玉章同志就是经过这样无数的风浪而来的。因此。我们要学习他的这方面的好处,但特别要学习他对于革命的坚持性。这是最难能可贵的一件事,这是我们党的光荣,这是中国革命的光荣。"① 李富春代表党中央诵读了祝词,赞颂说:"你是中国革命的老前辈,是中国共产党的老布尔什维克。你对党对人民解放事业的忠诚,你的崇高人格,你的高尚的革命道德,你对党对人类真诚的热爱,你的艰苦耐劳认真切实的作风,你的谦虚和蔼的态度,将永远成为所有共产党员和革命青年的模范。"这次会上不但有延安各界各群众团体前来祝贺,就是国民党派驻在延安的官员也来表示敬仰,称他为"中国革命史上的伟大人物。"②

由于吴玉章在国民党人士中也有很高威望,当抗战出现逆流,汪精卫叛国投敌,蒋介石制造摩擦,掀起一次又一次的反共高潮时,他在延安都作了严正的鞭挞和声讨。他在延安各界宪政促进会成立大会上的讲话,就是一篇精彩的檄文,痛快淋

---

① 《新中华报》,1940年1月24日。
② 《新中华报》,1940年1月24日。

离地揭露了蒋介石统治的反动腐朽：

"征兵则上下舞弊，待壮丁如囚犯，迫人民为盗匪，统制则党官包办，危害民生，摧残实业。发国难财至万万元，讨小老婆至八九个，统制外汇则统制于一家妻子之手，管理贸易则垄断于少数党官之徒。动委会百事可为，三青团无恶不作。压迫青年则有集中营，制造摩擦则有训练班。暗杀起于陪都，特务遍于乡里。长安市上，鸡犬为之不宁，咸榆途中，行人为之裹足。一部分国军不攻敌而攻边区，枪口不对外而对自己。贩鸦片烟，造假符号，出自堂堂专员，组织暗杀，破坏边区，派来处处县长。排异己则有功不赏，搞私党则有罪不罚。选官授职以党籍为标准，用人行政以爱憎为衡权。"指斥蒋介石"不但保存了欧洲中世纪封建统治的一切罪恶，而且吸收了资本主义最后阶段——法西斯的腐朽东西。旧的流氓、新的特务，两相结合造成了古今中外罕见的黑暗政治。"①

吴老由于过度的劳瘁，1940年冬天，几乎一病不起。在这年12月12日的《新中华报》上，出现了吴老"积劳病重"的报道："吴玉章同志虽年逾六旬，体质衰弱，但仍积极从事于延安文化界之领导工作。并为普及教育，扫除文盲，改革中国的落后方块字为新文字拉丁化，曾亲身创办新文字训练班，终日辗转于学员之间，费尽心血。孜孜改正各学员错误之发音，循循解答各学员提出之疑问，即课间余暇，其住室内亦永远为人拥塞。但吴玉章同志始终一本'诲人不倦'之态度，呈年高

---

① 《新中华报》，1940年3月1日。

力衰,精神疲惫不支,亦无时表出厌倦。致连日积劳过度,身染重疾……吴玉章虽病势沉重,精神昏迷,但于呓语中,仍无时不念念于未竟的革命事业,当前的国内团结,抗战的光明前途,及其一年培植开拓的新文字拉丁化的工作。"

吴玉章的疾病在党和人民的关切下,终于痊愈了。但当时边区遭到蒋介石的封锁,经济生活严重困难。他病愈后也响应"自己动手,丰衣足食"的号召,参加些力所能及的生产活动。1942年7月,他同朱德、徐特立、续范亭、谢觉哉诸老参观八路军的垦荒屯田,并在南泥湾休养了三个月,写了热情的诗篇赞颂艰苦奋斗、自力更生的南泥湾精神。回延安后,他又积极地投入了整风运动,认真学习整风文件,以理论联系实际和批评与自我批评的精神,严肃地写了几次思想总结。他在《解放日报》上发表的《共产党改造了我的思想》一文,就是整风中收到很好反响的思想小结之一。

1945年5月,吴玉章在延安参加党的第七次代表大会,在闭幕式上作了演说,并再次当选为中央委员。

七

抗日战争胜利后,毛泽东于1945年8月到达重庆,经过四十多天的谈判斗争,使蒋介石被迫签订了《国共双方代表会谈纪要》(即"双十协定")。12月16日,吴玉章作为我党派出的政协代表,在周恩来率领下赴重庆参加政协会议。

政协会议上是场特殊的尖锐复杂的斗争,既要坚持"针锋相对，寸土必争"的方针，使人民得到的权利不至轻易丧失，又要为争取和平，争取广大群众特别是中间人士的同情，以击破反动派的造谣污蔑，在谈判中就会作一些必要让步。吴玉章不仅洞悉蒋介石的独裁野心和伎俩，对参加政协会议的各派代表都有过程度不同的交往，因而无论在会上或会后，在全体会议上或分组会议上（他参加宪法草案组），他都能积极活动，不断的争取中间派，有原则有分寸地同反动派作斗争。由于我党代表团既据理力争又合理让步，最后通过的政协决议案，得以相当程度上有利于人民而不利于蒋介石的反动独裁。政协决议公布后，国统区人民普遍感到宽慰，以为和平民主的阶段可望到来。谁知决议的墨迹未干，国民党特务就大打出手，在重庆相继发生了"较场口事件""沧白堂事件"和捣毁《新华日报》营业部事件等暴行。中共代表团顶住了这股逆流，特别是重庆《新华日报》坚守阵地，毫不退缩，在报道解放战场胜利消息和揭露蒋介石内战阴谋和特务暴行方面起了有力作用，团结教育了人民，使得以学生运动为主的反内战运动，很快就席卷了整个国民党统治区。

抗日战争结束后，国民党政府要"还都"南京，中共中央代表团也须东迁，党中央决定在重庆成立中共四川省委。1946年4月30日，周恩来离开重庆时，在最后一次记者招待会上公开了省委会，介绍了吴玉章是省委书记，王维舟是副书记。但要用中共四川省委名义作公开活动，还得和国民党作斗争才行。5月19日在北碚开张自忠殉国纪念会，吴玉章就撰写了一副挽联："已使日寇灭亡，忠魂可慰，再令生灵涂炭，民命何堪",并用中共四川省委的名义送出,挂在灵堂中最显著地方,各报纸纷纷加以报道。这就既抨击了国民党发动内战的罪恶行径,又为省委的公开争取了事实上的合法地位。

吴玉章领导下的四川省委像雾都灯塔一样,屹立在反动派经营了多年的老巢之中。随着国民党内战步伐的加快,时局日益恶化,省委处境也愈发困难。正当反动报纸天天造谣,或说王维舟已到川北搞武装,或说中共在重庆搞暴动的时候,1946年6月,反动派撕毁政协决议,大举进攻中原解放区。7月11日和15日,民盟领导人李公朴、闻一多在昆明先后遭到特务暗杀。在法西斯恐怖日益严重的情况下,省委经请示中央和在南京的周恩来和董必武,决定组织缩小,王维舟等领导骨干分批疏散撤离。吴玉章一批一批的送走干部回延安,同时去电中央"无论如何,坚持到底,要保存这一敌后的堡垒。危险是危险,至多不过牺牲,我们不怕牺牲。"吴玉章自己就是这样作思想准备的。他还说:"有什么乱子,我去顶住,顶多是牺牲,牺牲也值得,我也就应该负起这个责任。"由于以吴玉章为首的四川省委(王维舟撤退后由张友渔兼副书记)坚持留渝撑持危局,不仅党的公开机关工作人员心雄胆壮,在国统区的西南半壁中,也起了稳住人心和革命阵脚的作用。

在李(公朴)、闻(一多)被刺,重庆白色恐怖紧张万分的日子里,为了打击国民党的反动气焰,省委决定团结重庆各方面力量,筹备一个盛大的李、闻追悼会。适逢张群为查讯李、闻一案滞留重庆,他对特务系统有所不满,又还想在群众场合中捞点政治资本,吴玉章就和一些民主人士商议,决定拉张群来作领衔发起人。经过一番活动,大会果然这样的按预想召开了。张群还被推到大会主席地位,使特务不便当场肇事。追悼大会上,吴玉章和民主人士胡子昂等讲了话,会场情绪非常激越悲愤,是一次成功的对国民党法西斯罪行的声讨会。

国统区的人民运动,是解放战争的第二条战线,吴玉章领导下的四川省委和《新华日报》,就是这条战线西南战场上的指挥部。它高举着和平民主、独立解放的正义之旗,每天都在传播革命真理,激励人民斗争。重庆学生反内战、反迫害、争民主的斗争,此伏彼起,迭起高潮。1947年1月,又掀起了声势浩大的反对美军暴行的运动。反动头目焦头烂额,派出军警特务凶殴学生宣传队,造成了两次严重血案,特务暴行更加激起人民愤怒,全市学生发动总罢课,各界人民争相声援。重庆警备司令孙元良和市长张笃伦只好来吴玉章面前哀鸣,说是《新华日报》登载鼓动学潮的消息言论太多,学生逼得他们受不住了,希望能"帮助"制止学运。吴玉章严肃指出:"学生们的'抗暴运动',出于爱国至诚,绝非哪个人鼓动起来的。他们的行为是正义的,谁也不该去制止。"并说:"你们只有依法惩办特务,才能平息学生们的愤怒。"使他们只得怏怏而去。学运的蓬勃发展,又促进了整个人民民主运动的高涨,农村四处民变蜂起,工人罢工斗争愈演愈烈。具有进步倾向和爱国思想的人士,越来越坚定地团结在中国共产党的周围。在1946年6月,重庆各界人士要和平,反内战的签名运动中,不仅有大批知名人士参加,连所有的教会都发动起来了。到11月,蒋介石准备召开伪国大期间表现得就更为明显。国民党为了装点门面,不惜用官职和金钱对中间人士进行收买,特别是处心积虑地想拉民盟下水。民主同盟主席张澜是吴玉章的旧友,他住在重庆"特园"期间,吴玉章多次和他交谈,分析民盟致力调解国共关系的活动之所以失败,归根到底在蒋介石坚持其独裁与分裂的方针,而召开伪国大,制定伪宪法,更是国民党撕毁政协决议的一个决定性步骤。因此希望他断然拒绝破坏政协决议的任何举动,决不能参加伪国大。张澜接受了党的意见,不但当面向吴玉章拍了胸脯,请他放心,还两次向南京打电话坚决表示:民盟决不可以参加伪国大!结果蒋介石尽管当上了"总统",政治上却更加孤立。就在伪国大闭幕之后,1947年1月,重庆《新华日报》举行成立九周年纪念会。考虑到报纸经常被扣,报童挨打,红岩附近到处有特务"盯梢",原计划只邀请少数客人参加,没想到当天到会的人竟达五百多人,开成了规模空前的盛会。其情其景,真如吴玉章题词所表述的"千万人民的正义呼声,胜过独裁者的百万雄兵。"

伪国大之后,吴玉章预见到反动派势必要最后关闭和谈大门。在日趋险恶的环境中,为应付可能出现的最坏情况,他深深感到必须对干部加强政治思想教育,特别是革命气节教育。为此,他特地把毛泽东的一些文章和党中央若干文件,编成《中国革命的理论和实践》的小册子发给大家学习。在辅导学习中,他多次演讲,历述我国著名民族英雄和革命志士的事迹,当讲到他们如何慷慨就义之时,每每情绪激昂,声泪俱下,全场人无不为之动容。吴玉章的言传身教,对民主人士也起到了很大的影响。由于事前有精神准备,当反动派1947年2

月27日深夜突然袭击，出动军警包围《新华日报》馆和党在重庆的公开机关时，全体同志都表现得坚强镇定，经受住了这场考验。吴玉章更是坚持共产党人立场，保持革命气节的光辉典范。他在反动军警蜂涌入室，剑拔弩张的威胁下，面斥国民党警备司令孙元良："我们要坚守我们的岗位，不怕任何压力。我现在已是近七十岁的人了，从同盟会辛亥革命以至现在，一切革命运动我都参加过。自参加革命以来，生死早已置之度外，我常想得一适当的死所，此地或者就是了。人谁不死？只要死得有价值，死一人可以激励起千万个人来。我们中华民族的优秀儿女是有不怕牺牲的光荣传统的，我要为革命党人共产党员保持最高尚的人格！"当时，吴玉章住在曾家岩中共代表团驻渝联络处内，隔着嘉陵江就是国民党的兵工厂，当有特务污蔑我党称兵作乱时，他立即声色俱厉地反问："对面就是你们的兵工厂，数月以来，日日夜夜在赶造军火，请问这是干什么的？你们到处征兵征粮，急如星火，把一切交通工具全作军运，一切都是战争状态，谁要打内战还不明白吗！"使得特务官员狼狈不堪。吴玉章在危难中时时想到同志，不顾特务阻挠，27日当晚就和被禁监同志见了面，给了他们巨大鼓舞。他还坚持要求与《新华日报》负责干部见面，听取省委各单位的情况汇报。3月2日，报社负责同志在特务监视下来到曾家岩吴玉章处，可是特务却气势汹汹地规定："只许讲四十五分钟！"吴玉章立加呵斥："我们不是囚犯，难道连讲话的自由都没有了吗？我准备讲三个钟头，要趁我还没有死，把话讲完。"特务被他的正义精神所震慑，也就不敢作声了。吴玉章听了汇报后，勉励他们："不要怕任何压力。我们牺牲一个人，会有一千个、一万个人来代替。"还要他们回去转告给在监禁中的同志们："要团结得像钢铁一样！"

被包围在曾家岩或红岩村方面的同志，如吴玉章嘱咐的那样："团结得像钢铁一样！"不管特务是用"机枪点名""活埋""关集中营"进行威胁，或是"愿回家者可以发路费、安家费"的分化利诱，全都不为所动。在反动武装的枪口之下，镇静如常，照旧的学习唱歌。吴玉章还利用各种间隙，向围困中的同志讲革命故事，讲先烈事迹。不仅同志们感奋泣下，连那些执行监视任务的国民党士兵也情不自禁地围过来听，颇受感动，有个连长还恭敬的来请他签字。吴玉章和同志们团结一致的斗争，最后连孙元良和重庆的一些报纸，都不得不表示钦佩。

省委和报馆的同志们在拘禁中战斗了一周，他们相信党，相信共产主义的正义事业，也相信吴玉章，谁也没有任何的畏惧或动摇。经过党的多方交涉和全体同志的顽强斗争，终于在3月8日、9日两天，由吴玉章率领同志们全师而还，高唱凯歌回到延安。

吴玉章等同志回延安时，正是胡宗南部队猖狂进犯陕北的时候。所以又很快撤离延安，经过一段艰苦行军，到了晋绥的后甘泉，在戎马倥偬中参加中央法制委员会的工作。经过六个月的讨论草拟，在人民解放军大举反攻声中，写出了一部人民中国新宪法的初稿。10月又去双塔参加四川干部训练队的开学典礼。见到同志们摩拳擦掌，准备打回四川，他也兴奋地向中央递了请战报，表示"我虽年已届七十，仍愿请缨杀敌，如能以刘邓陈谢大军之一部，交我与王维舟同志率领，向西南前进，则正在水深火热中之人民，必箪食壶浆以迎，不难在西南各省创造新根据地。"他垂老请缨，不仅是解放战争时期中的佳话，也确实给了广大官兵以精神鼓舞！

由于解放战争发展很快，全国胜利在望。1948年，中央决定将原属晋察冀解放区的华北联合大学和原属晋冀鲁豫解放区的北方大学合并，成立华北大学，任命吴玉章为校长。8月，华北大学在河北省正定成立。吴玉章根据中央指示指出：华北大学的任务是培养革命和建设人才，必须以马列主义与中国革命的实践之统一的思想——毛泽东思想，作为办学治校的指导思想。要求毕业学生积极参加人民解放战争，实行社会革命（土改和组织农民发展生产）和搞好城市工作（学会管理城市，发展工商业）。在艰难的战争环境下，这所大学为迎接全国解放，向各条战线培养输送了大批干部。"况有三千诸弟子，东西南北立功勋。"在谢觉哉写给吴玉章的诗句中，高度评价了他为革命办教育立下的功劳。

新中国成立伊始，各方面需人孔急，在华北大学的基础上，中央决定成立中国人民大学，仍任命吴玉章为校长。吴玉章向中央表示：自己非常乐意担任教育工作，愿为宣传马列主义、毛泽东思想，为培养社会主义革命和社会主义建设的人才而竭尽全力。尽管他当时已属高龄，开国以来，他总是意气风发地主办着这所社会主义的新型大学。他为适应新中国成立以后国家大规模经济建设的新形势，突出地提出了培养建设人才的新任务。在1950年10月人民大学开学典礼上，他明确提出,人民大学学生应该成为用马列主义,毛泽东思武装起来掌握最新科学成就的专家。要求学生既要确立辩证唯物主义和历史唯物主义世界观,又要精通业务,掌握从事和领导经济建设的技能。他坚持在教学中要系统地学习马列主义、毛泽东思想的完整体系,反对任何的割裂和肢解。他一贯重视不断提高教学质量,提高学校的科研水平,十分重视教师的主导作用和严肃活泼的校风校纪。在学校领导工作中,他作风民主、谦虚大度,重大问题总是由校党委和校务委员会集体讨论决定,而一经研究确定了的事情,他就认真贯彻执行。他总是亲自检查每个新学年的准备工作,一丝不苟,使学校年年做到9月1日上午8时准时开课。他亲自审订学历,审阅修改自编教材,非常关心青年教师的培养和成长,他经常深入教学第一线,直接到课堂听课,参加学生讨论,指导学生搞社会调查。直到他八十三岁高龄时,还上台为师生讲授党史。从人民大学的开办到"文化大革命"前,学校共毕业了七万多学生,这些毕业生的大多数是现今我国政治理论、经济管理和社会科学等方面的骨干和活跃力量。吴玉章忠诚于党的教育事业,真是鞠躬尽瘁,呕尽心血。

吴玉章还担负着繁重的党在文化教育方面的各种领导工作。他是国务院文字改革委员会主任,为了简化汉字,大力推广普通话,制定汉语拼音方案,一直辛苦努力到最后一息。他还是全国教育工会主席,中国自然科学普及协会主席,中国科学院哲学社会科学学部委员,中苏友好协会副会长。从1954年起,历次当选为中华人民共和国第一、第二、第三届全国人民代表大会代表和常务委员会委员。在党的第八次全国代表大会上,继续当选为中央委员。

吴玉章勤奋学习,治学严谨。他在1959年时给自己写了一个座右铭:"我志大才疏,心雄手拙。好学问而学问无专长,喜语文而语文不成熟。无枚皋之敏捷,有司马之淹迟。是皆虚心不足,钻研不深之过。年已八一,寡过未能。东隅已失,桑榆非晚。必须痛改前非,力图挽救。戒骄戒躁,毋怠毋荒。"1960年又写诗自励:"春蚕到死丝方尽,人到期颐亦不休。一息尚存须努力,留作青年为范畴。"他真是活到老、学到老,即使在休养期中,仍是孜孜不倦地学习和写作,毛泽东曾经鼓励他:"和你同时代的人,有的消极了,有的反动了,有的叛变了,而你始终跟着时代前进,站在革命斗争的最前列。你要把这些经历写出来。"1961年,他撰写的《辛亥革命》一书在辛亥革命五十周年之际出版了。他本着史实务求其真实,评价务求其公允的精神,对辛亥革命的历史作了马克思主义的分析,在国内外史学界都产生了很大影响。晚年又相继发表了许多革命回忆录,不但对于研究近现代中国革命史提供了丰富的第一手资料,也是进行革命传统教育的宝贵教材。

吴玉章是实事求是的模范,对人对事,总是正直无私,主持公道。人民大学的历次政治运动,不免受过"左"的影响,也曾发生过残酷斗争、无情打击,严重伤害同志、伤害知识分子的错误做法。他对此曾严厉地进行过批评。无论是"三反五反"、肃反和反右派斗争,他都在力所能及的范围内,抵制或批评过扩大化倾向,保护过一些干部和教师。如在全国清查

"胡风分子"的时候,他在人大教师谢韬已被点名的情况下,还出于信任同志,爱护人才的心情,把他接到家中去写"检查"。何干之同志也差一点受到牵连,也是由于吴玉章认真而慎重的干预,才得以幸免。1957年"反右"扩大化,他听到在青年人中也划了不少"右派",感到很难过。特别是对教学和研究工作颇有成绩的青年教师只因对领导提了些意见就被划为"右派",他更是觉得惋惜,一再感叹说"年轻人讲几句错话,主要在于教育,我们党应该有这方面的政策,思想问题只有通过思想工作来解决。"他对"大跃进"中刮"共产风"和说假话的现象非常反感。他回家乡视察公共食堂,当地干部给他布置个假现场,他事后知道受了骗,很是生气。听说有的干部是为害怕挨斗才跟着搞浮夸的,就特地带信叮嘱:"种庄稼要实事求是,坚持真理,就是批判你也要说真话。"1959年反"右倾"时,他对人民大学划了许多"右倾机会主义分子"也很不赞同,1962年时就坚决主张甄别平反,不留尾巴。他曾经很沉痛的向成仿吾谈道:"人民大学以前是办得好的,从1958年后就办得不好了,特别是1959年的'反右倾运动'和1960年的'教学检查',错误地批判了一批好同志。把我们自己培养起来的办学和教学骨干打倒了,靠谁来办学呢?"说时,竟难过地哭了。

吴玉章在道德操守上,高风亮节,光彩照人,高度完美地结合了共产党人的革命品质和中华民族的传统美德。几十年的战斗中,不管遭过多少挫折,他总是不灰心,不失望,不屈不挠,再接再厉,直至被人慨叹为"愚不可及"而毫不后悔,他在追求、捍卫真理上忠贞不贰，要求极高极严。生活则总是艰苦朴素、淡泊自甘。他是1896年同夫人游丙莲结婚的，然而毕生奔走革命，席不暇暖。颠沛流离中，每每要隔一二十年才能回家一次，但他始终忠实于僻居乡下，勤俭持家的妻子。他于1938年回荣县时，有个政府官员挑衅地说共产党"共产共妻。"他当即反问了一句："我就是共产党员，你看，我像这样的人吗？"这个反动家伙顿即哑口无言，还遭到了在场人的共同指责。1946年10月，夫人在乡下逝世，他写了一篇文情并茂的祭文，对她在贫贱中操持家务，抚育子女成长，使他从事革命而无家室之累表示了深挚的哀悼。他有一子一女，儿子吴震寰继承了他的志愿，在法国学水电工程，是1930年入党的共产党员，在法国和苏联做过多年的水电工程师。抗日战争回国后，又先后在四川的长寿、澄县和东北的小丰满任水电工程师，成都解放前夕因病开刀，死在了手术台上。新中国成立后，吴玉章并不因身旁别无亲人，让女儿留在北京，而是勉励她在家乡参加劳动。在吴玉章的影响和感召之下，他的后辈和家乡的一些青年，在革命战争年代，一批又一批地奔赴延安，或在四川投入地下斗争。解放后，他对这些后辈总是既热情关怀，又严格要求，不允许有任何的特殊化。至于他自奉的严谨，就如谢觉哉赠诗所形容的："高洁不肯染纤尘，垂老犹然日省身。"他一生不吸烟、不喝酒、不打牌，甚至茶都很少饮用。每天早上6时起床，工作总至深夜，他的保健伙食，从不让家人共享。如果菜肴稍弄得多了些，他动箸之前一定要先为分开，以免浪费。平常穿布衣布鞋，补了又补，直到逝世之前，还使用着南昌起义时保留下来的一只皮箱和一条军毯，还在穿延安时代的旧衣和老羊皮袄。对于人大常委会发的办公费，学部发的研究费，他都是一律退还，外宾送的礼物，一律交公。即使偶有稿费收入，也总是用以抚养烈士子女，接济有困难的同志，或捐助给农村公社去办公益事业。

"文化大革命"开始时，人民大学是首先受到冲击的重点单位，吴玉章像中流砥柱，多次仗义执言，挺身而出，竭力护卫遭到林彪、江青反革命集团打击诬陷的革命干部。当听到人大副校长郭影秋遭野蛮揪斗，还被诬为"反革命修正主义分子"的时候，他气得嘴唇哆嗦，不住用拐杖猛敲地面，恨声说："反革命！他们才是反革命！"成仿吾同志在山东受到冲击，有人去吴玉章处了解情况，他斩钉截铁地说："成仿吾是好同志，是我们党的老同志。"在大混乱中他对毛泽东主席赤胆忠心，同样，对周恩来、刘少奇、邓小平等久经考验的无产阶级革命家也是尊敬信赖，决不因一时的风浪而动摇。在他最后一次出席党的中央会议——八届十一中全会时，毫不犹豫地圈选了刘少奇、邓小平为党中央领导人。事后还针对街头大字报的黑浪说："我就是画了圈。那是党中央集体研究决定的名单嘛，毛主席点了头的嘛！以后碰到，我还照样画。"充分表现了他刚直不阿，无私无畏，绝不"二三其德"的宝贵品德。

1966年10月底，吴玉章在北京东四六条的住所，还最后接见了一批要外出考察的人民大学学生。当时他已经满头银发，起坐都必须撑着拐杖，但炯炯的眼神仍然深沉锐利，他在接见时曾一动不动地在沙发上坐了很久，后来才别有深意地讲起喻云纪与汪精卫、陈璧君之间的一场冲突。吴玉章说：汪精卫早年追随孙中山，但从来就好出风头，好走极端，他执意参加暗杀摄政王活动，事泄被捕，成了举国瞩目的大英雄，同盟会员们也都很崇奉他。其实他是对革命失去信心，才去冒险的。而踏踏实实准备这一个行动，真正有功的喻云纪，却被陈璧君污蔑为"怕死"。喻云纪为此很苦闷对吴玉章说："谁怕死，将来的事实会证明的。"果然，在黄花岗起义中，喻云纪一马当先，所向披靡，最后英勇就义，而堕落为汉奸的汪精卫、陈璧君，实实不齿于人类。吴玉章讲罢，严肃地望着这批青年，一句一字地这么说："历史是很复杂的。喻云纪就受过天大的委屈，历史又是很公正的，汪精卫、陈璧君到底还是露了原形。不要看有的人一阵子多得势，多行时，最后才弄得清楚哩！看问题，就要学会看历史，看历史发展。"说到这里，吴玉章拿过拐杖，用力地点了两下地板。

据参加过这次接见的学生吴廷嘉、沈大德回忆：尽管吴老当时是讲历史，但他们意识到革命老人在为被害的干部和群众鸣不平，暗示着在"文革"中得势行时的家伙中有新的汪精卫和陈璧君。吴玉章在残年中发出的并非摇曳着的烛光，而是像丹柯一样，把心掏出来作为火炬，把他用毕生心血提炼出来的真理传授给年轻一辈。

吴玉章在这次接见后病倒了。尽管他是举世景仰的革命前辈，年迈体衰，生活上需要人照顾护理。可他在病中听到的却是"老走资派""黑线人物"的种种诬蔑，后来还是在周恩来的直接关怀下，才在动乱中住进医院，暂避这"打倒一切"的

> 春蚕到死丝方尽,
> 人至期颐亦不休;
> 一息尚存须努力,
> 留作青年好范畴。
>
> 一九六〇年五月

吴玉章诗作

恶风。然而他却为各级党政机关和文化教育单位横遭摧残而忧心如焚,不胜悲愤。病中又乏人照顾,以至跌成骨折,继而又患肺炎,于 1966 年 12 月 12 日不幸逝世。时年八十八岁。

赵世炎

◎彭承福

赵世炎

赵世炎（1901—1927），是中国共产党早期的杰出理论家和组织活动家。他为共产主义进行了艰苦卓绝的英勇斗争。在他二十六岁时就被国民党反动派杀害，但其英名和业绩将永远镌刻在中华民族革命斗争历史的丰碑上，光彩熠熠地昭示着千千万万的后来人。

一

1901年4月13日，赵世炎诞生在四川省酉阳县（现重庆酉阳县）龙潭镇的一个地主兼工商业家庭。父亲赵登之，对子女教育极严。母亲陆氏，出身寒微，性格善良、温厚。二哥赵世珏，参加了孙中山领导的同盟会。他重视对弟妹灌输新思想，常从外地寄回一些介绍民族英雄的书籍，并在书的封面上写上"富弟（即世炎）效之"的字样。赵世炎从这些书刊中受到了革命思想的启发。

1912年，赵世炎到龙潭高级小学读书。他从地理教员王勃生那里听到祖国被帝国主义瓜分的情况，为中华民族的灾难而感到愤慨。他崇敬岳飞、文天祥、史可法等民族英雄，恨洪承畴之类民族败类，决心效法民族英雄，为拯救中华民族献身。此时，他开始接触到从西方传入中国的一些新思想，如达尔文的《进化论》，赫胥黎的《天演论》和卢梭的《民约论》等。

1915年8月，赵世炎到了北京，考入国立北京高等师范学校附属中学。这个学校的民主空气和学术空气很浓，成立了各种研究部和学会，还办有学术刊物，老师和学生共同研究问题，纵谈天下大事。这对他后来走上革命道路产生了积极的影响。

赵世炎在师大附中学习期间，正是祖国内忧外患加剧的年代。他积极参加新文化运动，并用各种形式阐发自己的民主主义观点，强烈要求民主与科学，反对封建专制与愚昧，在《三代非专制辩》一文中，借助历史上三代为公之例，抨击了封建专制主义。他说："君，群也。"认为君只不过是群众的头，决不能离群前为私。他又指出："古代上下一体，今则偏上偏下；古代民意机关公于众，今日民意机关萃于一，公于众者名实相称，萃于一者有名无实。"一针见血地揭露了袁世凯复辟称帝的反动实质，召号民众起来为反对专制，争取民主而斗争。在

《说图书馆友人阳何》一文中，赵世炎提倡大力发展科学文化事业："倡之教育，以进其智，兴之法变，以进其德"，此乃兴国之途。在《论行青苗法之利病》一文中，他主张必须"注意于民生之利病"，进行有利于民众的社会改革。

1917年，赵世炎结识了伟大的无产阶级革命先驱李大钊。当时李大钊、王光祈、周太玄等人正在酝酿创办一个传播新思想的学会，他们认为赵世炎是一个很有为的青年，值得特别注意。在筹备"少年中国学会"期间，许多活动都邀请赵世炎参加。

1919年，正当赵世炎中学毕业前夕，伟大的反帝反封建的五四运动爆发了。赵世炎积极投入运动。他大声疾呼："日本强占我们的青岛，欧美人同意他们占据青岛，段祺瑞不敢力争，我们为了救国，必须起来反对，不能再埋头读书了。"5月7日附中学生会成立时，赵世炎当选为干事长。在五四运动中，他遇事冷静，每当发生意见分歧时，他总是耐心地听取各方面的意见，把情况弄清楚，经过分析判断后才发表自己的看法，促使问题完满解决，以致同学们称他为"及时雨"大哥。

赵世炎中学毕业后，毅然放弃了报考大学的机会，直接投身于轰轰烈烈的革命斗争。不久，赵世炎就由李大钊、王光祈等人介绍，参加了"少年中国学会"。赵世炎还仿效这个组织，以校友的身份，在附中也发起组织了"少年学会"。学会发展了二十几个会员，并出版《少年》半月刊。这个刊物以研究中国社会问题和民族文学为主。赵世炎认为：要解决中国问题就必须先了解中国,要了解中国必须首先明白中国历史,明白中国社会情况。此外,赵世炎还在附中办起了校工补习班,帮助工人学习文化。

五四运动以后,解放之声、劳工神圣的呼声激荡全国。赵世炎认为,青年积极上进,最少保守思想,应该为青年的解放而呐喊、呼吁。他在《诸君的自身问题》一文中明确指出:"我以为现在一般青年最重要的事,就是要求解放——对旧社会的解放,脱离种种恶习。"他在《说少年》一文中,深刻地批判了那些封建糊涂家庭,要求自己的子弟"兴家立业,步步高升,光宗耀祖,抱子添孙"的封建伦理思想,猛烈地抨击了当时"中国的学校是些衙门,四班八房,典吏差役无所不备,造册子,出训令,一层一级,森威谨严"。赵世炎认为,像这样的家庭和学校,当然只能培养出迷惑的青年、贵族似的学生,而这样的青年又怎能成为国家的依靠、社会的栋梁呢?因此,他大声疾呼,必须改革不合理的学校教育制度。同时,赵世炎积极提倡半工半读,他说:"吾辈能入学校读书,便是幸福",然而"人生不能仅读知识,读书之外,应当工作。"他认为"读书是劳心,工作是劳力","劳力劳心应相间而行,"只有通过劳动才能消除"好逸之思想",才能把青年培养成为有用之才。

1919年10月,他针对当时北京大学学生杨德君自杀事件,尖锐指出:社会不杀青年,青年决不会自杀,社会制度才是真正杀害青年的罪魁祸首。同时,他诚恳地告诫青年:自杀不是出路,"奋斗二字,愚常奉以为人生第一要义","生今之世,处此万恶社会,不奋斗,何以为人也。"赵世炎号召青年绝不能听任旧社会的摆布,要敢于奋起斗争。

当时,国内正兴起留法勤工俭学运动,这给有志于改造社会的青年提供了一条冲破现状寻求真理的道路。1919年秋,赵世炎进入吴玉章在北京主办的法文专修馆。在此期间,他除了学习和劳动之外,还主办了《工读》半月刊和《平民》周刊。他在《工读》半月刊的创刊词中,公开主张中国应该实行社会主义。他认为:中国社会坏透了,不图解救不可能长久,而解救之道只能是社会主义。因为社会主义最公道、最平等,它无军阀、无财阀,无种界国界,经济上固然好,道德上尤其好。经过实践的探索,使赵世炎的思想发生了飞跃,初步找到了改造中国的唯一正确的道路。

1920年,北京反动政府封闭了《工读》半月刊。他决心到法国勤工俭学,进一步寻求革命真理。

正当赵世炎准备出国时,他的母亲忽患重病,赵世炎内心十分痛苦,但为了实现崇高的革命理想,追求新的思想,他毅然告别了家庭和慈祥的母亲,踏上了奔赴法国的征途。

二

1920年5月9日,赵世炎从上海乘"阿芒奥尼克号"船启程去法国。在船上,他写了《航海中之赴法学生消息》一文,兴致勃勃地写道:"这一百多人离开了熙熙攘攘的社会,在波涛万状的大海中作有秩序的生活是顶有兴趣的","我们不但不感寂寞……精神上得到许多愉快,虽船位不佳也不觉痛苦,这……是可以乐告国人的"。6月底他到达巴黎。8月,赵世炎进入巴黎西郊工业区赛克鲁的一家铁工厂做工。入厂的那天,恰好是他母亲在北京病故的日子,当他得知这一噩耗之后,悲痛万分,但很快就克制住自己的感情,积极进行艰辛的劳动和学习。10月,他转到三德建一家铁工厂工作,因为不懂技术,只能在工厂里做点杂活。赵世炎对能够同工人在一起进行劳动,感到十分欣慰,但他同时也感到缺少知识的恐慌。因此,他每天除做八小时的勤杂活外,还挤出三四个小时的时间自学,并经常与勤工俭学同学讨论国内外大事,与国内的同学保持密切联系,积极为国内出版的《少年》写稿,报道留法勤工俭学的情况。

1920年冬,战后的法国,工人大批失业,赵世炎也被迫离开了工厂。经过实际的劳动生活,他逐步认识到资本主义剥削制度的本质。同时,这段生活的磨炼,也加深他对社会改造问题重要性的认识。他在给友人的信中指出:"希望朋友们务要从冷静处窥探人生,于千辛万苦中杀出一条血路"。当时,国内正在开展对无政府主义思潮的批判。身在异国他乡的赵世炎对这场斗争十分关注。他坚决地反对这种错误思潮,认为它是空洞的、幻想的、有害的。他明确指出:中国革命必须走俄国人的路,必须进行无产阶级革命和无产阶级专政。

1920年底,赴法勤工俭学的学生已达一千二百余人,但绝大部分学生无工可做,北洋军阀政府指使驻法公使将在法无工无学的学生遣送回国,法华教育会也停发维持费。怎么办?需不需要继续勤工俭学？还能不能坚持勤工俭学？赵世炎认为，要革命，首先要组织工人，到工厂做工可以学会组织工人、领导工人的本领。因此，他主张要继续坚持勤工俭学，并反复说明找不到工作只是暂时的。为了团结广大勤工俭学学生，他和李立三等共同发起创建了"劳动学会"。在"劳动学会"的成立大会上，他明确提出了无产阶级必须组织工人才能进行革命斗争的思想。

1921年2月28日，蔡和森、向警予等领导蒙达尼附近勤工俭学学生开展了一场争取"生存权""求学权"的斗争。这一正义行动却遭到了中法反动派的镇压。赵世炎虽然没有亲自参加这次运动，但在事件发生后，却立即以"劳动学会"名义发表宣言，坚决反对中外反动派殴打学生，号召全体勤工俭学学生团结起来，共同进行斗争。赵世炎为了加强勤工俭学学生内部的团结，确认蔡和森是信仰马克思主义的优秀分子，并主动写信给他，还专程到蔡和森住处蒙达尼，当面交换意见，双方取得了共同的认识，表示今后要共同研究问题。由于赵世炎等人的努力，赴法勤工俭学学生很快地团结起来了，这就为以后开展的"拒款斗争"和"进占里大"的统一行动奠定了基础。

在这一年，赵世炎获得了到法国最大的铁工厂施乃德厂做工的机会。这个厂是华工比较集中的地方，有一万多人。他利用一切机会，深入到工人群众中开展工作。赵世炎和李立三除了组织"华工组合书记部"作为领导华工的核心外，还在华工中建立了"消费合作社""工会读书会"等组织，主办了《华工周报》。他还通过开展文娱活动、教识字、讲课等多种形式，利用"五一"节和"双十节"组织勤工俭学学生到各地华工中去讲演，把学到的马克思主义理论，用通俗易懂的方式向华工进行宣传。经过赵世炎的耐心启发和教育，使一些积极要求进步的华工提高了觉悟，相信马克思主义真理，促进了马克思主义与工人运动的结合。赵世炎在华工中的工作是十分出色的，许多当年的勤工俭学学生在回忆时都说，在华工中进行工作这条路是赵世炎开辟的。

1921年6月至8月，在赵世炎、蔡和森和周恩来等领导和组织下，广大勤工俭学学生发起了一个规模较大的"拒款运动"，抗议北洋军阀政府用出卖国家印花税和滇渝铁路修筑权等向法国借款，购买军火打内战的卖国罪行。6月初，当中国政府专使吴鼎昌、朱启玲到达法国的消息传出后，由赵世炎、周恩来、蔡和森等发起，并联合巴黎华人团体在巴黎通讯社成立了"拒款委员会"。6月30日，在巴黎哲人厅召开了拒款大会。赵世炎主持大会，他列举了三条开会理由：一、为磋商全体反对之办法。二、为预防将来借款之阴谋。三、为宣布对于法国之态度，非反对其国民，乃反对其少数资本家借款与中国长中国之内乱者。会后，还发布了拒款宣言。"宣言"号召中法两国人民联合一致，反对这一危害中法两国人民利益的借款。8月30日，再次在巴黎哲人厅召开包括所有华侨团体参加的拒款大会，并要求驻法公使陈箓出席会议。陈派其秘书王思曾到会，王思曾对大家所提问题推三阻四，一味支吾，被激怒的学生和听众将王拖下台来痛打一顿。王思曾迫于公愤，只得代表陈篆签署了一个中法借款条约作废的声明。这个声明除由拒款委员会电告国内各大报馆外，还送交给法国外交部，延续两个多月的拒款斗争终于取得了胜利。

同年9月，在赵世炎、蔡和森等领导下，勤工俭学学生又发起了一次进占"里昂大学"的斗争。早在拒款运动之前，北洋政府官僚政客吴稚晖等以解决勤工俭学学生入学为名，向各方筹集经费，在里昂兴办了一所"中法大学"。学校建成后，却从国内招来一批地主、资本家子弟入学，激起了留法勤工俭学学生的愤怒，各地派出代表队到里昂，推选赵世炎为总代表向校方交涉，但遭到拒绝。学生们在不得已的情况下，只好强行占领了学校。于是学校当局、中国反动政府与法国反动政府勾结起来，派武装警察将代表队逮捕并押到兵营监禁起来。在关押中，赵世炎、蔡和森等领导学生进行绝食斗争。10月13日，一百零四名被扣押的学生被遣送回国。赵世炎在同志们的掩护下，机智地留了下来，续续在当地进行学习和斗争。

赵世炎由于没有护照，在巴黎难以存身，决心到华工最多的法国北部去。战后的法国北方一片荒凉景象，许多华工被迫在这极其恶劣的条件下打扫战场。他们吃的是黑面包，住的是破帐篷，而且随时都有碰上残存地雷爆炸丧生的危险。赵世炎不顾个人安危，置身于华工中间，为他们读报、介绍时事，讲解华工之所以会流落国外，完全是由于中国反动政府的出卖，而不是什么命苦的道理。他的讲解，打开了华工的心扉，华工把他看成自己的知心人。通过这段时间的劳动和生活，他深有感触地说：对工人，你只要能深入下去，和他们共同生活，帮他们做事,体贴他们,一旦他们相信了你,连心肝都可以挖给你。

赵世炎在法国北方期间,一直和周恩来、张申府等保持着密切联系,又与在比利时的李维汉、聂荣臻等经常通信,共商筹建团的组织问题,还向在国内工作的吴明、李立三了解情况,索取团组织刊印的书报文件。对于入团条件,他主张必须以个人名义正式履行手续方能参加,不同意"工学世界社"全体成员共同加入的意见。为了做好建团的准备工作,赵世炎于1922年5月1日从法国北方回到巴黎,奔走在蒙达时、里昂和准也儿等地,同各地进一步联系磋商。

1922年6月3日,在巴黎召开了"中国少年共产党"成立大会。赵世炎主持大会,并在会上作了报告。大会讨论并通过了章程,选举了"中国少年共产党"中央委员会。赵世炎担任书记,周恩来任宣传委员,李维汉任组织委员。会议结束后,向国内党中央作了汇报。

1923年3月,赵世炎、王若飞、陈延年等十二人,根据党组织的决定到苏联"东方大学"学习。他十分珍惜这一机会,刻苦学习马列主义理论,并用以分析实际问题。从1924年1月起,他先后在《向导》周刊、《民国日报》副刊、《觉悟》上发表了《苏俄与美国》《列宁及列宁主义》《列宁》和《世界第一名帝国主义——英国》等文章。他是较早的在中国报刊上系统介绍列宁及列宁主义的人之一。

1924年春,赵世炎被李大钊指名列席了共产国际第五次代表大会和赤色职工国际大会。他给中国代表团当翻译并积极了解情况，吸取苏联等兄弟党在建党、领导工农运动及国际共运内部路线斗争等方面的经验教训。

三

1924年秋，赵世炎回到北京后，党中央立即任命他为北京地委书记。后来，北方区执行委员会成立，他担任了北方区执行委员会宣传部长兼职工运动委员会书记，协助李大钊领导北方的革命斗争。

北方区党委成立后，决定创办《政治生活》周刊，由赵世炎担任主编。赵世炎很重视马列主义的宣传工作，尤其是对列宁主义的宣传。他认为，中国无产阶级和广大劳动人民对列宁主义的态度应当是一方面是力求学习领会，另一方面最要紧的还是遵守实行。他强调说："把列宁主义运用到中国来，是中国劳动阶级唯一的责任"。

同时，大力宣传党的反帝反封建的革命纲领，也是《政治生活》的一大任务。赵世炎指出：中国人民目前的紧急任务，对外就是推翻帝国主义压迫，对内就是打倒军阀的暴政。同时，他还指出：要完成反帝反封建的任务，必须依靠工人阶级，因为工人阶级的本质是革命的。工人阶级是反抗帝国主义和封建主义的中坚力量。他还指出，中国工人阶级必须联合有革命觉悟的农民和手工业工人共同战斗。对国民党右派，赵世炎一针见血地指出：国民党右派已与帝国主义、军阀和国家主义派勾结起来，"右派与反动派是一家人，属于反革命"。他们代表了"大资产阶级、买办阶级和商人的利益","而不代表几千万城市小资产阶级、农民、工人和革命知识分子的利益"。①

据不完全统计,赵世炎从1924年7月到1926年7月这两年时间里,一共写了七十多篇文章,以世炎、因、识因、禾生、罗敬、施英等笔名,分别刊登在《政治生活》《中国工人》《向导》《京报》《二七》周刊等报刊上,其中刊登在《政治生活》上的就有五十多篇。他写的文章深受群众特别是青年的欢迎。《救国时报》曾称颂:"赵先生为有名的北方政治评论的主编,其言论风采为一般革命青年所景仰,赵世炎之名遂扬溢于全国。"曾和赵世炎在一起工作的同志回忆说:"赵世炎同志能说能写能干,既是一个理论家,又是一个实践家"。

赵世炎在抓紧宣传工作的同时,还十分重视党的组织建设。他认为:"站在阶级斗争的出发点,头一件事就是需要一个铁的纪律的无产阶级政党"。因此,他很重视在工人中间建立党的组织,亲自到工人中去,发现和培养积极分子,吸收他们入党。他也十分关心青年一代的培养教育,尤其关心女青年和少数民族青年,他指出:青年救国和妇女解放,只有参加共产党。在他的教育帮助下,女师大进步学生组织《星星社》中的一些女青年,如赵世兰、赵君陶等先后加入了共产党;四十多名蒙古族青年走上了革命的道路,有的还参加了中国共产党。经过赵世炎等的出色工作,北京的党组织在很短的时间内就迅速扩大了几倍,各大学还建立起了团的组织。

---

① 《政治生活》,第59期第8页。

1924年10月，冯玉祥因受革命影响率部从前线回到北京举行政变。我党及时发表了《第四次对时局的主张》，再次号召召集国民会议。赵世炎认为：这次政变给了日本帝国主义利用直系内讧，支持奉系压服冯玉祥以建立日本在中国所操纵的军阀独裁政治的机会，而直系在北方的势力虽败，但在美帝国主义支持下，吴佩孚仍占据长江流域一带的富饶地区，随时都可能再次组织力量作乱。这表明，日美两派争夺未已，军阀之间的斗争未已，中国之大乱未已。他主张："我们目下唯一的出路只有大家起来，由工会、农会、商会、教育会、学生会……促成国民会议。"

北京政变后，冯玉祥表示愿意和孙中山为首的广东政府联合，并邀请孙中山北上，共商国是。我党从全局形势出发，支持孙中山北上召集国民会议。赵世炎认为，孙中山应当北上。北上是接近北方民众，把革命从广州推向全国的一个极好机会。但他同时希望孙中山到北京后的态度应当是"合则留，不合则去"。

11月，孙中山发表了北上宣言，赵世炎知道这一消息后，满腔热情地指出：孙中山这次北来，将展开中华民族的生机。并号召北京人民站在革命立场上热诚欢迎孙中山。当孙中山北上沿途受到帝国主义攻击、诬蔑时，赵世炎立即发表了《中山北来与帝国主义者的压迫》一文，揭露了帝国主义及其追随者对孙中山的种种迫害，指出孙中山北上召集国民会议和废除不平等条约，表达中国人民的心愿，是为中国人民所支持的。他严厉地警告帝国主义者：你们应当放明白点，孙中山先生现在是全中国人民众望所归的革命领袖,谁敢对孙中山无礼,中国人民就要用自己的铁拳把它打得粉碎。随后,赵世炎代表北方党组织到天津火车站迎接孙中山,并在天津民众欢迎孙中山的大会上致欢迎词,希望孙中山速到北京,登高振臂一呼,全国响应。

1925年1月,孙中山到达北京,张作霖、段祺瑞企图迫使孙中山放弃联俄、联共、扶助农工的三大政策,在中国共产党和全国民众支持下,孙中山断然拒绝了段、张的要求。2月1日,段祺瑞不顾人民反对,悍然召集了由他们一手控制的"善后会议",赵世炎撰文严加批判,指出:段祺瑞召开会议的目的,是用此来确定他的政权,扩张势力,是使各军阀平均分赃,受他操纵。但段祺瑞这一阴谋只能更加暴露其反动面目,只能使人民更加觉悟,更加奋起。

1925年3月10日,由中国共产党和国民党共同发起的国民会议促成会全国代表大会在北京正式开幕。赵世炎是参加会议的中国共产党的党团书记。他明确指出:国民会议本身仍然是一个国民革命的口号,同时又是一种公开的合法的民众政治运动,其目的是号召社会各阶级的群众起来关心政治,积极参加政治活动。赵世炎在会上,特别讲了反对帝国主义侵略的问题。大会最后重申了废除一切不平等条约和打倒军阀的口号。

3月12日,中国民主革命的伟大先行者孙中山在北京病逝。为了纪念孙中山,李大钊、赵世炎组织北京民众三十万人连续三天举行悼念活动,散发了《政治生活》特刊三万多份。出殡那天,数十万北京市民自发"恭送"。赵世炎带领国民会议促成会的全体代表参加了送殡。赵世炎还在《政治生活》上连续发表文章，实事求是地评价了孙中山的伟大历史功绩，肯定孙中山是中国民主革命的领袖，是创造民国的元勋，他号召全国的革命分子应在孙中山的旗帜下，团结起来，振作精神努力完成中国的国民革命，扫除反革命的恶势力。

由于我党的努力，国民会议促成会开得很成功。赵世炎认为：这次会议具有划时代的意义，是一次真正的民众会议，这样从民间产生出来的会，在我国实不易见，可以说是真正国民会议之先声。

1925年5月30日，上海发生了帝国主义血腥屠杀中国人民的"五卅惨案"。北京人民在中共北方区委的领导和赵世炎的具体组织下立即起来声援，学生沪案雪耻会、工人雪耻会等组织纷纷建立，还成立了有四百八十多个团体参加的北京各界对英、日帝国主义惨杀同胞雪耻大会。6月间，在赵世炎领导下，连续举行了几次群众示威游行。参加群众由五万人激增到三十万人。声援活动的规模越来越大，除城区各行业的工人、市民及青年学生参加外，四郊的大批农民也远道赶来参加。李大钊还派赵世炎到天津、唐山等地去加强那些地方的领导，把北方各地的斗争连成一片。

五卅运动后，赵世炎陆续发表了十几篇文章，揭露帝国主义和奉系军阀在全国各地镇压工人运动的罪行，并预言帝国主义的压迫和奉系军阀的统治是不可能长久的，是必然要灭亡的。他从各阶级在运动中的表现看出：中国的大资产阶级是反动的，中产阶级是动摇的，真正能领导中国革命向前发展的力量是无产阶级。要坚持无产阶级对中国革命的领导权,必须在国民革命的内部,开展无产阶级对资产阶级的斗争。他再三强调了在国民革命中坚持无产阶级革命领导权的极端重要性。

五卅运动后,帝国主义为了缓和矛盾,居心叵测地召开所谓"关税会议",企图收买一部分资产阶级,分裂反帝统一战线。中国的资产阶级幻想从"关税会议"中争得关税自主。甚至相信段祺瑞政府能够替中国人民争得关税自主的权利。因此,他们是同意"关税会议"召开的。对此,赵世炎一针见血地指出:"希望段政府能办到关税自主,与希望段政府废除不平等条约,是同样的不可能"。只有推翻旧政权,建立人民的政权,才能实现关税自主。他明确指出:"民众的政权,是民族利益的保障。民众的政权旁落在媚外军阀的统治阶级手里,什么民众利益都得不到……什么自主都行不通"。

11月25日,郭松龄倒戈,反对奉系军阀张作霖,倾向革命的冯玉祥所部国民军已占领北京、保定一带。北京的政治形势发生了有利于革命的变化。赵世炎满怀信心地指出:奉系军阀势力已弱,从此易于消灭,为奉系军阀扶持的段祺瑞政府,其人物已鸟兽散易于推倒,数月来民众为争自由,为争民众政权的奋斗,现在得了一个良好的时机。赵世炎及时发出了为民众政权而战的号召。中共北方区委成立了由赵世炎、陈为人、邓洁等人组成的行动委员会,由赵世炎任总指挥。赵世炎在学生中组织了学生军,并在学生军的基础上组织了敢死队,在工人中组织了保卫队,在农民中组织了农民自卫队。

11月28日,由李大钊、赵世炎亲自领导,在北京发动了一场以推翻段祺瑞和建立国民政府为目的的革命斗争。开始是举行游行示威，游行队伍一路高呼着"打倒段祺瑞卖国政府""建立国民政府"等口号。随后游行队伍包围了段祺瑞执政府，赶跑了警察总监，占领了警察总局和邮电局。由于国民党右派的破坏，使这场斗争没有达到预期的目的。然而，正如赵世炎所指出的那样："累年的民众运动，目标没有这么巨大，手段没有这次激进……敌忾心没有这次深刻。"在北京革命运动的影响和推动下，上海、南京、长沙和汉口等地都发生了群众示威活动，同样喊出了"打倒段祺瑞，组织国民政府"的口号。赵世炎号召："从广州到满洲里，全国的民众都要立刻行动起来"，"为争民众政权，争民族解放而战斗"。①

1926年元旦，北京总工会正式成立，天津总工会也恢复了工作。这是北方民众斗争的最大成果。对此，赵世炎在《政治生活》上发表了《庆祝北京天津总工会成立》的纪念文章。他说：北京、天津工人阶级，经过数月来的苦战，终于得到了自由，终于团结起来了，这是值得大大庆祝的。他还进一步明确指出：北京、天津两总工会在今年元旦能出现于社会，不是由于外界的施与，而是全凭工人阶级自己的奋斗。为此，他告诫工人们要谋自身利益和民族解放，必须首先从政治斗争着手，工人阶级的所得完全依赖他们在政治斗争方面的努力程度而定。

在民众革命潮流影响下，冯玉祥所部国民军表现了高昂的

---

① 转引自《李大钊传》第189页。

反帝爱国热情。赵世炎对此十分重视，认为国民军是一支从军阀内部分化出来的一支比较倾向民众的武装力量，国民军的存在与否同中国革命关系很大。为了进一步争取国民军站在民众方面，他亲自到国民军中去做了大量工作。他对这些官兵说：你们在京津战争中所以得胜，完全是依靠了农民的援助。得民者兴，失民者止。国民军应当懂得这个道理。赵世炎为了瓦解反动军阀李景林部队，专门油印一些宣传品，向士兵宣传反帝反封建思想，由他带到天津，再设法散发到军队中去。"三一八"惨案前夕，赵世炎由天津赶回北京。在参加"三一八"示威游行时，遭到反动军阀的镇压，他得以机智地脱险。"三一八"惨案后，北方人民的革命斗争由高潮转入了低潮。赵世炎总结这一时期的斗争说：1925年是中国革命的一年，国民会议、五卅运动和反奉战争是民众运动的三大高潮。现在则开始了帝国主义与军阀联合扑杀国民革命的反动时期。他以革命者的远见指出：压迫愈深，反抗愈烈，"目前白色恐怖的局面……乃是真正的革命的催生符"。① 在当时白色恐怖下，赵世炎化名为"伊壁也夫"，留在天津，继续领导群众坚持斗争。

四

1926年3月，赵世炎代表北方工会组织出席第三次全国劳动大会。会后，中央任命他担任江浙区委兼上海区委（包括江

---

① 赵世炎：《白色恐怖与北方反动政局》，《向导》第152期。

苏、浙江、安徽三省和上海市）组织部长和上海总工会党团书记。他一到上海，就深入到工人中去了解情况，贯彻全国劳动代表大会决议，组织工人罢工，准备武装起义，迎接北伐。

"五卅惨案"周年纪念日这一天，赵世炎亲自在南京路上指挥六万多工人进行示威游行。此举震惊了帝国主义者，敌人慌忙进行武力镇压，但工人群众不畏强暴奋起反抗。事后，赵世炎高度赞扬了工人群众的斗争精神，并指出，今后还需进一步加强团结。5月后，帝国主义及其走狗穷凶极恶地向工人进行反扑，他们剥夺了工人的一切政治权利，并任意开除、逮捕和处死工人，阶级矛盾和民族矛盾进一步激化。赵世炎认为罢工时机已渐趋成熟，上海工人运动应该由去年"五卅惨案"以来的防御转入进攻。只有通过积极的进攻，才能在斗争中进一步把工人团结起来，经受锻炼，为迎接北伐准备条件。在赵世炎和总工会其他同志的具体组织和指挥下，上海工人阶级经济罢工的序幕便由此拉开了。赵世炎及时发表了《上海最近罢工潮》一文，指出了上海工人大罢工的重要原因是由于"米价高涨""资本家向工人的反攻"，"五卅"惨案周年纪念的影响及工人阶级在组织上的团结战斗，批驳了帝国主义和资本家污蔑工人"托词工薪太薄""故意嚣张"等谬论。

6月27日，中外反动派指使淞沪警察厅封闭了上海总工会。赵世炎非常气愤地说："上海总工会虽被封闭，但上海的罢工潮并未止息。这就使帝国主义者、中外资本家都很失望……"他还断言，工人罢工斗争的发展将是不可避免的。因为"帝国主义……要杀人，军阀要制造战争，生活程度高，寒不得衣，饥不得食，为什么不罢工呢？"①

为了使运动向纵深发展，赵世炎指出：还必须把斗争扩大到市政工人中去，如果把水电和公共交通抓到手，对打击帝国主义和资本家影响就更大。他亲自到电灯公司发展党员，建立党支部、工会和纠察队。

7月11日，上海总工会提出上海工人的政治、经济要求十一条，在此目标下，参加罢工的有一百多个工厂企业，七万多职工。罢工从手工业、轻工业到重工业，从市政工人到码头、港口、运输工人，从沪东地区到沪西地区，罢工斗争遍及整个上海。

为了加强党对罢工斗争的领导，赵世炎在区委召开的上海活动工作同志大会上，又作了《组织问题与支部工作》的长篇报告。他在报告中强调指出：加强共产党对中国革命的领导，乃是当前我党在组织工作上的一个严重问题。因为共产党是中国工人阶级的政党，亦即领导中国工人阶级与贫农及一切受压迫民众革命的最高参谋部。要发挥共产党领导作用，关键在于组织。党的组织建设的重点又必须放在支部。因为支部是党的基础，是党在各种社会中之核心，没有社会中各种支部的存在，我们便可以说，我们的党就不算存在。由于党的领导加强了，因此8、9两个月的罢工斗争大大超过了6、7两个月。

面对声势浩大的罢工浪潮，上海中外资本家十分恐慌。他们狗急跳墙，将数百工人开除，使上万工人失业。更有甚者，

---

① 施英：《三论上海罢工潮》，《向导》第161期。

"万里丸"号的日本水手竟秘密杀害小贩陈阿堂。赵世炎很有预见地指出：在最近的将来……上海的罢工运动……将要由经济性的变为政治性的。为了争取运动的顺利发展，赵世炎号召社会各阶级的革命群众发扬"五卅"精神，联合起来，组成革命统一战线，以对付帝国主义和封建军阀的屠杀和进攻。

在上海工人大罢工轰轰烈烈进行时，广东国民军于1926年7月兵分三路，出师北伐。北伐军的节节胜利，使上海更加沸腾起来。赵世炎清醒地看到，国民革命军到武汉后军事的紧张局面，牵动到各方面。在这种局面下，无论其发展趋势如何，中国共产党人的工作原则应该是：（一）帮助北伐军保住其胜利是绝对必要的，同时毫不放松的应发展民众运动，谋民众的利益，开始要求民众的政权；（二）处处发展我党的独立的政治宣传与指挥民众运动……要用最好的统一战线，牵引社会各阶级于政治运动。

1926年10月，北伐军攻克武昌，革命形势有了进一步发展。上海党组织为了配合北伐军夏超部进攻上海，决定举行武装起义，并由罗亦农、赵世炎任起义总指挥。但由于时机尚不完全成熟，致使这次起义未能成功。赵世炎及时指出：起义虽然失败，但对江浙的局势来说，却是根本变动的开端。他说："如果民众运动不能进展，江浙的变动便是不可靠的，只有民众的工作来推动政局，才能成为有意义的变动。"

11月14日，北伐军攻克九江。江浙区委决定抓住时机，毫不迟疑地再次举行武装起义。赵世炎认为：起义要获得胜利，关键在于充分发动群众，争取各方面的革命力量，建立以工人阶级为中心的革命统一战线。应特别重视农民发动工作，十分重视对工人武装纠察队的训练。他先把从各区区委抽调出来分管武装的委员集中起来，亲自给他们讲武装斗争的理论和策略，讲军事操练和打仗的基本知识，并进行实战演习。然后再把这批骨干分别派往各区，由他们负责对各区的工人纠察队进行训练。在各区训练期间，赵世炎经常深入各区进行检查，还向纠察队员们传授射击知识。

就在上海工人阶级积极准备举行第二次武装起义的时候，蒋介石的反革命嘴脸日渐暴露。江浙区委主席团召开会议，专门讨论了蒋介石的政治动向。赵世炎指出：蒋介石要浙江，目的在扩大势力……因此，我们对北伐军的欢迎，不应特别提倡，以免革命群众太信赖他们。

经过充分准备，起义时机逐步成熟。2月18日晚，在罗亦农、周恩来、赵世炎领导下，决定举行上海工人阶级总同盟罢工。罢工一开始，便遭到上海防守司令李宝章和帝国主义的工部局的血腥屠杀。赵世炎愤怒地指出："白色恐怖的屠杀，只有激起红色恐怖的革命。以恐怖答复恐怖，这便是革命的状态"。他又说："上海工人自己没有武装，有之，唯有从敌人手中夺取过来。""武装在军阀手里便是白色恐怖，夺取武装到群众自己手里来时，即革命的武装斗争之爆发"。22日下午，党决定由总同盟罢工转入武装起义。正当战斗激烈急待援兵之时，蒋介石却密令已到嘉兴的北伐军白崇禧部停止进攻上海，这就助长了上海反动派的气焰，致使上海工人第二次武装起义失败。

赵世炎高度赞扬说：虽然这次起义失败了，但它的意义是非常重大的。在这次起义中，上海各社会阶级与各革命政党代表已成立上海市民临时革命委员会。这说明，上海工人阶级已走到为政权而战的战场上了。

3月21日下午4时，上海工人阶级的第三次武装起义，在周恩来、赵世炎、罗亦农等领导和组织下开始了。经过前两次起义锻炼的上海工人阶级，仅以一百五十支破枪和三颗手榴弹，与敌人血战三十小时，终于消灭了三千直鲁联军和两千余名警察，取得了武装起义的完全胜利。

赵世炎对第三次武装起义作了高度的评价。他说："三月暴动在世界革命史中的价值，是写在十月革命后的一页，三月暴动在中国革命史中的位置，是确定中国革命的性质，保障中国革命的胜利，划分中国革命历史一页新篇幅。"

为了确保第三次武装起义的胜利成果，赵世炎对工人纠察队员们说："枪杆子无论如何不能放下，这是我们用血肉换来的。而且我们手里没有武器，工人阶级的利益就没有保障。"

4月12日，蒋介石发动了反革命政变。党内发生了东征讨蒋与继续北伐的争论。周恩来、赵世炎、陈延年等向中央发出一封紧急意见书，指出蒋介石占有京、沪与帝国主义勾结的严重危害，建议迅速出师讨伐蒋介石。

4月14日，党中央派李立三、陈延年、聂荣臻等到上海，传达党中央对上海工作的指示。赵世炎表示坚决执行中央关于"隐蔽力量准备再干"的指示，表示有信心继续武装起义，以迎接武汉东征军的到来。

在蒋介石的反革命白色恐怖下，有一些人出现动摇情绪。赵世炎对这些同志总是给以反复耐心地说服教育和热情帮助。有一次，他费了很多周折找到邮局党支部一位负责人，对他说：你不要害怕，必要时我们可以到农村去，农村是大有发展的。

在极为险恶的环境里，赵世炎无所畏惧，表现了一个革命者的坚强意志。他指出："共产党就是战斗的党，没有战斗就没有了党，党存在一天就必须战斗一天，不愿意参加战斗，还算什么共产党员！"

4月27日至5月9日，赵世炎出席了第五次全国党的代表大会并被选为党中央委员。会后，他又回到上海，在白色恐怖的威胁下，以大无畏的革命气魄，继续坚持领导革命斗争。

五

1927年6月，党中央委派赵世炎代理江苏省委书记，领导上海和江苏地区的斗争。在严重的形势下，叛徒韩步先无耻地叛变了革命，不仅出卖了陈延年和郭伯如，而且还向敌人供出了施英（赵世炎当时的化名）的住址。敌人得知赵世炎是上海工人中最有威望的领袖，决心不惜一切代价要逮捕他。7月2日，他刚进家门就被敌人逮捕。此时的赵世炎，仍然想着战友的安全。他趁敌人翻箱倒柜之机，悄声将王若飞的住址告诉了他妻子夏之栩，要她尽快设法向党组织报告。

在狱中，敌人对赵世炎施尽了各种酷刑，但他坚贞不屈，并把敌人的法庭和监狱当作宣讲台,和敌人展开面对面的斗争。他愤怒地控诉蒋介石甘当帝国主义走狗,叛变革命的罪行,并严厉斥责韩步先的可耻。他向敌人宣告:"你们只能捉到我一个施英,要想从我口头得到半点机密,那是枉费心机。"

在敌人的监狱里,赵世炎时刻挂念着党的工作,关注着工人运动的发展。有一次,他托人给党组织带去一张纸条,请求党组织好好照顾那些失业的工人兄弟,说他们都是党的依靠力量,应当得到党的关怀。他还鼓励监狱里的同志一定要顽强斗争,"不要害怕,越怕越没有希望"。他语重心长地对大家说:革命就是要流血的,要改造社会就必须付出代价。在狱中,他以自己的革命气节和坚强意志,给难友增添了斗争的勇气和力量。

赵世炎被捕后,党从各方面进行了积极营救。但由于敌人狡诈多端,计划未能实现。在最后一次提审中,赵世炎仍然大义凛然地宣传国民革命,宣传共产主义,大骂帝国主义和蒋介石反动派。他满怀革命豪情地指出:"志士不辞牺牲,革命种子已经布满大江南北,一定会茁壮起来,共产党最后必将取得胜利!"赵世炎宁死不屈、视死如归的英雄气概,使反动派感到万分恐慌。

1927年7月19日清晨,赵世炎被押出监狱。他坦然自若地对战友们说:"永别了!朋友们!"随即昂首挺胸,拖着沉重的脚镣向刑场走去。临刑前,他激昂地高呼:"工农联合起来打倒新军阀蒋介石!""中国共产党万岁!"党的优秀战士、伟大而坚贞的共产主义者、年仅二十六岁的赵世炎同志,为了中

赵世炎（前排左二）在巴黎与周恩来（后排右六）等合影

国人民的解放事业，壮烈地牺牲了！

中国共产党机关刊物《布尔塞维克》杂志发表了《悼赵世炎陈延年及其他死于国民党刽子手的同志》的悼念文章。文章说："赵世炎陈延年二同志之死是中国革命最大的损失之一"。称颂"赵世炎是上海无产阶级真实的领袖"，是"上海总工会和纠察队的灵魂"。对于赵世炎的英勇牺牲，和他当年战斗在一起的无产阶级革命家更是悲痛不已，赵世炎生前的老师和战友吴玉章一直怀念不忘，曾赋诗缅怀：

龙华授首见丹心，浩气长虹铄古今。
千树桃花凝赤血，工人万代仰施英。

傅烈

◎ 邓禄田 熊哨空 周木根

傅烈

傅烈（1899－1928），江西临川县（今抚州市临川区）人，四川省早期党组织重要领导人，著名革命烈士。曾与周恩来、邓小平、赵世炎等同为旅欧共产主义组织早期成员。1927年"三三一"惨案后受党中央派遣入川重建中共四川临时省委，对四川党组织的重建和发展有重要贡献。

一

傅烈，原名傅见贤。化名贺德、贺泽、喻伯凯。1899年8月27日，出身于江西省临川县上顿渡镇的一个小商家庭。其父傅善庆，在镇上开办"傅启顺米栈"，经营大米，兼营油盐杂货，并代办邮政，以维持小康之家的生活。

傅烈启蒙于"傅家书院"。读的是《三字经》《百家姓》《增广》《幼学》之类的书。1904年入上顿渡龙津小学堂学习。1909年考入江西省立第七中学。五年修业期满后，父亲送他到九江的"德茂米店"去当学徒。傅烈不愿意学做生意，决定自己寻找职业。他有强烈的求知欲望和为实现理想而奋斗的精神，在九江的高志模范小学任教一年多的时间里，刻苦学习，并于1917年秋以优异的成绩考入九江南伟烈大学。

南伟烈是一座有几十年历史的教会学校，也是帝国主义进行文化侵略、利用宗教麻醉中国青年一代的场所。入校后，傅烈认真学习各门功课，特别注重学习英语，同时开始阅读进步书刊，接触一些进步青年，思想认识有所变化。他在寄给家里的信中，就表达了对于黑暗腐败社会现状的不满情绪："我甚为讨厌学校里基督教的祷告仪式，大小'礼拜'，也看不惯那些见到洋人点头哈腰的奴才相，更憎恨那些在租界上横行霸道的洋人。"

从信件和谈话中，父亲逐渐察觉到儿子"意欲四海"，为了让儿子早日传宗接代、兴家创业，遂于1918年冬中断了傅烈的学习生活。1919年农历三月初五，傅烈与陈彩蓉结婚。

陈彩蓉是一个新女性，毕业于临川县毓灵女子学校初中。婚后与傅烈情投意合，有着共同的理想和追求。傅烈根据英语译音将妻子的名字改为"陈才用"。并且告诉她，自己也改名为"傅烈"。就是将来要干出一番轰轰烈烈事业来的意思,这对青年夫妻就这样开始了新的生活。

傅烈的父亲为了让米栈更加兴旺发达起来,通过熟人的关系,于1919年5月又把傅烈送往上海吴长泰机米厂去做学徒。

二

五四运动,揭开了中国反帝反封建的民主革命的新的一页。傅烈一来到上海,就被这一波澜壮阔的爱国民主运动深深地触动着,影响着。他不愿意也无心在吴长泰机米厂做学徒,而是和上海的一批有志青年投身于刚刚兴起的留法勤工俭学运动。不久,他参加留法预备班的学习。1919年11月,他拍电报请求父亲准备三百元旅费,并写信回家表明自己去法国寻求救国救民真理的决心。

父亲接到傅烈的电报和信以后,气得摇头叹息:"要飞了,我等于白生了这个孩子。"表示决不同意儿子出国求学。傅烈12月回家过年时,父子俩大吵一场,一分钱也未拿到。好在陈才用已经暗暗地卖掉陪嫁的五亩田和自己的首饰,凑齐了三百元。元宵佳节一过,傅烈立即动身返沪,作出国的准备。

1920年5月9日中午11时,傅烈登上了法船"高尔提来号"准点起航。他站在甲板上,向着码头送行的人们含泪挥手,告别了祖国和亲人。

这是第十二批学生赴法,人数很多,条件极差。舱内地方狭小,空气污浊,饮食粗劣。于是,第二天开会,选举赵世炎、傅见贤（傅烈）等十余人组成"航海自治团"。

赵世炎和傅烈等自治团成员积极为大家办事，圆满解决了"改良饮食，打扫卫生，照料病人，看守舱内，供应茶水"等许多问题，并且组织了"学术谈话部、法语练习部、音乐部、新闻部"。由于他们的有效组织和合理安排，把"刚刚离开祖国的一百多人，在波涛万状的大海中，作有秩序的生活"，"直把一团愁闷的空气变为十分兴趣了"，使大家"精神上得着许多愉快"。

"高尔提来号"从上海起程，历时四十天，航程三万里，于6月15日到达法国马赛港。16日夜11时到达巴黎。傅烈和"自治团"成员，又协助前来接待的巴黎华侨协社招待员，做好搬运行李，填写学生履历表，报告分布之学校及姓名。最后，他才乘车前往"刚福朗司公学"就读，后转入"蒙达尔男子公学电机科"学习。

留法学生大体分为官费生、自费生、俭学生、勤工俭学生四种。傅烈属于勤工俭学生。他一方面在哈弗乐工厂作机械工，一方面在蒙达尔公学补习法文，学习电机专业知识。

1920年2月，李维汉、李富春等发起组织了"勤工俭学励进会"，次年8月改名为"工学世界社"。傅烈是第一批成员。九十月间，傅烈参加了经蔡和森赞助，李维汉在蒙达尔中学召开的全体社员大会。会议期间，他仔细阅读了蔡和森用纸抄好的贴在会议室墙上的《共产党宣言》。在热烈的辩论中，傅烈赞成以信仰马克思主义实现俄国式的社会主义为"工学世界社"的宗旨。

1921年，进步的留法勤工俭学学生为了争取学习、工作、生活等权利，发动了"二二八"请愿、"反对中法借款""占领里昂中法大学"三次重大斗争。每次斗争中，傅烈都和同学们一道，站在运动的前列，冲锋陷阵，同迫害和镇压勤工俭学学生的陈箓、吴稚晖、李石曾等人和法国反动当局进行坚决的斗争。激烈的斗争实践，锻炼和考验了他，促成了他的新觉醒。在斗争中，傅烈又结识了周恩来、赵世炎、邓小平、李维汉等一批共产主义者，受到他们的启发和帮助，使他逐步地掌握了科学社会主义的原理，确立了共产主义信念，也明确地认识到建立一个严密的战斗性强的共产主义组织的必要性。

傅烈是旅欧共产主义组织"中国少年共产党"的早期成员之一。1923年2月，"少共"召开临时代表大会进行改组。决定加入中国社会主义青年团，改名为旅欧共产主义青年团（中国社会主义青年团旅欧支部）。大会选出了新的五人执行委员会，由周恩来任书记。傅烈是社会主义青年团直属巴黎支部的支部书记、旅欧总支部的成员。1924年，傅烈在法国加入中国共产党。从此他由一个普通的爱国青年，成长为一个共产主义战士。

由于革命形势发展的需要，旅欧党、团组织从1923年起有计划地分批选送骨干成员去莫斯科东方劳动大学学习。1924年10月间，傅烈和聂荣臻、蔡畅、饶来杰等二十多人到了列宁的故乡。

三

在苏联东方劳动大学的革命熔炉里，傅烈系统地学习了马克思主义、共产主义运动史、俄国十月革命史和苏联红军的政治工作经验，提高了理论水平，增长了斗争才干。1925年夏，傅烈奉命回到阔别六年的祖国，任国民革命军第三军政治部秘书。

国民革命军第三军是在军阀部队滇军基础上改编的军队。为了有效地改造该军，党代表兼政治部主任朱克靖（刚从苏联回国）和傅烈共同商量，决定采取三条措施：一、委派新来的一批共产党员，担任全军各团、营的政治指导员，建立各级党代表及各级政治工作机构；二、开办第三军军官学校；三、定期对官兵进行政治教育。他们刚从苏联回国，带来了苏联红军的优良作风，处处以身作则，严格要求部队，很快促使该军出现了新的面貌。

1925年10月，盘踞海南岛的军阀邓本殷依仗英帝国主义的支持，乘国民革命军第二次东征之机，进犯西江，直至江门，危及广州。为了铲除障碍，巩固革命根据地，实现孙中山先生的遗愿——统一广东全省，进而北伐的宏图，第三军奉命出师南伐。朱克靖和傅烈一方面帮助第三军军长朱培德指挥进剿，一方面领导政治工作人员向士兵和群众做宣传工作。傅烈总是带领政工队随同先头部队行动。他们每到一处，不顾劳累召开群众大会，发表演说，揭露邓本殷勾结帝国主义的罪行，宣传革命军队不扰民、不拉夫、公买公卖的严明纪律。官兵英勇作战，又得到广大群众的大力援助，12月20日，一举攻克琼州城（海南岛）。邓本殷泛舟而逃，其余残部均经收编缴械，取得了南伐的伟大胜利。

1926年春，国民党右派阴谋破坏国共两党联合阵线。中共两广区委立即召开会议，认真研究对策。会上，区委书记陈延年委派刚从苏联学习回来的傅烈组织一个情报机构，负责搜集国民党各方面的情报。

接受任务后，傅烈带领一个情报小组，奔跑于广州、黄埔、东莞、石龙之间。他有时西装革履，出没于茶楼酒馆；有时戎装佩带，进出于军港要塞；有时青衣小帽，往来于平民百姓之家。他充分发挥同志们的机智勇敢和集体智慧，搜集到许多有关方面的情报，并一一报告区委，为区委正确判断形势和确定方针政策，提供了可靠的依据。

在蒋介石发动"中山舰事件"时，第三军军官学校教育长熊式辉在广州包围了第三军政治部。傅烈当即领导政工人员进行针锋相对的斗争。这时，朱克靖和朱培德正在陪同外国顾问视察部队，得到消息及时赶到，制止了事态发展。事后，傅烈和朱克靖据理力争，迫使朱培德忍痛撤了熊式辉的职务，并对政工人员进行了慰问。

四

1926年7月，国民革命军誓师北伐。第三军进驻攸县、醴陵地区。9月5日，第三军向萍乡守敌唐福山部进攻，唐部不战而退。第三军跟踪追击，6日占领萍乡，7日占领安源，12日占领宜春。其后，猛攻高安，18日占领该城后，乘胜进逼南昌。

进军中，傅烈和士兵同甘共苦，带领政治部的宣传员打前站，宣传北伐宗旨和军队纪律，明确申明不勒索给养，不拉夫派役，不强占民房，买东西照价付款，到处张贴"打倒帝国主义""打倒封建军阀"等标语，发动和组织群众，开展革命斗争。第三军纪律严明，官兵政治目标明确，所到之处，锣鼓喧天，群众夹道欢迎。据当时报载："革命大军到处，民众相望于道，麻市等地更鸣鞭炮欢迎，设备茶水之处尤多，馈送饭食者亦复不少"。"当麻岭之敌未退时，民众蹲坐在近山侧，愿为革命军引路"。"萍乡之敌未退走时，曾由民众截获其步枪若干支，子弹百余箱，均呈缴我军军部"，"旋又造出革命大军早晚必至之空气，而唐逆遂不战狼狈奔走矣"。在攻占宜春时，同样得到宜春人民的积极支持。"民众因欢迎我军太早，适逢该军（指敌军）败退，致被敌人枪杀数人"。"人民极力帮助我军，乡间则备土枪土炮助威，或准备截击，城市则协同捕获俘虏枪械，又各家设备茶水一缸，以饷我士兵"，这种种气氛，极大地鼓舞了广大官兵的革命热情。

10月初，北伐军第二次围攻南昌，第三军向牛行车站出击。该处有军阀孙传芳的四个混成旅把守。第三军第七、八两个师与敌激战三天三夜，双方伤亡很大。敌人为使我军在城外无处隐藏和切断群众的支援，赏大洋两万元，命令工兵营四百余人，用水龙头注射煤油、硝磺等放火，将惠民、章江、广润、德胜门外等商店民房尽行烧毁（古今闻名的滕王阁也被烧毁）。与此同时，敌军后续部队又利用铁路运输的便利条件源源开到。第三军只得作战略上的暂时撤退。这时一些旧军官争先逃命，一时队伍纷乱不堪。傅烈和朱克靖领导政治工作人员挺身而出，指挥部队，才稳住阵脚。事后，军长朱培德感叹地对他们说："我这班军官可以说是身经百战的，现在看起来，还有点不如你们那班青年学生"。

11月8日，北伐军再次攻下南昌后，第三军留守江西。傅烈任江西省政府秘书，仍兼任第三军政治秘书。11月，中共江西地委升级为省委，刘九峰为书记，傅烈为组织部长并负责军事。在第三军军内，傅烈是党的支部书记。因为当时共产党的活动是公开的，而组织是秘密的，所以，傅烈在党内的职务没有公开。随着北伐军的胜利，傅烈的爱人陈才用从广州迁来南昌。傅烈一家和李富春、蔡畅同住建得观14号。这为他们在一起商量研究工作提供了有利条件。不久，陈才用生下一个男孩，取名叫傅锡荣。1927年5月，傅烈调党中央军委工作。

五

大革命失败后，党中央根据四川"三三一"惨案发生后省委主要领导同志（书记杨闇公、组织部长冉钧等）被杀害，干部星散，机关瘫痪，工作陷于停顿的现状，决定派傅烈、钟梦侠、周贡植、刘大元和刘披云五人去重庆建立中共四川临时省委。7月中旬的一天，傅烈在党中央的一个机关所在地，召集周贡植、刘披云、刘大元、钟梦侠四人开会,说明了党中央的决定,讨论了工作计划,商定刘披云留下等"八七"会议文件,其他四人分别到重庆,在钟梦侠家里接头。

一路上,傅烈动员散失在武汉、宜昌等地的川籍同志返回重庆。在宜昌,胡平治和陈翰屏等碰上傅烈,询问武汉的情况。傅烈说:"武汉汪精卫政府背叛革命了。你们到武汉,回四川都可以。到武汉的可开介绍信,回四川的安排工作"。听了傅烈的亲切谈话,许多人都乐意返回家乡闹革命。

抵达重庆,傅烈就在神仙口街一个小院子里,建立起临时省委机关。为了安全,他们装扮成一家人:傅烈是大哥,周贡植是二哥,朱挹清是老三,童文玉假称是大嫂,贺学礼则住在小院最外边的一间小屋里,担任瞭望任务。

傅烈采取坚强有力的措施,迅速打开了四川工作的局面。

第一,1927年8月中旬,建立了中共四川临时省委。9月,召开临时省委第一次会议。第一天,由刘披云传达"八七"会议文件。参加会议的同志,热烈拥护中央紧急会议的各项决定。第二天,傅烈主持会议,决定两件事:一是分工,傅烈任书记,二是派人到各地清理和恢复党的组织,传达"八七"会议精神,开展党的工作。

10月13日,临时省委在重庆召开紧急会议,讨论贯彻中央紧急会议决议以及中央对临时省委的指示与批评。22日,四川临时省委通告各地党部和全党同志,贯彻临时省委紧急会议的决议。25日,临时省委发出特别通信第一号,对过去党内的思想倾向和组织上的散漫现象提出批评,并作出了纪律规定。

第二，为了充实省委力量，任周贡植（留法学生）为组织部长兼管"农运"，刘披云为宣传部长，牛大鸣（武汉农讲所毕业）为秘书长，郑鼎勋（四川学联主席，出席全国学联会代表）负责"学运"并协助搞"工运"，把号称"四川才子"的张秀熟和青年知识分子任白戈调省委工作。

第三，整顿和发展党的组织，积极慎重地发展党员，恢复和开展党的活动，建立了新旧党员详细填表、严格审查的制度。规定每周填写生活报告表，包括思想意识、革命活动及学习情况，向上级汇报，取得了上级指示和适当批评。这种严格的教育制度，很快地消除了党内的悲观、动摇情绪，巩固和发展了全川党的组织。

第四，贯彻"八七"会议精神，宣传、组织和发动武装暴动。1927年10月，临时省委下发了关于《职工运动决议案》《妇女运动决议案》《学生运动决议案》。傅烈强调："组织暴动，实成为各地党部刻不容缓的工作"，"迫切的急待我们去领导，更要我们加紧工作，立即快马加鞭做去"，开展"各种斗争，爆发不论大小的群众武装斗争，进一步达到在较大范围内形成更大的总暴动"。

第五，开展革命的宣传与鼓动工作。傅烈认为："宣传工作之重要实不亚于军事，尤其是我们被压迫阶级之唯一武器。过去，苏俄曾以此战胜一切帝国主义，我们亦善于利用此唯一的武器，以战胜一切敌人。"他要求大家从几个方面做好宣传工作；对内，应有大规模的政治宣传工作；对外，亦应有大规模的宣传队之组织，对动摇游移的广大下层小资产阶级群众，亦完全靠宣传工作,去吸引他们,使其热烈的来参加土地革命。

1927年10月27日,临时省委党内刊物《四川通讯》在重庆创刊,每期分两部分。第一部分刊登中央和省委的决议、指示、通告,以及省委编写的政治通讯、宣传材料,第二部分刊登中央通告、决议、政治报告等重要文件。

傅烈以无产阶级的革命气魄,雷厉风行的作风,把四川一时处于停顿状态的局面,迅速地扭转过来了。

六

1928年2月10日至15日,临时省委在巴县铜罐驿周贡植的家里,召开了省委扩大会议。出席会议代表都是临时省委指定的,来自成都、重庆、川南、江津各地,团省委负责人列席,总计二十余人。会议着重讨论并通过了由傅烈亲自起草的《四川暴动行动大纲》,并决定由大会颁发到各县县委。会议正式选举产生了中共四川省第一届委员会(以前称"四川地方委员会")。选出刘愿庵为四川出席中共六大的代表,刘远翔、刘披云为候补代表(未出席六大)。会议选出省委组成人员:省委书记兼军委书记傅烈、组织部长周贡植、宣传部长刘披云、秘书长牛大鸣,委员张秀熟、郑佑之、刘成辉、周敦婉(女)。

《四川暴动行动大纲》共计一万八千多字,分为十六个部分,对暴动的意义、条件、目的、性质、形式、时机、区域及暴动的旗帜、口号、宣传与鼓动工作、组织工作、军事计划、政权问题等方面，都作了详尽的阐明和明确的规定。

川东特委根据临时省委的指示，决定在万源、宣汉、达县一带建立赤区。这里有个名叫李家俊的青年，肄业于上海同济医学院，旋而赴北平，由沪返川。他在五四运动后，积极宣传新文化，创办进步刊物《萼山钟》，并于1927年10月加入中国共产党。1928年春，他在万源城南的固军坝宣布起义，成立了川东游击军第一支队。几个月时间，李家俊率领的队伍，发展到一千多人。

在省委和傅烈的领导下，四川各地的武装暴动，如雨后春笋般爆发起来。

七

根据工作需要，傅烈的爱人陈才用也从江西来到重庆，住在响水桥21号楼上。陈才用初次来渝，很想夫妻俩一同看看山城风光，可是，对傅烈来说，一分一秒的空闲也是难得的。1927年腊月三十夜，外面爆竹声声，灯火通明，家家都在过年。陈才用一个人坐在屋里感到非常烦闷，等到很晚傅烈才回来。陈才用深情地说："要是在家里多好，锡荣也会笑了，会叫爸爸妈妈了。"话音刚落，傅烈低声说："墙上大衣袋里有一封信，你看看。"陈才用一看信，顿时悲痛欲绝，原来儿子锡荣已在江西老家病死了。傅烈安慰陈才用说："我还有事要出去一会儿，你不要太伤心，要看远点。将来革命成功了，大家都幸福。再说，我们还年轻，以后再生一个就是了。"傅烈就是这样把全部的心血倾注在革命事业上。

傅烈非常关心干部，也更加注意在实际斗争中考察干部。

团省委书记彭兴道不经上级同意，自作主张，在团的组织机构内成立工农商部。任白戈以共青团川西特委的名义向团省委写报告，不同意这种做法。彭竟以反对团省委的"罪名"撤销了任的职务。傅烈经过调查，弄清情况后，把任白戈调省委任秘书。肯定任白戈的意见是对的，严厉批评了彭兴道打击陷害同志的错误行为。

1927年冬，省委接到邻水县委要求举行农民暴动的报告。傅烈召开会议研究，决定派任白戈和黄埔军校毕业生任纯如前往指导。临行前，傅烈对任白戈交代了任务和工作方法，并送给他一本《暴动的艺术》小册子。任白戈等人经过调查，发现邻水组织比较涣散，群众政治觉悟程度也不高，根本没有暴动的武装力量和思想准备。邻水县委书记陈俊山要求暴动，完全是出于对敌人的切齿仇恨，凭个人血气之勇。因此，任白戈如实地向省委作了报告。这份报告，震动很大，遭到了一些同志的非议，有的甚至指责说任白戈思想右倾，胆小怕死。傅烈认为：任白戈是否右倾，不能因他写了"停止邻水暴动"的报告，而要看他提出的问题是否合符事实。为了既不丧失良机，又不盲动蛮干，傅烈又派危直士和刘愿庵去邻水。经过他们再次深入调查，得出了与任白戈同样的结论。傅烈当机立断，指示邻水县委：暴动暂不举行。事后，他表扬了任白戈实事求是，坚持真理的革命精神。

傅烈从各方面情况得知，涪陵的农民运动搞得轰轰烈烈。

1928年1月,他派彭兴道以特派员的身份去涪陵巡视工作。当时,涪陵举行武装暴动的条件已经成熟。可是,彭兴道不但不协助涪陵县委组织暴动,反而公开进行阻挠,说:"我是特派员,涪陵县委接受我的指挥。我在内部反对武装暴动"。致使暴动无法举行。傅烈得到情况报告和涪陵县委对彭兴道的揭发,立即带领省委调查组前往涪陵,一方面帮助涪陵县委迅速举行武装暴动,另一方面调查彭兴道的严重错误事实上报中央。后来,彭兴道被撤职。

傅烈的工作作风和领导作风,表现了一个共产党人大公无私、艰苦朴素、无所畏惧、光明磊落的高贵品质,受到四川省广大干部的尊重和敬佩,消除了在革命斗争中遗留的干部之间的一些隔阂,使大家都紧密地团结在省委的周围。至今还有不少同志对他记忆犹新。张秀熟说:"傅烈是一个有学问、有才能的领导干部。他对党忠诚,执行党的指示坚决,创建了第一届四川省委。"任白戈说:"傅烈处理问题英明果断、扶持正气、打击邪气,对待同志亲热关心,但是讲究原则。"包惠僧说:"傅烈有风度、有魄力,接受任务愉快,完成任务出色。"郝谦说:"傅烈工作细致,平易近人,没有架子,考虑问题周密。"朱近之说:"傅烈讲话作报告,把问题讲得非常明确,说服力强,他的革命热情令人佩服。"刘九峰说:"傅烈看问题比一般人站得高,看得远,分析问题精辟透彻,他总是废寝忘食地工作。"朱挹清说:"傅烈热爱同志,艰苦深入。他知识渊博,说话道理深入浅出,语言诙谐风趣。"危石顽说:"傅烈很忠诚,是党的优秀知识分子。他坚决执行党的指示,但又不机械、盲动。"饶来杰回忆说："傅烈是江西留法勤工俭学学生的首脑，也是我在法国加入社会主义青年团的介绍人。"刘披云回忆道："傅烈同志很有地方党领袖风度，善于团结干部，大家对他非常尊崇佩服。"

八

重庆是西南的政治、经济、文化中心。建设好重庆市一级的党委，对于开展党的工作和武装斗争，减轻省委压力，让省委抽出力量抓好全省工作，具有十分重要的意义。傅烈为此而日夜操劳。他准备先召集重庆、巴县、江北的部分党员干部（特别是刚从武汉农讲所学习回来的陈仲瑜、袁兴信等同志），到磁器口高店子吁克猷家开会，先商量研究。会前，傅烈写信给吁克猷："升堂：我们决定巴县同学来商议一下今后我们的事务，斟酌的结果，定在你那里举行。时间，正月初九、初十两日。我们是初九日早动身前来，但同学等大约在初八日即到一些，我们亦于初八日有一人来。同学来的有铜罐、同兴、龙凤，静观、两路及城内外，总共约十七八人。现请你注意的是睡处，或于附近同学家，或在场上栈房交涉。我们是来拜年的，你可做春酒。大约要于初十日午后我们才散。初十上午，请你通知你处全体同学来会一次。"

经过紧张的筹备，建立巴县县委（即重庆市委）的条件成熟了。傅烈以"渝一组织"向每个参加会的同志发出通知："经省委决定：组织县委，并指定你为县委×××，定于3月9

日在话语楼8号开成立大会,希按时出席"。"话语楼8号"即兴隆巷8号。这是刘湘部下师长郭汝栋的妹夫傅秉勋(当时是党员)的房子。他俩常住涪陵,楼房空着,只留下一个保姆看守。于是就把它作为党组织的一个临时招待所,有时还在那里开会。3月9日,傅烈、周贡植前往主持会议,下午2时,人尚未到齐,突然一伙警察闯入屋内。据当时报纸报道:重庆市公安局龙王庙所员冉子泳带着两名警察到该处收工巡捐。他们"见有人入内,即至呼喊,旋有庸妇答无人在家。巡察疑其有异,入内忽见一屋紧闭,乃呼开门,无人答应,见有人从窗内跃逃,当即鸣哨召来许多警察包围了这座院子,撞门而入,拿获青年八人。"当天下午又逮捕了周玉书、郑昌华(实错捕郑昌仕)、汪荣三人。事情发生后,成都党组织收到电报:"三哥病故,信款停寄"(三哥即施三省,是四川省之谐音)。

事件发生后,傅烈暗地联系一同被捕的同志,要统一口径,称作商人,要坚强,用生命保护组织和同志。3月10日下午,敌人将他们移送卫戍部,当晚由王陵基亲自审讯,先审的是傅烈和吴永初。傅烈当即化名贺德、贺泽、喻伯凯,坚称广东人,并以粤语答话。

狡猾的敌人软硬兼施,用尽各种毒刑。傅烈受刑最多,最重、最久。先用煤油灌进他的嘴里,再用铁丝穿着两个大拇指吊起来,拇指关节都扯脱了,绳子断了几次,上顿板刑,又吊打,几次脱气。傅烈受尽严刑拷打,折磨得昏死过去又醒过来,当敌人逼他的口供时,傅烈斩钉截铁地说:"砍断我的头颅,也休想从我身上得到你们需要的片言只字!"

在狱中，傅烈惦记着党和同志们，曾两次通过地下党员士兵送信给组织，告诉需要转移的材料和事后的安排。同时，他还写了两封家信。一封信给父亲："我这次牺牲并不出乎意外，父亲不必过于悲伤……我自问没有什么对不起家庭的地方，但是使你现在十分悲伤。我并不悲伤，若干年后，你一定会理解。"另一封信给妻子陈才用："你是知道我怎样死和为什么而死的？你要为我报仇，要继承我的遗志，为党的事业奋斗到底！"

在狱中，傅烈教育同志们"要顶住，要像铁板一块！"他与士兵接触，"士兵也听他的话，还给他拿送衣服。官长不在时，他还细声教唱《国际歌》《少年先锋队歌》"。"当时刘湘军部的一些参谋、秘书说：'一个江西口音的最顽强'"。

党组织不仅利用重庆的力量，而且通过武汉、南京、上海的力量，进行多方面的营救。但当时国民党当局采取"宁错杀一千，不放走一个"的极端恐怖政策，经办此案的那个杀人不眨眼的恶魔，21军政治部主任戴弁，竟突然将傅烈等九人判处极刑，傅烈视死如归、坚贞不屈，表现了一个共产党员的英雄气概。就连当时国民党的《国民公报》也不得不报道："首点其所谓中央共党特派员贺泽（傅烈）者上，贺年二十余，身体甚伟壮，发长寸许，头圆而大，应点时到字特别声高"。"押贺泽、喻伯凯等九名，出卫戍部，经新丰街、陕西街、过街楼、至朝天门外，该共党沿途高呼'打倒帝国主义'口号。"1928年4月3日12时40分，傅烈在朝天门外壮烈牺牲，年仅二十九岁。同志们将傅烈的遗体安葬在重庆市南纪门外马家店大山垅（江西会馆）。

不久，党中央派到四川任军委书记的李鸣珂和他的助手李觉民，怀着要为傅烈报仇的强烈感情，9月24日上午潜伏在斌升街衙门口，等到12时，戴弁坐着四人抬的青纱大轿经过时，两人各持手枪，同时从轿背向轿内开枪，恰恰打中这个大特务头子的心脏，惩办了这个罪大恶极的刽子手，广大人民群众拍手称快。

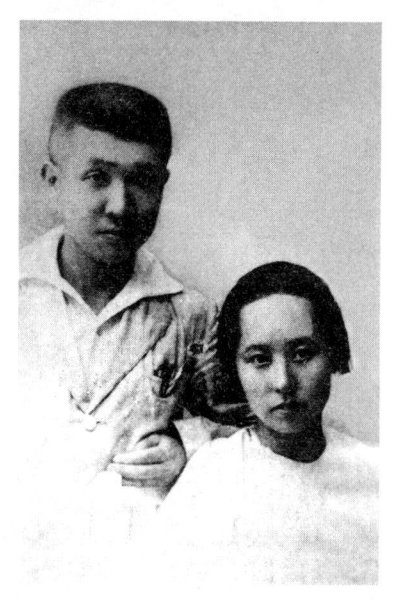

傅烈和妻子陈才用的合影

为了表达对烈士的深切怀念，中共四川省委慰问团，于1978年11月5日专程来到南昌，亲切地慰问了傅烈的家属。临别时，慰问团负责人张秀熟在陈才用笔记本上写道："四川人民无限怀念四川省委第一任书记傅烈同志！"

张曙时

◎ 乔毅民　阚孔璧

张曙时（1884—1971），是共产党队伍中一位久经锻炼的老战士。他从1909年参加革命，到1971年因病逝世，先后经历了旧民主主义革命、新民主主义革命、社会主义革命和社会主义建设三个历史时期。在漫长而曲折的道路

张曙时

上，他永不停步，一步一个脚印地往前走，在烈火中升华，在磨炼中成熟。他从向往革命到三民主义的信徒，进而成为坚定的无产阶级战士，把自己的一切无条件地献给了党和人民的壮丽事业，用自己艰苦的实践，写下了光辉的一生。

冲破牢笼，走向革命

　　江苏省北部的睢宁县是个比较贫瘠的地方，离县城不远的东乡有个张家圩，1884年11月，张曙时就出身在这里的一个封建地主家庭。他家有田百亩左右。父亲张俊哲是清朝"监生"，叔父张敏麟则是一名"贡生"。在这样的环境中，不用说物质条件是相当优越的。况且他又是独子，从小受到父母的溺爱，特别是老祖母更把他当作掌上明珠，不肯让他离开身边半步。因此，直到八岁，家里才专为他聘请了一位私塾老师启蒙教课，从《三字经》《千字文》开始，继而是"四书""五经"，以至唐诗、宋词，整整地读了七年。他十五岁时，参加童子试和八股试帖，十九岁又去应试科场。所有这一切，对少年时期的张曙时来说，无异乎置身于无形的牢笼，整个身心和思想都被禁锢起来，难以呼吸到自由的空气。

　　当时，帝国主义正对我国加紧侵略，列强的魔爪伸向广大城乡，灾难的阴影笼罩着神州大地。丧权辱国的不平等条约充分暴露了列强毫无止境的贪婪，也揭穿了清朝政府的极端腐败。中国向何处去？人民的出路在哪里？民族的危亡又如何解救？这些现实而尖锐的问题，在张曙时心中引起了难解的苦闷。正在他彷徨不定的时刻，康有为、梁启超所鼓吹的变法维新思想逐渐传播开来，《汇报》《清议报》《新民丛报》《中国魂》等报纸杂志相继问世。他们宣传反清，论述变法，大造革命舆论。这种新思潮，在"万家墨面没蒿莱"的黑暗社会中，犹如划破夜空的闪光，产生了强烈的反响，恰在这时张曙时因外出应考，得有机会直接接触到这些新的思想观点，并很快就被吸引住了。他到处寻找这类报刊阅读，甚至把身上的钱也全部拿来买成新书带回家去阅读。尽管他的叔父对此十分不满，当面申斥，大骂"康梁的书是圣贤的叛逆"，严令不准再看，他仍偷偷地学习着、思考着，在他那久冻的心海里掀起了层层波澜。他暗暗下定决心，再也不能像过去那样生活了，应该走新的路！当苏州办起第一所"洋学校"——师范学堂时，他就兴致勃勃地去应考。虽然由于他脑子里装的旧书太多而没有考取，但弃旧求新的志向却越发坚定了。落考的打击，祖父和叔父的痛骂，不准出门的限制，聘媒娶妻的束缚，都动摇不了他前进的勇气。就在结婚的第二天，他便从家里偷跑直奔县城，考上睢宁高等学堂，自此开始了新的生活。

睢宁高等学堂的学习，比起枯燥的私塾生活来，自然要好得多，特别是新的科学知识不断地开拓着张曙时的视野。但他并不以此为满足。尤其当他发现"监学"和县官相互勾结，共同贪污学堂的经费时，就大胆地站出来揭露，并联合许多同学出名控告，给了那些家伙以有力的打击。但他也以"乱党嫌疑"的罪名被学堂开除，还扬言要抓起来法办。在这种情况下，他只好暂时回家，另谋新策。

康梁的"变法"虽然遭到失败，但其思想影响却仍在激励着张曙时。1906年秋初，在一些同学的邀约下，他冲破种种阻挠，东渡日本留学。在那些日子里，他一面亲眼看见了明治维新给这个岛国所带来的巨大变化，一面思考着半殖民地半封建中国的未来。

可是好景不长。张曙时出国留学的行动,却受到了封建家庭的坚决反对。他在寒假归国返家时,被祖父痛打了一顿,关在家中,三天不给饭吃。这样,再去日本读书的打算便化为泡影。但他并没有被这种巨大的压力所屈服,仍继续策划着另外的出路。不久,从好友们那里传来了新消息——南京两江师范学堂开始招生。这座古老的名城早已把他吸引,革命党人的活动,各种新思潮的广泛传播,更令人向往。他再也不能容忍旧生活的束缚,决然要冲破封建家庭的牢笼。他悄悄从家里偷跑,连夜奔往南京,甚至连随身的衣物和零用钱都没有带上。考入南京两江师范学堂后,虽然学习紧张,生活也很艰苦,但眼界开阔了,思想活跃了。每逢余暇,他总爱漫步江边,凝神远眺。那西来东去、奔腾不息的万里大江不正是我们伟大中华民族的象征吗?一个有志于国家和民族的青年人,也要像滚滚东流的江水,勇往直前啊!

一个青年人的追求总是多方面的。刚在两江师范学堂读了一个学期的张曙时,又开始被法律学所吸引。1908年9月,他考进了南京法政学馆(又叫法政讲习所)。翌年毕业后,再考入两江法政学堂,攻读法律专科。

1909年的中国,到处都在酝酿着革命运动,心向共和制度的气氛弥漫全国,重镇南京尤为沸腾。宣传新思想的报刊比比皆是,议论革命的言论处处可闻。两江法政学堂的许多教师都是留日学生,他们反对封建制度,抨击清朝统治的黑暗,推崇西方的资本主义民主,公开宣传革命,推翻清王朝。这样的政治环境和大势所趋的革命潮流，使他越来越看清了封建制度的黑暗，心向民主共和，从而推动自己走上了革命道路。恰在这时，"同盟会"负责长江流域革命运动的北赵声到了南京，开展新兵工作。他得知这个消息，喜出望外，立即去找到北赵声，激动地倾吐了自己对革命运动的真挚感情，提出了参加"同盟会"的强烈要求。当他的要求被批准后，就在这一组织的领导下，开始了革命生涯，积极投身到"驱除鞑虏、恢复中华、建立民国"的火热斗争中去。

孙中山革命政策的捍卫者

张曙时从1909年加入"同盟会"后，就负责南京学生界的宣传和联络工作，发动青年参加革命。到1911年3月末，革命党人发动的广州黄花岗起义遭受失败，长江流域的形势急转直下，时局突然变得紧张起来。继《苏报》被停刊之后，《民主报》又遭到查封，清政府还急调驻南京的张人骏、铁良、张勋等部压迫第九镇新军，不给子弹，并强令开出城外，以防起事。与此同时，清军还在城内大肆搜捕，妄图扑灭已经燃烧起来的革命烽火。但历史的潮流是阻挡不住的，南京等地的反抗运动还没有被镇压下去，武昌城里的武装起义又爆发了，而且规模更大，来势更猛，紧接着，全国各地纷纷响应，空前汹涌的革命浪潮，激励着张曙时的斗争热情，促使他以更高的积极性去推动革命的向前发展。在那些令人难忘的日子里，他废寝忘食，日夜奔走。先是赶到江北策动蒋雁行十三协率部宣告对清独立，接着又奔赴徐州，力促张连光举起革命义旗，后来还亲自去浦口，组织学生军数百人，会同粤、沪、苏、浙等各路起义军围攻南京，打垮了敌人，推翻了旧政权，建立了临时政府。在新政权的筹建过程中，他参加了有关工作，并担任司法筹备处秘书职务。

1912年夏天，南北议和告成，原来的两江法政学堂改为法政大学。张曙时为了完成最后一个学期的学习，便离开上述工作岗位，回到这所学校继续读书。大学毕业后，即被江苏省高等法院委为邳县学习推事，第二年任正式推事。

这时，窃国大盗袁世凯利用权势和狡猾手段篡夺了辛亥革命的成果，拼凑起了他的反革命政权。为了巩固其反动统治，进而恢复帝制，袁世凯加紧了对革命力量的镇压。一方面，从山东调张勋军数万人进行"南征"，在打败革命军第三师冷遹部，占领徐州后，又沿着津浦路进兵，并攻陷南京，大肆烧杀奸淫，无恶不作；另一方面，又在各地搜捕国民党员。张曙时也受到反动派的通缉。但他并没有被反动气焰所吓倒，而是坚决地参加到反袁、护法的斗争行列中去。在山东的潍县、沂州和江苏的徐州等地，他组织和发动了多次的倒袁暴动。当孙中山到广州举起"护法"的旗帜，组织护法部队时，他又赶到那里，参加了护法联军，在护法军总部李烈钧总司令部担任秘书，积极从事组织部队工作，同时参加了孙中山组织的中华革命党。由于以孙中山为首的革命党人和其他反袁力量的共同斗争，全国人民的齐声反对，终于粉碎了袁氏黄袍加身的美梦。

随着革命势力推向长江流域，张曙时又重返南京，任中华革命党南京支部长。1918年，该党改名为中国国民党，他即参加进去，到1921年底，在老友徐在兹的推荐和师生的要求下，他到南京建业大学担任校长职务。在任职的三年中，他克服了经济上的许多困难，关心师生生活，实行民主管理，用师生合议制代替校长的个人独断，受到大家的拥戴。后来，国民党在上海召开党员大会，他出席这次大会后，被委任负责南京的国民党党务工作。

在中国共产党统一战线政策的推动下，经过共产国际和中国共产党人的大力帮助，孙中山逐步完成了对国民党的改组工作，并在这一基础上，召开了具有重大历史意义的国民党第一次全国代表大会，接受了中国共产党的正确主张，确定了联俄、联共、扶助农工的革命政策，赋予了三民主义以崭新的内容，标志着以国共两党合作为基础的民族民主革命统一战线的正式建立，促进了革命高潮的到来。张曙时参加这次会议后，在思想认识上得到了很大提高。他从中国共产党成立以来的英勇斗争中，深深感到，只有中国共产党，才能完成反帝、反封建的艰巨任务；只有中国共产党，才是真心实意地帮助孙中山改组国民党；只有中国共产党，才能推进革命统一战线的正式建立，把民族民主革命运动引向高潮。他也看到了孙中山经历多次失败之后，逐渐确定了正确的政策，接受了共产党的主张，不仅使国民党得到了新的活力，而且出现了新的革命形势。因此，他衷心拥护孙中山在大会上的报告和大会的有关决议，决心为巩固和扩大国共合作的革命统一战线而斗争，贯彻三大政策，成为孙中山新"三民主义的信徒"。

逆流勇进,旗帜鲜明

国民党"一大"的召开,标志着国共两党统一战线的正式建立,也是革命高潮的新起点。全国人民拍手叫好,反动派则恨之入骨。隐藏在统一战线内部的顽固分子把国共合作视为跟中钉、肉中刺,竭力加以破坏。

还在国民党"一大"期间,谢持、冯自由、张秋白、刘成禹、毛祖权、邓泽如等一伙老右派,就积极施展卑鄙伎俩,背着孙中山,私自在英芳银行举行会议,策划反共阴谋。张曙时因事前不了解会议的反共企图,得到通知后也去了。会议一开始,主持者邓泽如即宣布反共主张,并要大家讨论。尽管张曙时毫无思想准备,但一听到反共,就激起莫大的义愤。他义正词严地说:"国民党过去多少年总是不能团结,青年分子加入很少。这次代表大会可以说是重建党的新生命,有些新分子加入党内来,是最好的现象。不问他什么共产党,既一致加入国民党,一致为中国革命而努力,皆是很好的,不可再有分歧的意见。"他责问那些右派:"在这初次团结中国新的革命力量才开始,党内就闹分裂的意见,于革命前途是不利的。过去多少年的失败,皆不是原因于党内意见分歧,各种私见,弄得步骤不一致,党内不团结所致吗?"当张秋白、徐清和等人一唱一和,大放厥词,恶毒攻击中国共产党的时候,他就据理驳斥,说:"你们总说人家不好,何以俄国革命成功呢?你们主张反共,先破坏革命团结,怎能说人家来破坏你呢?人家如果来破坏你，首先就要你自己努力。总理这次主张改组，就是为了充实革命精神，创造我党的新生命。"右派们被驳得哑口无言，进而恼羞成怒，便指责他有"共党嫌疑"，是个"共产党"。会后，这伙右派仍不死心，硬要推代表去见孙中山，当面陈述其反共主张，还别有用心地推他当"代表"，当即被他严词拒绝。之后，这伙右派的反共活动又遭到孙中山的抵制。这样，国民党右派的第一幕反共丑剧，只好到此收场。

国民党"一大"后，张曙时依然回到南京建业大学。反动军阀孙传芳视革命如洪水猛兽，对张曙时怕得要死，又是封闭学校，又是命令警察逮捕。在此情势下，他只好去沪，担任国民党江苏省党部的常务委员，专门从事党务工作。当时的省党部内部，有左、右两派。张曙时坚定地站在左派立场上，与右派进行斗争。斗争的结果，左派取得了完全胜利，到1925年冬江苏省党部正式成立时，左派已在其中占绝对优势，张曙时、侯绍裘（中共党员）等左派都被选入领导核心。

随着革命群众运动的不断高涨和广东革命根据地的统一，全国已处在革命与反革命大决战的前夜，帝国主义和地主买办阶级更加紧了反共反人民的活动，统一战线内部的阶级斗争也激化起来。代表地主买办阶级和民族资产阶级右翼的国民党右派，加紧了反革命的步伐。除了原来的老右派形成"西山会议派"的反革命集团，公开反对孙中山的革命政策，反对共产党外，以蒋介石为首的新右派集团又随之出现。反动团体"孙义主义学会"的成立，戴季陶主义的泛滥，"中山舰事件"和"整理党务案"等反革命阴谋相继发生以致得逞，使革命遭到了严重困难。在新老右派掀起的逆流面前，张曙时站在维护国共合作，坚持孙中山革命政策的立场上，与之进行了坚决斗争。他不断促进江苏省党部内左派的团结，并把不反共、推动民众运动和支持北伐军的胜利进军等三大原则，作为大家信守的共同纲领。由于领导核心的统一，不仅打退了右派的进攻，而且还发展了整个江苏的革命形势。1927年的春天，他专程赴汉口开办江苏省党务训练班，积极培养训练革命骨干。当这项工作走上正轨后，他又以江苏省党部秘书长身份赶回南京，着手筹备成立江苏省政府。

这时，北伐战争已经发展到长江中下游地区，工农运动的风暴席卷全国，从根本上动摇了帝国主义在中国的统治。于是，帝国主义加紧了对中国革命的干涉。隐藏在统一战线内部的蒋介石，以为时机已到，便急不可待地从江西出发，沿途捣毁那些国民党左派占优势的省、市党部，屠杀共产党人和工农群众。到达南京后，更大打出手，又是砸工会，又是包围省党部，张曙时也被拘押起来。一时间，整个南京充满白色恐怖的气氛。面对蒋介石对革命势力的疯狂进攻，张曙时义愤填膺，多次提出要当面质问蒋介石，揭露其背叛孙中山的三大革命政策，背叛三民主义的丑恶面目。但蒋介石做贼心虚，不敢见他，只是支使何应钦、王柏龄等几个反动家伙进行应付。张曙时厉声责骂："为什么捕我？为什么打省党部，打工会，捕许多人？为什么违反总理的政策而反共？"这一连串的责问，使对方无言以对，狼狈不堪，只好抱头鼠窜而去。本来他还要去同蒋介石进行面对面的斗争，彻底揭穿这个刽子手的假面具，恰在这时碰见了被敌人监视的侯昭裘。为了掩护这个共产党员的安全转移,他只好暂时放弃原来的打算,寻机一起脱险。在同车去警局的途中,他借口上厕所停车时,机智地甩开敌人,使侯昭裘得以溜走。不幸的是,第二天,侯昭裘又被敌人捕住加以杀害,他也被敌人悬赏缉拿。省党部的负责人一个个被捕,敌人越发猖獗,他在南京已无法久留。在此紧急时刻,他仍不顾个人安危,积极开展革命活动。在下车与侯昭裘分手的当天,他就跑到一个秘密的地方,召集省市两党部重要人员开联席会议,"决定在第二天(11日)再开一个市民大会。晚上复召集省市两党部、总工会、农民协会、商民协会、妇女协会等有关人员,着手筹备。可是还没有开会,又被流氓侦探得知,捕去了许多人。"这样,他只好将省党部的工作人员一一遣散到上海去,细心布置好秘密工作的有关事宜后,才悄悄去到西门外,雇上一只小船离开,沿长江到芜湖,换上去武汉的轮船。在轮船上,他遇到罗亦农和李立三等人,才得知蒋介石已在上海发动了"四一二"反革命政变,共产党员和革命群众被淹没在血泊中。听到这一令人发指的血腥罪行,他的心中燃起熊熊怒火,下定决心要与这个独夫民贼斗争到底!

到武汉后,张曙时立即投入到反蒋斗争中去。他着手组织十六个省的党部驻汉代表联合办事处,成立左派国民党干部联合机关,召开有关会议。在他主持下,一致决定"反蒋、东征、拥护孙中山的三大政策到底"。在4月27日中国国民党中央执委会政治委员会第十六次会议上,他就江苏情况作报告,具体地揭露了蒋介石集团叛变革命、残杀人民的罪行,提出

"要请中央用快刀斩乱麻的手段解决老蒋"，极力推动武汉国民党和国民政府发表声明，表示继续进行国民革命的明确态度，开除蒋介石的国民党党籍，撤销其一切职务，并下令通缉。

但是，在帝国主义的加紧干涉和蒋介石势力的包围下，武汉国民政府内部的反动倾向迅速增长，汪精卫反动集团的公开叛变日益迫近。在这反共形势空前紧张的严重时刻，张曙时为了作出最后的努力，亲自去找汪精卫，尖锐地指出："总理所决定的联共政策，无论如何不能违背，宁汉不可合作。如果违背总理政策，宁汉合作反共，中国革命与国民党革命就完了！"他针对汪关于"现在不分共有什么办法"的谬论，予以驳斥道："蒋介石已走上反革命的路，与北洋军阀一样，你与之合作又有什么办法呢？一合作就断送国民党革命的使命，不是你太对不起总理吗？"并告诫汪精卫要慎重考虑，切不可违反总理的主张才好。但所有这些忠言都遭到了汪的无理拒绝。随之而来的是召开"分共"会议，封闭群众革命团体，在武汉地区进行疯狂大屠杀，使武汉这个全国唯一的革命中心，顿时变成了反革命的基地，轰轰烈烈的大革命至此遭到了严重失败。

张曙时从早年投身革命开始，经历了反清、倒袁、护法、国共合作和兴师北伐等几乎所有的重大历史事件。他是老同盟会员、中华革命党员、国民党员到国民党左派的重要人物，多年追随孙中山，实践三民主义的主张，尽管付出了巨大的精力，但美好的设想却一个个地破灭了，特别是蒋介石、汪精卫集团先后叛变革命，使他陷入了深深的苦痛之中，也推动他去寻找真正的革命舵手，探索通向中国革命胜利的道路。

坚定的信念，崇高的目标

正当张曙时眼看武汉时局日益恶化，而自己又无能为力，深感苦恼的时候，作为当时武汉国民政府委员的共产党负责人之一的谭平山约见了他。当谭问到他对形势的看法时，他仍明确地表示："我不主张宁汉合作来反共。国共分家，两败俱伤，革命就受了很大损失。"谭又进一步告诉他说，我们党"要到江西去，重新再来一番"。听到这个消息，他非常兴奋，当即回答说："我赞成你们的办法，我愿意一同去干，不愿意与蒋介石合作！"这简短而明确的语言，表达了一个老革命战士对中国共产党的坚定信念。

张曙时根据中国共产党的意图，在抓紧结束武汉党训班后，于7月23日离开武汉，乘轮船到九江，参加党召开的有关会议。根据会议的决定，他和其他人一起，在28日到达南昌，立即投入紧张的起义准备工作。在以周恩来为首的党的前敌委员会领导下，排除了张国焘的阻挠，经过紧张的讨论和准备，于8月1日凌晨2时举行了南昌武装起义，经几小时的激烈战斗，取得了成功。在有共产党员和国民党左派人士参加的联席会议上，张曙时被推选为"中国国民党革命委员会"委员，并兼任党务委员会主席。会议讨论通过了《联席会议宣言》《八一起义宣言》等文件，响亮地提出了"打倒帝国主义""打倒新旧军阀""实行耕者有其田"等革命口号，极大地鼓舞了革命人民的斗志，从此开始了在中国共产党领导下的独立武装斗争，掀开了中国革命的新篇章。

南昌起义引起敌人的极大惊慌。蒋介石、汪精卫从南京、武汉和广州方面纠集大批反革命军队，联合围攻南昌。在这种情况下，根据前委的决定，张曙时随总部大队一起，于8月5日撤离南昌，挥师南下，在江西会昌、瑞金一带打垮了堵截的国民党反动军队，由江西入福建，直驱长汀、上杭，再经过广东的大浦，于9月下旬占领了潮州、汕头。在那些行军转战的日子里，他同广大指战员一样，风餐露宿，跋山涉水，经历了种种困难，但仍保持旺盛的斗志，与敌人进行殊死的斗争。当部队前进到汤坑、三河坝一带时，突然遭到敌人优势兵力的四面围攻，展开了激烈的战斗。由于敌我力量悬殊，激战数日，主力受到严重损失。直到流沙、海陆丰失败后，他才根据组织决定，从广东海口雇民船到了香港。因突围紧迫，不慎将党组织开给他的通信处遗失，以致在港无法与党联系。但他始终相信革命终归要胜利，自己决心跟着共产党革命到底。党组织十分关心张曙时的个人生活，通过韩麟符（共产党员，后叛变）送给他100元用费，以解决暂时困难。党的亲切关怀，使他深受感动。为了更好地投身于革命事业，他恳切地向党提出去苏联学习的要求。当得到党组织的同意后，就与徐以新一道赴上海作准备，等候党的出发通知。

跟着要出发了，张曙时的心中充满兴奋和焦急之情。兴奋的是，能有机会去到列宁的故乡，亲自看看工农政权在苏联的胜利，学习到更多的革命理论，这是自己多年的夙愿，焦急的是，不知何时才能成行。但是，革命多艰难，出乎意料的事情发生了。在国民党反动派残酷镇压革命的恐怖环境下，不仅乘船去苏联发生了问题，而且与党的联系也突然中断。这对张曙时来说，犹如晴天霹雳，心情沉重，苦闷异常，不知如何是好。他改名刘和斋，闭门不出，不与任何人来往通信，即使过去那些国民党的老同志到沪去找他，除少数感情较好者外均不接见。有些"好心人"也趁机多次劝他在报纸上登启事，声明自己不是共产党员，这样做，既能使国民党取消对他的通缉，又可以到南京去做官。对此，他不屑一顾地说："国民党现在握党权的人，连自己的同志都弄不清楚，还成什么党呢？"对于那帮踩着人民的尸骨爬上统治宝座的家伙，尤为鄙夷和痛恨，指出他们连"什么是三民主义，什么是总理所确定的革命政策，什么是革命，一点皆不懂，皆是些吃党饭当党官的无赖分子，把革命的党弄成反革命，来冒充总理信徒，窃夺军政党权，连革命同志与革命的朋友皆不要了，而且用极野蛮无耻的手段来残害，我无论如何，不能与他们站一条线，更谈不到去做他们的官"的话。这些话语大气凛然，铿锵有声，表达了一个革命者爱憎分明的坚定立场。他还郑重宣告："我还要继续我的革命事业。他们如捕杀我就算了，不然，我坚持我的主张，革命到底，一定要打倒这些反革命的东西！"

这是对国民党反动派的公开挑战，也是对人民事业的钢铁誓言。听了他的这些话，有的人为之折服，钦羡他在万马齐喑的恶劣环境下，能有这样的气节和胆略。但也有个别的人仍然企图劝他回心转意，说什么"你在党内数十年来吃苦也不少了，现在算是革命成功"，"我们老同志如见有不对的地方,应当到党内谋改,不要任性"。张曙时反驳说:"这不是任性不任性,是革命与反革命问题","现在南京是反革命的政权,我哪可能与他们同流合污","哪个肯到南京去,当反革命政府的走狗呢!"致使这些劝降者被驳得面红耳赤,不敢再言其他。

但是在当时,情况的变化是非常复杂的。不久,谭平山又去找张曙时,劝他出来活动,说:"国民党左派分子还是你出来领导,团结起来,做一做国民党左派的组织工作,这是目前需要的事"。他感到这些话有道理,就鼓起精神,邀约邓初民、朱蕴山等国民党左派人士十余人开过三次会,取得大体相同的意见,决定用国民党左派联合会的名义,开始组织执委会,负责联络国民党左派,在各地发展组织。这对孤立蒋介石反动派和汪精卫改组派,团结革命力量,起了积极作用。经过几个月时间,这个组织有所壮大,逐渐成为一支独立的力量。这时候,又有人提出将原来的组织另改其他的名称,组织新的政党,即第三党,并得到多数人的赞同。他则表示反对,明确地指出:"资产阶级的国民党既背叛革命,应当由无产阶级的共产党来担负中国革命任务才有前途。"至于小资产阶级,他说:"是有动摇性与不彻底性,不可能来担负这个任务。"由于他在当时不赞同再组织另外的党,便退出了曾参加过的"国民党左派联合会"组织,脱离了关系。此后,他就利用这段难得的空闲时间读书,致力于革命基本理论的研究,结合总结自己过去的斗争经验,等待时机,准备投入新的战斗。

1931年,正当张曙时暂时闭门读书之际,震惊中外的"九一八事变"发生了。事变的第四天，中国共产党就发表反对日本帝国主义侵略中国的宣言。之后，又作出《中央关于日本帝国主义强占满州事变的决议》，提出加紧领导和发动群众的反帝运动，武装群众进行革命的民族战争，直接给日本帝国主义以坚决打击的主张。事实再次地教育了张曙时，国民党政府是民族利益的出卖者，只有共产党才是国家的希望，才能救人民于水火，完成革命的任务。作为一个立志终身献给革命事业的战士，就要加入工人阶级的先锋队。这正如他后来在延安整风中解剖自己的入党动机时所说："我根据过去多少年的经验与教训，考虑好久时间，决定在日本的侵略下，中国革命当前的任务，仍然是反帝反封建。要致力于这种革命运动，一定要加入共产党，才不致走错了路线。"并"愿以牺牲一切的精神，为革命事业奋斗到底。"于是，他以满腔热情投身到抗日反蒋的洪流，参加上海的各界救国联合会，建立义勇军组织，发动请愿示威，更加紧迫地寻找共产党组织。

正当张曙时历尽艰苦，为找党而苦闷的时候，1932年初的一天，他在路上偶然碰见一位多年不见的好朋友邹铭三，随即邀请其至家，在相互交谈中感到很投机，深得他的信任，便对邹倾吐了自己多年来希望加入中国共产党的迫切心情，请他设法转达这一强烈要求。不久，党就派人来找他谈话，并由邹铭三、王学文两人介绍，正式批准他加入中国共产党。这时，张曙时虽然已经四十七岁了，但仍像年轻人那样激动，心潮汹涌，久难平静。他回首往事，感叹自己走过的坎坷道路。尽管早年就向往光明，渴望社会的进步，并为之而奋斗多年，但总找不到明确的奋斗目标。在严酷现实的不断教育下，他逐步加深了对党的认识，他庆幸自己能在年近半百时，终于参加到党的行列。

出生入死，转战南北

参加中国共产党是张曙时一生中的根本转折点。自此，他就在党的直接领导下，青春焕发、信心十足、干劲倍增、脚踏实地，以崭新的姿态投入火热的战斗。

他根据党的指示，首先在上海从事情报工作，利用自己原来的身份，活动于各抗日救国派别与团体之间，促进抗日义勇军的团结和发展。到了1933年春，北方各地的抗日武装已先后发展起来，需要加以联络和组织，他便主动提出去那里工作的请求。经党的批准，离开上海，先去北京接上关系，并根据当地党的指示参加文协，为抗日救亡运动积极筹措活动经费，然后和与东北军有关系的万肇青、徐伯阳取得联络，到河北曲阳县直接做驻该地的东北军的工作，发动他们起来抗日。在开展这一工作的过程中，他发现曲阳的农民和学生有抗日的要求，就抽出时间，深入到农民积极分子和青年学生中间，向他们耐心宣传抗日的形势和开展武装斗争的重要性，号召大家从敌人手里夺枪，上山打游击，建立革命根据地。在他的鼓动下，当地的群众纷纷组织起来，粉碎了敌人的破坏，建立了抗日武装，到"七七事变"时，已组织起一个营的规模，推动了该县的抗日运动。张曙时的这些活动，引起了国民党顽固派的恐惧，保定的宪兵第三团几次追捕他，终因他的机智才得以幸免。

不久，国民党内主张抗日的将领方振武的部队，由山西开到定县，举起抗日救国军的旗帜。张曙时根据中共北方局关于做抗日军队统战工作的指示，就赶去与方见面，热烈赞扬方振武在国难当头时所采取的爱国行动。为了团结更多的爱国力量共同抗日，壮大我中华民族声威，他又劝方振武切不可孤军奋斗，而应当与冯玉祥的部队会合。张曙时的真诚劝告，终为方振武所接受，但又担心冯玉祥不欢迎而下不了决心。于是张曙时又不辞辛劳，去疏通冯与方之间的关系，促进各种抗日力量的会合。他到张口家对冯说："你俩共同担负抗日同盟军的责任，大家一致为中华民族生存而斗争，还有什么可怀疑的呢？过去的个人意见现在不谈了，如果现在不能合作，就要失败，或者被蒋介石与日本勾结起来所消灭，抗日也抗不成，中国就亡了国，还讲什么呢？"张曙时的这些分析，深为冯玉祥所信服，不仅打消了冯的疑虑，而且也取得冯对他的敬佩，认为他富有才学，为人直爽可信，并委为冯军司令部的顾问。

5月，方振武和吉鸿昌两支部队在河北定县大操场召开北上誓师大会。会后即开始行动，沿唐县、涞源、蔚县、灵邱方向进军，到达了张家口，与冯玉祥的部队会师，于5月26日宣布组成察哈尔民众抗日同盟军，通电全国，冯玉祥任总司令，方振武与吉鸿昌分任第一军、第二军军长。从而大大壮大了抗日的力量，振奋了广大群众的抗日热情，产生了很大的影响。这时，方振武也进一步加深了对张曙时的了解，聘请他为方军的高级顾问。他便利用自己身兼两军顾问的有利条件,大力加强抗日军队的团结,宣布抗日,提高士气,为促进全国抗日的发展做出了可贵的贡献。

抗日同盟军组成前后,党组织动员京、津、内蒙古、陕西等地的共产党员及抗日青年云集张家口市,在抗日同盟军的旗帜下,在党的前敌委员会的领导下,成立了察省(后改为华北)民众抗日救亡御侮会,做发动和团结抗日群众的工作。张曙时是这个团体的支持者之一,常在会议上发表演说,会下个别谈话,激发大家的抗日斗志,很受尊重。

正当"九一八事变"所引起的抗日运动日渐走向高潮的时候,被迫下台的蒋介石又在帝国主义的支持下,与汪精卫等国民党各派系达成了新的妥协,重新上台,更加疯狂地向革命进攻,极力分化抗日的阵线。蒋介石一面勾结阎锡山,并以少给弹药和物资施加压力,一面通过南京国民党政府用高官厚禄为诱饵,收买了抗日同盟军中一部分不坚定分子,从中分裂出去,并暗中挑拨冯玉祥与其旧部的关系。在这种压力之下,冯玉祥不得不离开张家口解甲归田,重卜泰山。

冯一走,顽固派庞炳勋的部队立即开到张家口,加紧破坏同盟军的抗日活动,形势骤变。在此情况下,党的前敌委员会和吉鸿昌、方振武决定继续坚持抗日斗争,将部队和抗日御侮救亡会人员集中起来,撤退到张家口以北的张北县一带,改为抗日讨蒋军,由吉鸿昌和方振武分任正、副司令。张曙时随方部的第六师行动。这支抗日部队沿察、热两省的边界向河北方向前进,准备与冀东的农民暴动队伍相结合,在那里建立抗日根据地。但沿途遭到国民党反动派军队的阻截，只得且战且走，几次突破敌人包围。当方部转战至冀东三河坝时，在日本侵略军和何应钦中央军的夹击和轰炸下，伤亡惨重，弹尽粮绝，被迫放下武器。至此，抗日同盟军宣告失败。

在这支抗日部队遭到重大挫折的时刻，张曙时曾以共产党员的大无畏精神，挺身而出。他激动地说："我们是共产党的革命武装，绝不能任敌人来缴械，一定要把革命精神与勇气振作起来，冲破这个难关才有出路！"在他的号召下，当即有一百多人起来响应，决定冲出一条血路。但他在准备夜间突围的过程中，因几日的饥饿和疲劳，在昏迷中走错了方向，误入敌人的防线而被俘。拘留了大半天后，在解往其师部途中，他通过对押送士兵做工作，又给以钱物，才脱险返京。

张曙时回京不几天，又根据河北省委的指示，前去河北的南部。当地的驻军是冯玉祥的旧属第十六师，师长张涧石。他是去做这个师长的工作，想在此基础上，逐渐掌握这支部队，再通过这支部队的力量，去发展民众的抗日游击队。殊不知张涧石口是心非，表面上装作同情抗日的样子，暗地里却大干升官发财的勾当，连张曙时为抗日所辛苦筹借的四千元活动经费，也被这个家伙窃为己有，甚至还把他监禁起来，企图进一步谋害。后得到当地抗日积极分子赵醒汉的帮助，张曙时才寻机逃脱虎口，辗转回京，刚到北京，又被张涧石等告密，幸喜脱险，随即转赴天津。但天津仍是阴云密布，也难以久留。在党组织的指示下，他又同原抗日同盟军前敌委员会领导人柯庆施一道，于1934年重返上海，继续从事党的地下情报工作。

在这近三年的时间里，张曙时肩负党的重托，奔走于定县、曲阳、北京和张家口之间。他不顾个人的安危，几次虎口余生，为挽救民族危亡，推动抗日斗争，尽到了一个共产党员的责任。

披荆斩棘，开创统战工作新局面

1935年初，四川的形势发生了重大变化，中央红军已紧逼川南各县，川陕根据地的红四方面军发展迅速，蒋介石借追击红军为名，派了自己的大批嫡系部队涌入四川，引起了四川各派军阀与蒋介石集团之间的矛盾。当时四川地方党正在川东的云阳、万源一带组织武装暴动。为了加强领导，开展好游击战争，配合长征红军在四川的活动，加深反动营垒的分裂，党（上海中央局特科）又派张曙时前往四川。临行前，还将流寓在上海的吕一峰（共产党员）和傅春吾两人介绍给他。地处西南的四川，对张曙时这个久居江南的人来说，是遥远而又陌生的地方。初到那里工作，困难势必很多，但他愉快地接受了党交给的任务。1935年1月从沪动身，溯江而上。沿江两岸的无限风光尽收眼底，使他深感祖国山河的可爱；而满目凋零破旧的凄凉景象，又唤起他对反动派卖国害民的愤慨，他期盼着早日投入火热的斗争。越楚汉，过三峡，到达了四川的万县，他即按原来的计划下船。经过了解，得知当地一带的武装暴动已经举行，由于准备不充分，起义失败，队伍也随之散去。

意外的情况并没有使远道而至的张曙时灰心。他接着又乘船前往重庆，准备在那里住下来，利用傅春吾与地方实力派的关系，做情报工作，并打通与红军的联系。初到山城，人地两生，开展工作是很困难的，特别是地方党被严重破坏后，仅有的党员也纷纷疏散，无法接通关系。他在傅春吾老先生的帮助下，一边搜集有关情报，一边去与那些从前方回渝的川军军官接触，给这些人陈说利害，指出去路，明确地告诉他们与红军打仗，不会捞到什么好处。与其损兵折将，徒拼消耗，倒不如休战后退，保存自己的实力。否则，一旦蒋介石军事势力入川，就有地盘被侵占，川军被消灭的危险，因此得早有防备为好。他的这些工作，对瓦解军阀部队的斗志是起了作用的。

张曙时为了尽快开展工作，打开新的工作局面，他冷静地分析了当时的形势。认为随着日本帝国主义入侵中国，大敌当前，民族矛盾逐渐上升，各阶级、阶层（包括四川的地方实力派在内）正在起着变化，有转向抗日的可能。随着中央军涌入四川，蒋介石集团与四川地方实力派的矛盾必将进一步加深，这就可以利用矛盾，推动实力派转向抗日立场，支持群众的救亡运动，从而发展革命形势。基于这种对当时省内外主客观条件的分析，张曙时以坚韧不拔的毅力，克服重重困难，大力开展统一战线活动，特别是做好以刘湘为代表的四川实力派的统战工作，推动上层人士参加抗日，发展整个抗日的形势。

当时的四川，大小军阀很多，其中以刘湘的力量最强。刘湘投靠蒋介石，击败了其他军阀，势力进一步扩大，并被蒋委为四川省主席兼川康绥靖公署主任，掌握四川的军政大权。尽管刘奉行反共投蒋政策，但随着中央军的入川，蒋介石分化四川各军，消灭异己以求"四川中央化"的阴谋逐渐暴露，特别是"党化四川"的主张加紧进行和"省府迁成都"的提议正式提出，更使刘湘对蒋感到恐惧。为了具体了解其中的真情和刘的态度，张曙时动员傅春吾去访问与刘经常接近的当地著名绅士卢子和。从卢那里得知"刘湘财产及商业皆在重庆"，不愿省府迁成都，可是被蒋逼迫，又非迁不可，正在烦闷而没有办法。这个情况对张曙时来说，感到特别重要。他判断借此就可以打动刘湘，替刘找到一条出路，进而展开我党的上层统战工作。于是，他就借用与刘湘有交往的傅春吾的名义，给刘写了一封长信。在这封信中，给刘分析了国内外的政治形势，尤其着重指出了日本帝国主义企图灭亡中国的严重危险，抗日力量的普遍发展和四川在将来抗日战争中的重要地位，劝告刘湘"应当确定立新时代的需要与远大计划，才有光明前途。从军事、政治、外交、财政、经济各方面来一个新的布置，以抗日为中心的号召，造成四川为中国抗日政治的中心。"为此，就应该"把省府迁到成都，脱离中央势力的压迫，与四川各军联络起来，共同保卫四川"。这样，"提出停止内战一致抗日的主张，才可得全国人民的同情与响应。"张曙时这种深刻的分析，对各种利弊的比较，以及在抗日形势下如何寻求自己的真正出路，引起了刘湘的极大重视，即派其亲信甘绩镛找傅春吾，表示十分感谢，并要求傅以后"常常赐教"。他的这封信，促进了刘湘下决心脱离蒋介石的挟制，也使他从中受到抗日宣传的影响。

恰在这时，张表方（张澜）来到重庆。张是一位国内知名人士，又是刘湘的老师，深为刘所敬重。张曙时原与之相识，又通过他去做刘湘的工作，当面劝刘站到抗日方面来。而要抗日，就必须反蒋。因为蒋介石一面对日妥协投降，一面千方百计在四川扩充地盘，吃掉全川的地方力量，用心险恶，不可不防。为此，只有高举抗日的旗帜，保护爱国抗日的群众，联合一切爱国抗日的派别，与蒋介石的控制野心作斗争，才是自己的光明前途。当时的成都虽为七个军阀所割据，但在反蒋抗日旗帜之下，是可以联合起来的。经过细致的工作，触动了刘湘的思想，终于下决心将省政府迁到成都。

此时，张曙时因病不起，在重庆住了三个多月才恢复健康。病愈后，为了继续开展上层统战工作，推动刘湘转向抗日方面，他又利用吕一峰和蔡羿公（当时均为中共党员）的关系，前往成都。到蓉后，由蔡接去，安排住处。后经陈克琴（原名倦曦，共产党员，在上海与张曙时认识）通过杨子昆（民本体专副校长，陈的同乡）到民本体专教书，担任语文、历史等课程。此后，张曙时在公开身份的掩护下，积极而有计划地开展对刘湘的争取工作。首先，通过黄子谷（岷江大学教授，曾是中共党员，与刘有交往）去找刘湘交谈，鼓动其抗日热情。事前张曙时与黄细致商量，从谈话的内容到方法，都加以周密考虑，特别是针对刘湘感兴趣的问题，诸如怎样治理四川，联合抗日派别，对付蒋介石的控制等。由于准备充分，讲得切合刘的实际，引起了刘的注意。其次，加强对刘湘的亲信人物的联络。利用各种渠道去接近黄秋侠等为刘湘所器重的人物，与他们分别进行了联络，借以影响他们的思想观点，再通过他们去影响刘湘。第三，促进进步分子的团结。刘的下属中有一批进步人物，这些人极力帮助刘湘励精图治，想造成一个新的局面。通过黄的工作促进这些人的相互合作，提高警惕，不要上右派投降蒋介石集团的当。到1937年8月，为刘湘所倚重的核心人物郭秉毅加入共产党后，他就直接领导郭去做刘湘及其下属的工作，宣传抗日，促进联合，使刘湘逐步转向抗日方面，这样，党与刘的间接而密切的关系也经常化了。

张曙时在极力打开上层统战工作并取得初步成效的同时，又以很大精力深入下层，着手发展群众运动。他利用在校教课的有利条件，经常向学生宣传全国各地学生抗日救亡运动的情况，说明日本侵略者妄图灭亡中国的民族危机，唤起大家的民族热情，受到师生的欢迎。经过一段时间的培养教育，一批思想进步、抗日热情高涨的骨干分子形成了。然后，他又通过这些骨干力量去创办宣传抗日救亡的半月刊《力文社》。在这个刊物的影响和指导下，许多教师和青年又发起组织救亡会，创立《建设晚报》，兴办《妇女周刊》，后改为《妇女呼声》。抗日团体日见增多，宣传抗日的报刊如雨后春笋，抗日救亡的局面空前活跃。

为了巩固和发展全川的抗日形势，张曙时一方面积极支持韩天石等发展成都的"民先"组织，并通过其联系各抗日团体，成立成都各界救国联合会，把一切抗日力量都联合起来，采取统一的行动；后又将其过渡到"华抗"（华北抗战后援会）、"省抗"（省抗战后援会）；另一方面又于1936年10月去重庆了解那里的情况，指导当地党员（如由他亲自发展的刘传莩）积极建立类似"民先"的组织，掌握合法团体，进行公开与秘密相结合，合法斗争与地下斗争相结合的救亡运动，并责成刘传莩加入"救国会"，与党员漆鲁鱼合作。自此，重庆"救国会"及其所属秘密"学联"、秘密"职青救"、秘密"文救会"、秘密"工救会"都根据张曙时的指导精神，按"民先"的形式建立起来，成为党直接领导的外围组织。这些组织所开展的各种运动，如纪念鲁迅大会，声援"救国会"七君子的"入狱运动"，拍卖走私日货运动，四川大旱中的救灾运动，一直到"七七事变"后的抗日大宣传活动，都成为党所领导的抗日救亡运动的一部分，因而目标更明确，规模也更大了。

在到蓉后的紧张工作中，张曙时仍念念不忘重庆这个西南重镇的工作，关心着那里党员的活动。他经常给刘传莩等人写信，指导工作，及时将党的有关文件秘密送去，对发展新党员进行悉心审查，甚至让负责人亲自带上材料到成都，当面汇报研究。

随着群众抗日情绪的高涨，国民党四川省党部对日益兴起的抗日运动的仇视和压制也更厉害了。为了击退这股逆流，推动抗日高潮，张曙时又通过郭秉毅等人给刘湘做工作，说明群众团体都拥护刘的抗日主张，要刘与群众团体发生关系。由于此时刘对群众救亡运动采取欢迎的态度，指派郭经常与各群众团体接洽。这样，群众运动因有刘的支持而不受国民党的压迫，得以顺利地发展起来。各个"救亡会"成为各界"救联会"，由秘密走向公开的活动。张曙时等创办的《建设晚报》，还得到刘湘每月四百元的津贴，群众救亡团体也有一百元的经费。国民党省党部见势不好，企图进行镇压，便把群众的这种抗日行动诬蔑为"共党分子捣乱"，甚至送出公函要省政府禁止或封闭各抗日刊物。张曙时得到这消息后，就抢在反动派动手之前，派人给刘及其下属做工作，鼓励他们不要低头让步，刘迫于大势所趋，顶住了国民党反动派的压力。在省务会议讨论封闭抗日刊物一事时，刘湘也表示反对，置省党部的公函于一边。同时，还派郭秉毅去安慰那些民众救亡团体。

在日本帝国主义加紧侵略我国的形势下，日本商人和间谍分子纷纷涌进成都，进行各种破坏活动。除已暗地在大川饭店设立机关外，还准备在成都设立领事馆。这时的刘湘还是脚踏两只船，暗中和日本有来往。为了粉碎日本的企图，推动刘湘切断与日的联系，站到抗日立场上来，张曙时在动员群众公开反对日本在成都设立领事的同时，又通过郭秉毅等给刘湘做工作，反复讲清日寇深入四川腹地的严重危害，使刘也转而持反对态度。在此基础上，再与刘的下属干部商定，发动了反对日本在成都设领事的群众示威运动，军警和群众共两千多人，大队人马开到了大川饭店。群情激愤，打死、打伤日本人各二人，捣毁了专卖日货的商店。当这场"大川事件"发生后，刘湘因为受到南京政府的责难，感到难以处理时，他就通过郭向刘湘说：这个事件是因日本侵略中国而引起，是群众爱国行动，是"偶发事件"，主要责任应由日本侵略者承担。政府为维护国家民族的尊严出发，当以地方事件来解决。刘同意这一处理意见，把打死的日本人埋葬，对打伤的给以医疗费后送出川境，然后刘电复南京当局，了结了这一事件。"大川事件"

的胜利,挫败了日本政府的阴谋,使四川人民扬眉吐气,进一步激发了民众的抗日热情,也使刘湘的政治地位得到了加强,更鼓起了他联合四川各抗日派别,充当四川抗日领袖的雄心。刘在一次讲演中公开宣称:"蒋介石不抗日,我们要抗日!"表明了刘湘在抗日问题上又进了一步。

1936年,西安事变发生后,引起国内外各种政治势力的强烈反响。在中国共产党的努力下,事变得以和平解决,从而粉碎了亲日派的阴谋,扭转了严重的时局,为国共两党的重新合作创造了前提,推进了抗日民族统一战线的初步形成,也使以刘湘为代表的四川地方实力派的抗日积极性进一步提高。刘还一度提出要与成都地区的共产党负责人见面会谈。张曙时考虑到当时复杂的局势和尔后可能发生的各种变化,对此事没有同意。但是,仍以积极的态度表示了对刘拥护抗日的赞扬和支持。

由于四川抗日救亡运动的蓬勃发展,刘湘等地方实力派的转向抗日,蒋介石反动派的丑恶面目更为暴露,他们与刘的矛盾更明朗化了。这都有力地推动了当时四川抗日运动的日渐高涨。

中共四川地下党自1935年遭到大破坏之后,下层组织基础极为薄弱,开展党的工作非常困难。张曙时除了大力开展上层统战和群众团体工作外,还致力于党的组织建设,以十分严肃的态度和高度的责任感发展党员,壮大党的队伍。据熊复回忆,当时"张老(曙时)根据中央的指示,一面做上层统战工作,一面着手恢复和发展党的组织。由他一个一个地吸收,够了三个就编成一个小组"。"张老对我进行了审查,并在他的亲自监誓下,吸收我入党。"从1936年8月起,先后发展了周沿江、吴均、林露、郭秉毅等入党,在这个基础上,建立了自1935年中共四川省委被大破坏以来的第一个基层党小组。后又在学生和教师中吸收了十余名党员。1937年10月,张曙时又要刘传莆在重庆积极发展党员,特别要注意在各抗日团体中吸收经过考验的骨干分子入党。

对于新发展的党员,张曙时总是耐心进行教育,注意提高其觉悟,增强斗志。除了入党时亲自谈话外,还经常给以勉励。如周沿江入党不久,他就写诗激励:"天将明的黑暗,不久就要过去了。在这朝雾尚弥漫天空的征途,不问男女老幼,携起手来前进,前进,奔到我们光明世界。"在日寇步步侵略中国的危亡关头,他又向新党员赠言:"黑暗的世界,已接近透明的曙光,无情的血腥的炮火,已惊了被压迫的人们,群起向敌人作最后的抵抗。这时候不必说老少无用,更不必留恋甜蜜之乡。我们要铁一般的团结起来,消灭那吃人的魔王,争取我们的真正自由与解放,自由之花,才能发挥他万丈的光芒!""我们欢迎觉悟分子来团结在一条战线上携手前进,同时还欢迎先觉者提携后觉者,足以促成社会推动力的发展与扩大。"他的这些热情的鼓励与鞭策,对刚献身于共产主义事业的新战士来说,感到非常温暖,增强了前进的力量。

张曙时还十分注重马列主义的传播工作,用革命理论武装党员和群众。据熊复回忆:"张老曾指派我做一项工作,就同《四川日报》当时的总编辑杜桴生同志联系,从他那里取得由报社印刷的列宁的著作，如《共产主义运动中的'左派'幼稚病》《两个策略》《进一步，退两步》《怎么办?》等书，通过我认识的祠堂街几个书店的店员，暗中发售。"在回家之前，"张老又交给我一个任务，就是把几百本列宁著作运到重庆，交给漆鲁鱼和刘传莆同志。"

为了进一步确定地下党在抗日新形势下的任务，张曙时于1937年3月离开成都，取道汉口回延安，直接向党中央和毛泽东、周恩来、张闻天汇报情况，请示工作。经中央研究，决定他以中央特派员的身份重返四川，继续开展秘密活动和发展党的基层组织，而将上层统战工作交由李一氓负责。

张曙时从延安赶回四川时，已经是"七七事变"后了。在全面抗战形势的推动下，刘湘又提出了"对外抗战，对内建设"的口号，并拟定出建设四川的三年计划，"四川民众动员委员会"也宣告成立。张曙时根据党中央关于由反蒋抗日转变到联蒋抗日，进一步扩大抗日民族统一战线的指示，抓住有利时机，积极活动于各抗日组织之间，扩大抗日团体，培养和提高进步分子，发展党员。同年冬，邹风平、廖志高抵蓉，成立中共四川省工委，张曙时是委员之一。1938年10月，召开省工委扩大会议，决定分别建立川东和川康两个特委，他除任川康特委委员外，还兼统战部副部长职务，继续从事上层人士的统战工作。随着抗战相持阶段的到来，在日本诱降和英美劝降活动的加剧下，蒋介石集团对抗日更加动摇，对在抗战中日益强大的中国共产党更加仇恨。1939年冬至1940年春，国民党顽固派在全国掀起了抗战以来的第一次反共高潮。在四川的国民党顽固派也遥相呼应,于1940年3月,在成都制造了"抢米事件",逮捕中共川康特委书记罗世文、党员车耀先等和其他一些爱国人士。邹风平、程子健、张曙时等川康特委的负责人早有戒备,在处理好应变工作后,立即疏散到成都郊区,使猖狂的敌人多次搜捕扑空。随后,又根据南方局的指示,于是年6月转移回延安,从而结束了近十年的艰苦地下工作。

为人民的法制事业鞠躬尽瘁

张曙时回到延安后的一段时间里,因当时的领导干部很多,暂时没有安排工作,他就抓紧时间读书,连晚上也不休息。之后,便担任西北中央局的统战部副部长。

1941年底开始,张曙时根据党的需要,进入人民法制战线工作,到1946底,他一直担任陕甘宁边区政府的法制室主任,1947年初至1948年夏,为中共中央法律委员会委员。为了迎接中华人民共和国的成立,1948年12月12日的党中央会议通过了《中央关于中央法律委员会任务与组织的决定》,他与谢觉哉等九位同志组成中央法律委员会。新中国成立后,他是华北人民政府人民监察院的副院长。不久又调到中央人民政府法制委员会,担任副主任委员职务。1950年12月,他又调到四川重庆,初任最高人民法院西南分院院长,继而又任西南政法委员会的副主任。

张曙时在学生时代就喜爱法政专业,具有相当的法律知识,加上党多年的教育和实际工作的锻炼,使他深深懂得执行革命法制，维护人民利益的极端重要性。因此，他在法制岗位上总是兢兢业业、谦虚谨慎，处处严格要求自己，模范地遵守党纪国法，从来不搞特殊。他不顾自己年老多病，经常深入实际，注意调查，弄清各种复杂的情况，把案情搞准，从而作出正确的判决。在他主持西南分院工作期间，案件很多，桌上的卷宗经常堆积如山。他每卷必看，事必躬亲，即使看到半夜，甚至通宵达旦，也不马虎半点。经由他审理过的大量案件没有出过差错。为了提高工作效率，便于及时检查，他规定所属科室一律都要写出周记，他再忙也要一一阅查，指出不足，以利改进。

人民的法制，是通过无产阶级政权而建立起来的法律制度和社会秩序，这就要求执法人员不徇私情，切实做到"执法如山"，保护公民的合法权利。张曙时正是这样的英勇战士。

1952年发生的"李民案件"，对张曙时来说是一次严重考验。李民原是我军的一个干部，已在抗日战争期间结了婚，并有两个小孩。李随军南下到贵州省一个县当县长时，又在该地结婚。犯了"重婚罪"，直接违反了《中华人民共和国婚姻法》。后来，李的原妻带上孩子到西南分院告状。张曙时接到这一案件后，亲自听取双方的陈述，了解情况，分析案情，对李进行批评教育。尽管李参军较早，曾有功于革命，但触犯了法律，根据《中华人民共和国婚姻法》的有关条文，判了李民二年徒刑。李要翻案，个别负责人又从中支持，但张曙时仍坚持法制原则，毫不动摇，报经最高法院复议，仍然维持原判，受到了人民群众的称赞。

永葆人民公仆的本色

年事日高的张曙时自1955年起从政法战线转到统战系统，担任全国政协委员和四川省政协副主席等职务。这时，他的心脏病和气管炎相继复发，健康状况日趋恶化。但他以老骥伏枥的精神，继续战斗在自己的岗位上。

他从多年的统战工作中深知，各爱国党派和爱国人士，在过去的年代都曾为人民做过好事，有过功劳，作为一个党的干部，要把党的政策带到他们中间，温暖他们的心，动员他们为社会主义事业贡献自己的力量。因此，他总是以普通一兵的态度与爱国人士交朋友。开会时，他同民主人士坐在一起，共商国家大事，平时，他总要抽出时间登门拜访，和他们促膝谈心，交换各种意见。他那耿直豪爽的性格，平易近人的态度，给大家留下了难以忘怀的印象。

他始终保持着艰苦朴素的作风。还在延安时期，张曙时就积极参加农业生产，经常下地劳动，带头交公粮。他总是以"应持粒忝辨，方免游瑕侵"自勉。党中央在困难的情况下，对包括张曙时在内的年高体弱的老同志曾作出给予特殊生活照顾的有关规定，他总是感到不安，时时自省。自进入大城市以后，特别是到四川工作以来，生活日渐改善。党对老干部的一些物质上的照顾，他总是多方推谢，连配给他的小轿车也不轻易使用，更不准家人借机享受，身为党的高级干部，有着相当高的工资收入，他总不肯乱用分文。他常用过去斗争的艰苦事例来勉励自己和教育孩子们。他总是穿着朴素。他的家里陈设简单，饭桌上总是摆上清淡的菜肴，有一次多搞了几个菜，他就严肃地批评，不让以后再搞。对于子女的要求也很严格。女儿在身边时，他总是提醒要节约用钱，要"谦虚谨慎，不骄傲，不自满，务必学习，时时进步"；女儿远在别处时，又一再写信，指出："世界的事，统由吃过苦头才晓得是不容易来的，尤其是革命事业皆起由一不怕苦，二不怕死的牺牲精神创造出来的胜利。这个真理每时每刻不要忘了。"去到他的家中做客，感到的不是豪华奢侈，不是生活享乐，而是老战士的纯朴，人民公仆的本色。张曙时很早就参加了革命，对人民的事业有不可磨灭的贡献，但他总是严格地要求自己，从不居功自傲，直到临终前，还想到自己的缺点，努力保持晚节。他在写给一个老战友的信中，说："我自1935年到北方，又到四川，前十几年是多半做地下工作，解放后由北京又到四川来，已二十多年，没有离开此地。"青春不再来，现已白发苍苍，虽"私心可告无愧"，但"小毛病还是很多的，希望你老朋友多给我指导，以便改正，好保持革命晚节"。对于党的指导思想和奋斗目标，他更是坚信不疑。即使在林彪、江青反革命集团肆虐的日子里，也没有丝毫动摇。"马列主义必定成功，共产主义在中国一定要实现"。这发自肺腑的心声，表达了张曙时对党和人民事业的必胜信念。

1965年起，张曙时病情继续加重。他经常卧床不起，难以动弹。即使如此，他仍孜孜不倦地学习，时时不忘党的事业。1968年，在林彪炮制的"一号命令"之下，他被迫转移到南充，忧愤中于1971年离开了我们，享年八十七岁。

张曙时之所以能从旧民主主义的革命者，成为共产主义事业的伟大战士，透过那风云变幻的岁月，曲折漫漫的历程，使我们感受到一种人类最宝贵的东西——在党的指引下，沿着革命道路永不停步的意志和力量。凭借这种意志和力量，使他战胜了前进道路上的一切艰难险阻，成为永生的战士。张曙时的这种意志和力量，不论过去和现在，都闪耀着灿烂的光辉，照亮着人们的将来！

李鸣珂

◎ 王　斌　周秀芳

一

李鸣珂（1899—1930），出身于四川南部县安坝乡龙王沱嘴的一户农民家庭。他家世代清贫，父亲李阳初是个忠厚老实的农民，母亲李赵氏是邻近赵家教书先生的女儿，能勤俭持家。

李鸣珂

李鸣珂先上私塾，1911年转入白登观村小学，四川保路风潮和辛亥革命胜利的消息传来，激励着他幼小的心灵。他非常爱听老师和长者讲述有关保路运动和辛亥革命的故事，为国为民的思想开始在他脑子里萌发。老师赞扬说："鸣珂年纪虽小，犹有救国之志。"不久，李鸣珂的父亲离开了人世。母亲劳碌奔波,省吃俭用,供他在收半费的南部乙种农业学校继续上学。他读书非常自觉,刻苦努力。当时县上实行"月考"制度,成绩优异者给以奖学金。李鸣珂常常是奖学金的获得者。

1915年底,袁世凯强奸民意,复辟称帝。消息传出,遭到全国人民的反对,首先是云南护国军宣布起义,四川及其他各省也相继响应。消息传到南部,激起了青年学生们的无比义愤,李鸣珂与同学李载溥、李孔章、马安华等一道,四处宣传反袁反日的道理,抵制仇货,在偏僻的县镇掀起了反对日本帝国主义和北洋军阀的浪潮。

1919年,李鸣珂从南部到成都,考入四川省高等蚕业学校。北京五四爱国运动消息传到成都后,李鸣珂跟同学们一道上街宣传、焚毁日货,站在反帝爱国运动的前列。他很快结识了吴玉章,得到吴玉章等的器重。从此,开始接触和学习马克思列宁主义,并在成都组织南部县旅省各界人士,揭发该县的贪官污吏,与之斗争。

1921年,李鸣珂在四川省高等蚕业学校毕业,经学校和袁诗荛推荐,回南部县任实业所长。他在县城创办农业训练班,招收知识青年一百七十余人入学,学技术、学政治,毕业后分回各乡办桑园、苗圃和林场,有的还开办缫丝厂,工作成绩显著,颇受乡亲们的欢迎。

与此同时,李鸣珂还大力宣传革命思想和新文化,采取群众喜闻乐见的演文明戏(话剧)的办法,传播新思想。又与进步青年李载溥、赵文浩、马安华等组织青年义勇团,发动和组织群众同贪官污吏、土豪劣绅作斗争。

县知事毛光祖和当地土豪劣绅都忌恨李鸣珂。李鸣珂对此早有思想准备，但仍然坚持斗争。他团结进步青年和人民群众，一方面向驻顺庆（南充）的川军师长何光烈控告毛光祖贪赃枉法，另一方面通过成渝两地有关人士，登报和散发传单，揭露毛光祖草菅人命、鱼肉乡里的罪行。何光烈迫不得已，撤去毛光祖县知事职务，改派林伏崇继任。

毛光祖丢了官，土豪劣绅余锦江、颜万鉴等更加仇视李鸣珂。他们诬蔑李鸣珂宣传共产，赤化民众，捣毁庙宇，不孝不忠，分别向省署、道尹、防区等处控告。林伏崇虽倾向进步，但难以申辩，执拗不过顶头上司，只好将李鸣珂撤职。

当李鸣珂被撤职，要离开南部县的消息传出后，舆论大哗，成了街头巷尾议论的中心。各界进步人士和人民群众对官府此举均极为不满，咒骂他们践踏民意，迫害善良，为李鸣珂鸣不平。

李鸣珂离开南部到了顺庆，在张澜主办的职业中学教书。他经过一番思索，决心去当兵，以打倒列强，铲除军阀。

二

去文从武，这是李鸣珂一生的一个转折。1924年，他到川军何光烈师第二十团任一等书记（文书）。当时，刘伯承在川军中当团长，经同乡贾良俊介绍，李鸣珂与刘认识，后在斗争中结为战友。1925年，李鸣珂经陈任民介绍去广东熊克武的建国联军干部学校受训，后来又转入黄埔军校第四期步兵科学习。

黄埔军校情况复杂，左派和右派的斗争异常激烈。李鸣珂是青年军人联合会的骨干。由于他的年纪比一般同学稍大，个性秉直，为人忠厚，群众关系好，加上他当过兵、会讲话，懂文又懂武，同学们称他为"老军务"，夸耀他既有诸葛亮舌战群儒的口才，又有武松打虎的本领。一次，黄埔军校的学生在广州市区参加群众游行，孙文主义学会骨干分子杨引之、潘佑强等先有预谋，率领一批顽固分子进行捣乱。这伙人先是信口雌黄，挑起争论，争论输了理，便大打出手。李鸣珂带领同学们奋起还击，将那帮顽固分子打得抱头鼠窜，杨引之等人被打伤，住了医院，青年军人联合会的左派学生获得了全胜。

蒋介石于1926年3月20日一手制造了"中山舰事件"。同年5月，国民党二届二中全会上，蒋介石又提出了整理党务案。在黄埔军校内，强迫凡是具有双重党籍的党员，交出共产党的党证，保留国民党的党证。对此，李鸣珂等展开了针锋相对的斗争，分头给同学们做工作。结果，国民党右派未能完全达到他们的目的。

三

1926年秋，李鸣珂由黄埔军校毕业后，被分配到国民革命军第十一军以叶挺为师长的第二十四师工作。第二十四师是我们党控制的武装力量。党中央为了培养党的军事骨干，在该师下面成立了一个教导大队。李鸣珂等到第二十四师后，受命赴湖南长沙、湘阴、浏阳等地，为教导大队招募了一千多名进步青年，其中绝大多数都是党团员，具有较高的热情和一定的政治觉悟。教导大队为团的建制，大队长是孙树成，副大队长为申朝宗，下设四个中队，李鸣珂为第一中队的中队长，队员中有粟裕、谭家述等。

教导大队继承叶挺独立团的优良传统，在叶挺师长的领导下，无论在军事训练或政治教育方面，要求都非常严格。李鸣珂以身作则、处处带头、事事认真。他严格要求学员，更严格要求自己，生活十分简朴，常常把节约下来的津贴交给伙食团，改善大家的生活。学员中有谁生了病，他都一一过问，亲自将病号送到医务所，甚至背着重病号去看病，感动得战友们热泪盈眶。李鸣珂的行动给士兵们带来了党的温暖，全队学员视他为亲兄长、贴心人。

正当北伐战争节节胜利，北洋军阀吴佩孚、孙传芳等先后失败和广州国民政府迁都之际，新军阀蒋介石的反革命面目更加暴露。李鸣珂等在党的领导下，于武汉地区组织起来，进行讨蒋活动。在武昌阅马厂召开的一次讨蒋大会上，他历数了蒋介石的十大罪状，并宣读了讨蒋宣言。李鸣珂还十分警惕地注视着右派分子的活动，一旦发现，便及时痛击。例如，蒋介石的得意门生、孙文主义学会的骨干分子杨引之、戴弁等，北伐期间被蒋介石派到四川拉拢军阀刘湘，分裂革命，制造了1927年重庆的"三三一"惨案。李鸣珂在武汉闻此消息十分悲痛，立即和吴玉章、王维舟等一起，没收了四川军阀杨森驻汉办事处机关的全部房屋，成立起"三三一"惨案救济会，声讨蒋介石，声讨四川军阀。

1927年5月,夏斗寅叛变革命,进攻武汉国民政府,已经打到了距武汉城四十公里左右的纸坊、土地堂一带。当时留在武汉的只有第二十四师的七十二团、教导大队,第二十五师的七十五团,以及中央军事政治学校和武汉农讲所的学员。中国共产党和国民党左派,决定由武汉卫戍司令叶挺率领上述部队前往讨伐。李鸣珂所在的教导队负责扼守洪山,保卫武汉南大门。出战前,他召集部队进行政治动员,号召大家彻底消灭来犯之敌。由于指战员英勇作战,很快把夏斗寅部打得一败涂地,保卫了武汉,巩固了武汉国民政府。

在武汉期间,李鸣珂为了发展革命力量,还函邀原在家乡与他一起同封建势力作斗争的青年李载溥、李宗昭、阳永盛等,到武汉参加革命队伍。经请示领导和吴玉章等的介绍,李载溥任教导大队第一中队书记(文书),李宗昭任军需员,阳永盛任湖北省总工会纠察大队中队长。李鸣珂经常和他们在一起研究政治形势,讨论国家前途,决心共同奋斗。

四

第一次国内革命战争失败后,党中央决定把党掌握的部队集中南昌,举行武装起义。

第十一军二十四师教导大队于7月中旬受命离开武汉向南昌开拔。出发前,周恩来亲临部队讲话。那天正下大雨,李鸣珂担任值日官,他看到周老师(黄埔军校学生对周恩来的尊称)站在过膝的水中,十分心痛,连忙说:"您讲重大问题就行了,具体事情我来布置。"周恩来说了声"好",然后对着全体指战员严肃地说道:同志们,我们是革命的队伍,是为国为民的。经过一年的斗争,我们打垮了旧军阀,可又出了新军阀蒋介石,汪精卫也叛变了革命。现在,我们需要转移阵地,离开武汉去江西,讨伐新军阀,希望大家团结一致,勇敢坚强,胜利地完成战斗任务。

部队乘船东下,经大冶、黄石、九江,于7月下旬抵达南昌。一路上,李鸣珂领导的第一中队,还担负着警卫周恩来、叶挺等负责同志的光荣任务。

教导大队到达南昌后,住在朱德所在的第九军军官教育团左侧的一所小学里,军事和政治训练比在武昌更为紧张。李鸣珂废寝忘食,终日辛劳,除搞好所属部队的军政训练外,还要警卫前敌指挥部负责同志的安全,经常向周恩来、吴玉章、恽代英、刘伯承等请示工作。

八一起义前夕的南昌,情况复杂,斗争异常激烈。一天,李鸣珂一个在黄埔时的同学突然来访,自称他是第二十四师参谋长的亲戚,刚调来师部作参谋,但言谈之间,渐渐暴露了他的反革命原形。李鸣珂强压怒火,一边听着他的满口胡言,一边秘密的问上级报告,经领导决定,立即将这个家伙镇压,为起义扫除了一个障碍。

7月31日下午,教导大队接到"擦洗武器,补充弹药,整理行装,待命行动"的命令。李鸣珂和大家一样,怀着激动的心情,按命令要求认真做着准备。8月1日凌晨,指挥枪打响了,接着机关枪、迫击炮也轰鸣了。李鸣珂带领战士迅速完成了策应朱德领导的军官教育团起义的任务,接着又率队冲入敌阵,支援其他中队。敌第三军的第二十三团驻在贡院后面,遭到起义军进攻后,先向北面湖边败退,由于起义军阻击,又折回向教导大队扑来。敌人困兽犹斗,来势凶猛,十多个学生兵有些抵挡不住,中队长陈守礼又身负重伤,情况十分危急。正在这时,李鸣珂率领队伍从左侧冲杀过来,将敌人打垮了。

起义胜利后,由周恩来主持,对部队进行整编。李鸣珂调中共中央前敌委员会任警卫营长(即手枪队队长)。警卫营除担负革命委员会和参谋团(相当于军事委员会)的保卫工作外,还负责保卫文书档案、押送起义时所缴获的武器和现金,协助李立三领导的政治保卫处惩治反革命分子。李鸣珂兢兢业业,出色地完成了党交给的工作任务。

五

8月3日至5日,起义军分批撤离南昌,保卫前委和革命委员会领导人的工作,就显得更加重要。李鸣珂率领的警卫战士,走在领导机关的前面,勇敢杀敌,扫清道路,并主动和兄弟部队配合狙击敌人。刚过宜黄,主力部队在前面广昌与敌人钱大钧部接火,战斗进行得十分激烈。突然有一小股敌人迎面来犯。李鸣珂把领导同志、伤病员和民夫安排到隐蔽的地方,然后带领部队冲上山包,抢先占领了有利地形,终于击退了敌人。

在瑞金休整时,警卫营总结了前段行军的经验教训。他们根据上级指示,将监护运送的文件进行清理,重要的交地方党收藏保管，次要的就地销毁，只留下极少数必用的文件随军携带；警卫营保管的现金（银圆），上级也决定分发给各战斗部队，作为途中开支。这样一来，他们的工作量就大大减轻了。加之离开瑞金以后，前委恽代英常深入各部队讲述当前的形势，进行政治动员；吴玉章常与李立三领导的政治保卫处一道行军，因而警卫首长的任务，也不像先前那样繁重。李鸣珂主动找担子挑，他带领警卫战士在搞好警卫工作的同时，沿途积极参加宣传活动，哪里战斗吃紧，就分出一支部队支援。他那旺盛的战斗意志和饱满的激情，深受战士们的赞扬。部队进入福建河田，上级命令李鸣珂担任临时城防司令，负责警戒巡逻。李鸣珂观察地形，布置城内外岗哨，亲自带人巡回检查，通宵没有合眼。第二天拂晓，远处传来敌人的枪声。部队集合出发，照原定计划向上杭转移，李鸣珂奉命率警卫营和第二十四师一部负责断后。他们埋伏在两山之山腰，等待敌人的追兵。当敌人气喘吁吁地赶到山下时，李鸣珂等指挥部队左右出击，很快打退了敌人，掩护主力顺利前进。为此，上级曾口头嘉奖李鸣珂等。

行军途中，李鸣珂还尽量做争取敌军的工作。在去上杭的路上，部队经过一个小镇子，镇子上驻有国民党地方军的一个团。李鸣珂带着副官李宇等徒手先入镇子交涉，说明我军路过此地，暂借一宿，希望双方互不侵犯。他的诚意得到了对方的赞同，从而避免了双方的消耗和伤亡。

在向广东大埔行军途中，一天，部队突然遇到敌军伏兵的袭击。李鸣珂马上组织反击，保卫领导机关。背运文件和银圆的军需员李宗昭为了抢快脱险,从一个崖坎上跳了下去,结果把装文件的箱子丢失了。李鸣珂闻讯后马上向秘书长吴玉章作了汇报。吴玉章指示要立即派人把文件箱子找回来,因为里边还装有不少中央发来的机密文件。李鸣珂带领一个机枪排、一个手枪连和一个步兵连,摸黑通过敌人的封锁线,找到了文件箱。在归途中被敌人发现,连续开枪射击。李鸣珂为了不让中央文件落入敌手,决定不与敌人纠缠,率领部队快速冲出险区,安全地回到了驻地。同志们见了十分欢喜,领导上对他这种认真负责的精神进行了表扬。

1927年9月,起义部队到达三河坝。由于部队冒酷暑长途跋涉,不少人生病掉队,加上连续作战伤亡较大,有的人害怕艰苦又开了小差,因而,兵员大为减少。就在此时,敌黄绍竑部乘机向第二十五师发动进攻,情况非常危急。一天深夜,朱德来到警卫营驻地,对李鸣珂下达命令说:"敌人一个团的兵力从梅县方向扑来。离这里约30里的蜈蚣岭是个要冲,决定派你队前往死守,不得命令,不准撤离。"李鸣珂迅速集合部队,跑步到达指定地点,加紧修筑工事。骄横愚昧的敌人根本未想到这里设有伏兵,大摇大摆地向山梁上爬来。当接近阵地时,李鸣珂一声喊"打",全体指战员排枪齐放,手榴弹遍地开花。敌人对这个突如其来的打击毫无准备,慌忙退缩。战后,李鸣珂一边命令部队在原阵地上继续加修工事,一边派出侦察员访问当地群众,看是否另有通道上山,结果查明,确实还有一条平时很少有行人的小路通往山上。他立即决定抽一个班带机枪去小路扼守。次日拂晓,敌人果然沿大、小两条道路向山上进攻。由于早有准备，李鸣珂部沉着应战，又一次打退了敌人，出色地完成了上级交给的阻击任务。

起义部队到达潮州、汕头时，警卫营还被派去镇守汕头炮台，阻击敌人从海上登陆偷袭，前后坚持了一个星期。后因整个部队失利而转移，李鸣珂也取道香港返回上海。

六

1927年11月，周恩来到上海后，具体领导中央军委和中央特科。陈赓、李强和李鸣珂等在中央军委和周恩来的领导下，各负责一个方面的工作。当时党中央实行机关社会化和家庭化，即党的各个部门以社会团体、商店、企业、医院等面目出现，或以建立一个家庭为掩护。李鸣珂以三洋经济川裕公司负责人身份开展活动，同黄云桥装扮成假夫妻，住上海南成都路，同住的还有原第二十军党代表廖乾吾、中央机关交通员李觉鸣等。

不久，中央派李鸣珂去广东执行任务。时值广州起义失败，敌人正四处搜捕和屠杀革命者，城内外岗哨林立，密探四布，形势十分紧张。李鸣珂同交通员刚进入市区，就被敌人的便衣特务盯上了。李鸣珂见势不妙，很快地走进一家大百货店，又由百货店的另一道门走出，但仍未甩脱尾巴。他穿过一条街，迅速地闪进一家旅馆。跟踪的特务以为这一下可以手到擒来，便严密地把守住旅馆的大门。然而，机警的李鸣珂却从旅馆后面的一个小门飞步脱身了。

李鸣珂赴广州执行任务返回上海，时为1927年11月下旬。未及歇气，中央又派他到湖南给朱德送信。这封信根据南昌起义和各地秋收起义的经验教训，指示朱德及其所部要吸取自己流血的经验，充分发动工农群众，相信群众力量，建立工农群众武装，注意革命军队与农民运动相结合，不要以武力包办一切，要共同计划，发动群众，以这些武力造成割据的暴动局面，建立工农代表会议——苏维埃政权。在客观条件不具备时，不要盲目暴动，而要向敌人统治薄弱的乡村进军，要迅速脱离范石生部，以避免被消灭的危险。信中还写道：必须加强党对军队的领导，认真解决部队给养，注意应急措施等。这封信共提出12条指示，其中心是指明工农暴动的方向，提出工农武装割据的思想，规定人民军队建设的原则，是一份极其重要和珍贵的文件。

中央派李鸣珂送信给朱德，绝不是把他当成一般的交通员，而是作为中央的特派员，这可从信里的几段文字看出："自从三河坝与潮州的交通被切断后，党的指导机关即与二十五师全体同志失去了联系。潮州失守后，粤省委曾两次派人追赶你们，及你们退出武平转入江西信丰时，江西省又派人接洽，最后知道你们已越大庾岭而入湖南，中央乃又命湖南省委派人与你们接洽。但一切都是徒劳，始终未得赶着你们。现在你们的踪迹，从报上的记载和辗转传来的消息，似乎是驻在桂东和桂阳一带，惟仍未能证实，并且据江西省委报告，你们入湖南时，曾与范石生有一度之联系，此事如果属实，在广东暴动失败后，能否不为范石生所解决，很是疑问，因此中央特派李鸣珂同志经江西入湘专与你接头。除了中央一切重要的决议和关于军事运动的新政策以及最近各省工农武装暴动的情形和统治军阀崩溃的趋势已令鸣珂同志口头向你们详细报告外,中央还有以下的话要说……""鸣珂同志的任务完毕,即须回来报告,万一你们需要鸣珂在那边工作,他可以参加师委并任军队中一部分指挥工作。一切一切都由鸣珂同志面达,此次就不详写了。最后中央对你们这一师死难的同志,特致最诚恳的哀忱和永不能忘记的心意,同时并祝你们后死的同志努力!"

李鸣珂对这项光荣而艰巨的任务表示坚决完成。他带着党的期望同交通员李觉鸣立刻离开上海,踏上去湖南的征途。他们装扮成做小生意的两兄弟,沿途买些浏阳的夏布、长沙的雨伞和湘南的木屐随身贩卖,以此作为掩护。到长沙后,他们向中共湖南省委汇报了党中央的意图。湖南省委介绍他们到湘潭县委去。可是,这时湘赣粤几省的国民党反动派正在"围剿"井冈山革命根据地和湘南游击区,严密封锁各地,四处屠杀共产党人和革命群众。李鸣珂和李觉鸣几经转折,均未能在湘南找到朱德和他领导的起义军,只好返回上海,仍留中央军委工作。

七

为了加强中共四川省委的领导力量,1928年下半年,经中央军委书记、组织部长周恩来提议,中央决定派李鸣珂到四川负责全川的军事工作和保卫省委机关的安全。此前不久,即1928年3月间,中共四川省委书记傅烈等在重庆兴隆巷8号召开巴县县委成立会时，不幸被捕牺牲。李鸣珂入川后，不畏艰险，立即开展工作，为完成先烈们的未竟事业而英勇斗争。

1929年6月7日至11日，中共四川临时省委在成都召开第二次扩大会议。李鸣珂当选为省委委员、常委，分工任省军委书记。会议决定省委机关迁重庆，派李鸣珂赴重庆筹建省委机关并兼任川东特委书记。

在重庆，李鸣珂化名李春华、钟鸣等，时而装扮成医生，穿着褪色的蓝布长衫，出没于大街小巷，宣传组织群众指导工作；时而又变成商人，到涪陵、江津、泸州、自贡、南充和成都等地检查工作，组织武装起义。为了掩护党的工作，他将爱人李和鸣、妹妹李蜀俊、堂弟李孔章（李和鸣、李蜀俊和李孔章都是共产党员）等从家乡南部接到重庆，在顺城街租佃一间房屋住家。这个"家"门上贴着"生意兴隆通四海，财源茂盛达三江"的对联，从外表看完全像家商号；实际上，它是党的交通联络站。联络站由李和鸣负责，人们尊称她为"三嫂"。她热情接待外地来的革命同志，安排食宿，煮饭、洗衣，十分耐心；她保管党的文件，井井有条，往来传递消息，非常认真细致，深受同志们的爱戴。李鸣珂的妹妹李蜀俊由党派到南岸区做工人和妇女工作，公开职业为小学教师。李鸣珂的哥哥李祥如为人忠厚老实，勤劳纯朴，安排在重庆十八梯浩池街开一家酱园铺，以掩护设在三楼上的省委机关。李鸣珂的一家，结成了一个革命集体，分别战斗在各个岗位上，为劳苦大众的翻身解放而勤奋地工作着。

李鸣珂经过深入调查研究，认真分析敌友我三方面的力量对比，决定在军事方面进行三大项工作：第一，开展军事运动。省军委派出共产党员到川军各部，把川军各部队中原有的中共党员组织起来，争取在一些师或旅部中建立起特别支部。大革命失败后，党从上海、武汉、北京等地陆续派了一批共产党员到四川工作，其中不少去到川军各部，如共产党员胡成杰任郭汝栋部政治部主任，秦青川任邓锡侯部第七混成旅政治部主任，刘文仕、秦仲文任第二十八军第五混成旅团长，等等。第二，发动士兵群众，开展兵运，建立江（北）巴（县）士兵运动委员会，争取士兵倒戈。同时，在省军委的领导下，建立四川地方部队和警察工作小组，派共产党员打入四川地方部队和警察局内部，搜集情报，同四川地方部队、警察中的中下层军官交朋友，争取他们的同情，为我们送情报，透露消息，暗中对革命者进行一些保护。第三，建立保卫小组，保卫党的组织，镇压叛徒和特务。三项任务都建立在发动群众、密切联系群众的基础上。

李鸣珂仔细地研究了四川各军阀的特点和他们之间的矛盾，决定在兵运工作中紧紧抓住三个环节，即兵运、民（团）运和匪运，主动向敌人展开进攻。他认为：（一）四川军阀多，统治残酷，各有靠山，矛盾重重，可以利用；（二）各地民团系地主武装，是军阀统治的基础，是地头蛇，残暴凶狠，压迫老百姓最直接；（三）当时的四川，土匪多，占山为王，常给老百姓带来痛苦。所以，人民群众称军阀、民团（或团阀）和土匪为三大祸害，并编了一首民谣："兵如梳，匪如篦，团防好似剃头刀子剃。"由于这三大祸害横征暴敛，百般搜刮，把天府之国的四川弄得民不聊生，劳苦大众过着"三月杂粮，三月糠，三月野菜，三月荒"的日子。如果做好这三项工作，就可以把各方面的力量集中起来，将矛头指向新军阀蒋介石和他在四川的走卒刘湘之流，就可以减轻人民的疾苦，扩大我党在群众中的影响，便于发动群众。李鸣珂对各地搞军运的同志讲："我们的军运，包括了兵运、匪运和团运三种工作对象，只要瓦解了人民头上这三把刀子，我们的工作就事半功倍了。"李鸣珂虽为省委军委领导，但毫无半点架子。他事事身体力行，亲自深入虎穴，在争取重庆城防司令郭勋祺、师长潘文华，合川驻军师长陈书农，广汉驻军旅长陈静珊，邻（水）、岳（池）、广（安）驻军旅长任玮章、陈杰才等工作中，都取得了明显的成效。

李鸣珂不但重视武（掌握枪杆子），也很重视文（抓宣传舆论）。他动员川军第二十四军军长刘文辉派驻重庆的师长张清平（张清平当时是共产党员）出经费办一份报纸，名《新社会日报》，由党来掌握，社长为罗承烈，编辑有项鼎、刘仁伯等。省委书记刘愿庵和李鸣珂等都十分重视这家报纸，亲自为报纸写社论和文章，帮助审稿，常彻夜不眠。这家报纸以新颖的文风和生动活泼的文字，宣传反帝反封建等革命道理和我们党的各种主张，狠狠抨击国家主义派，群众爱看，效果良好，发行量由每天两千份增加到五千份，仍然供不应求。军阀刘湘很讨厌这份报纸，但因这家报社是以张清平的名义办的，社长罗承烈是刘文辉派出的代表，刘湘与刘文辉又是叔侄关系，所以不好查封。党就利用这种复杂关系，将报纸办了一段时期。

后来，国民党中央宣传部和中央训练部长何应钦等，以《新社会日报》"发表反动文字""造谣挑拨""淆乱听闻"等罪名，于1929年6月电令刘湘查封了该报。

除了办报，中共四川省委和共青团四川省委机关还办了一些刊物，用以宣传党的方针政策，教育党团员，指导四川党和团的工作，如《四川通讯》《青年通讯》等。李鸣珂领导的省军委，为了开展党的工作，保证省委和各地组织的联系，同省委有关单位配合，在重庆市区开设商店、茶铺、饭馆，作为党的交通站或联络点，如"协合寄宿店""南来燕食店"等。

为了提高广大人民群众的觉悟和激发青年们的革命热情，动员人民群众向帝国主义和封建势力开战，李鸣珂、刘愿庵和穆青等还研究决定开设了两个书店，发售进步书报杂志，聚集革命力量，一为"九七书店"、一为"掘新书店"。书店曾以"招股"的办法筹集资金，以避免反动当局怀疑为我党所办。

李鸣珂、刘愿庵和穆青等就这样日夜战斗在敌人残酷统治的山城。由于他们的辛勤劳动，艰苦努力，工作进展很快，短短半年时间，党的组织就有了较大的发展。四川的统治者对此大为惊恐，1928年10月的《国民公报》，曾以《四川共党如此多耶》为题，专门作了报道，原文照录如下：

渝讯：此次卫戍部破获共案牵涉甚大，四川共党查有四千多名，女党员约八、九百人，其最高领袖，现尚在省外某最高机关担任要职，闻刘湘拟将前后一切情形，向国府呈报，请示办法云。

可见，李鸣珂等的工作，是何等的有成效啊！

八

重庆有个戴弁，是蒋介石1927年派到四川勾结反动军阀的特使，时任刘湘的第二十一军政训部主任。这家伙是制造"三三一"惨案和一系列白色恐怖活动的主要策划者，双手沾满了革命者的鲜血。李鸣珂与省军委其他同志一致认为，如不迅速除掉这个残暴的豺狼，将会给革命带来更大的危害，于是作出了处死戴弁的决定。代理省委书记张秀熟听了李鸣珂的汇报后，同意了省军委的决定。

1928年9月下旬的一个下雨天，李鸣珂带上李觉鸣和一位姓陈的同志，在戴弁平日由较场口附近公寓乘轿往大梁子第二十一军军部办公的路上，击毙了这个作恶多端的坏蛋。

戴弁被击毙，惊动了全川军阀，有力地打击了刘湘的反动气焰。消息传到南京，蒋介石也大为震动。他和国民党政训部长戴季陶，一面致专电表示哀悼，一面要军阀刘湘严缉所谓"正凶"。此后，四川的国民党反动派和军阀武装进行了疯狂的报复，先后破坏党、团省委机关，并捕去代理省委书记张秀熟等二十多人。

面对白色恐怖，李鸣珂和穆青等在积极设法营救战友的同时，领导全川各级党组织及广大党员，继续同敌人进行斗争。

九

1929年春,中共四川临时省委于成都召开第二次代表会议。首先由刘愿庵报告在苏联莫斯科出席中共"六大"会议的情况和传达"六大"的主要精神,接着讨论"六大"决议和四川的工运、农运、军运以及发展组织等问题,作出四川党的决议案。在决议中指出:由于四川军阀割据,连年混战,农村经济破产,城市经济萧条,人民生活极苦,纷纷要求解放,革命高潮有首先到来的可能,要求各级党组织加紧争取工农兵群众,准备武装暴动。会议选举刘愿庵、穆青、刘云简、李鸣珂、熊子良、刘远翔、曾海云、周敦婉、陈嘉钰等为省委委员,前五人为省委常委。

李鸣珂领导的四川省军委,根据党的"六大"精神和省党代表会议决议,在省委的领导下,分头去南充、涪陵、达县、泸州和川西北等地布置和检查工作,发动工农群众,搞兵变,组织工农武装起义,建立革命根据地,深入土地革命,成立苏维埃政府。从1929年初开始至1930年春,先后发动和领导了万源固军坝起义、双江镇兵变、旷继勋部兵变和涪陵武装起义,等等。

李鸣珂亲自指导了川军边防军第五混成旅瞿联承部的兵变。1927年初,刘伯承、朱德等发动领导泸顺起义时,瞿联承是驻南充川军第五师何光烈部的一个团长。这个团后来改编为边防军第五混成旅,瞿联承升任旅长,在这个旅中,党的工作比较活跃，旅部秘书赵子文、第十团团长刘文仕和第十一团团长秦仲文等，都先后加入了中国共产党。1928年秋，瞿联承逐渐发现了党在该旅进行革命活动，于是就急急忙忙地向其主子边防军司令李家钰密报，说"共产党要在第五混成旅搞暴动。"李家钰一听，立即命令对刘文仕、秦仲文两个团进行改编。消息传出，赵子文等马上进行研究，决定一方面派人向省委汇报，一方面积极准备进行武装起义。李鸣珂得知此事后，立即赶到瞿旅。这时，刘、秦两团已把瞿联承赶跑了，但不知下一步如何办？李鸣珂马上召开各级党员干部会，讨论部队的出路。会议根据李鸣珂等的意见，决定成立中国工农红军四川独立第一旅，由刘文仕、秦仲文负责，旅委改为前敌委员会，由赵子文任书记；部队开往下川东一带建立革命根据地。由于这支部队只有几十个党员，党的力量不强，思想不统一，担任团长职务的两个党员政治觉悟不高，部队行动缓慢，步调不一。李鸣珂等虽做了大量的说服教育工作，效果均不很大。加之，部队无粮饷，生活发生困难，行至璧山，又遇刘湘重兵的阻击，伤亡重大。不久，早已下台的川军第五师师长何光烈利用旧关系控制了这支部队。而刘湘又以委官发饷为诱饵，收买了何光烈，并将该部调至重庆浮图关整训。刘湘、何光烈仍恐刘文仕难于驾驭，便在浮图关驻地将其暗杀了。李鸣珂等为了继续做好这支部队的工作，再次派出思想好、能力强的干部李春畅等去加强该部党的领导；同时，将一些暴露了身份的党员干部调至其他部队或地方工作。后来，这支部队开往邻水，何光烈实行"清共"，将官兵中有革命嫌疑的一律枪毙，党的忠诚战士李春畅遇害牺牲。何光烈这个沾满革命者鲜血的刽子手随后也被镇压了。至此，这支部队完全解体。

1929年底，李鸣珂又亲自去涪陵抓军运和农运。涪陵驻军为郭汝栋部，郭原是军阀杨森手下的一个师长，后杨森被军阀刘湘等赶出四川，郭曾一度任军长。此人善于投机，大革命时期，他眼看北伐将有成功的可能，想为个人增添革命色彩，为自己培植实力，就派了一些青年去广州黄埔军校和武汉分校受训，并接纳了一些黄埔生到他的部队工作。党利用这个机会派了一些共产党员到郭汝栋部，先后有尹绍洲、胡成杰、徐孔嘉、任狄犹、赵启明等，胡成杰还担任了军政治部主任职务。李鸣珂原是黄埔军校"青年军人联合会"的骨干，在黄埔军校中有较高的威信，回到四川后，大家都尊重他。李鸣珂利用这种关系到涪陵，首先与胡成杰商量起义事宜。

1930年初，蒋冯阎大战正酣，后方空虚，蒋介石命郭汝栋部出川至湖北镇守。李鸣珂等决定利用这个机会在涪陵发动郭部第一师第一团兵变。李鸣珂头缠布帕，身着蓝布对襟短衣，完全像一个老实忠厚的农民，整天奔走在涪陵县城内外，调查起义出走的路线，布置起义计划，组织农民武装接应等。2月的一个晚上，起义开始，但该部地下党组织中出了叛徒，引起了敌人的警觉，因而只有第一团三营八连连长、共产党员赵启明率领不到一连的兵力起义成功，进入罗云坝与当地农民武装结合。3月初，在涪陵县的齐团镇召开军民大会，宣布中国工农红军四川第二路游击队正式成立，赵启明为司令，梁歌为党代表。不久，部队进入忠县、丰都和石柱几县的边境地区发动群众，打土豪、分田地，建立苏维埃政权，粉碎敌人的围攻。李鸣珂在涪陵领导兵变和建立中国工农红军四川第二路游击队后，返回重庆投入新的战斗。

李鸣珂奔走在四川各地，不仅抓军运，而且也重视工运、农运和学运，并以工运、农运和学运作为军运的基础。同时，他还很注意地方党组织的建设。1929年秋，他同老战友李载溥等一道回到家乡——南部，进行社会调查，发动农民群众组织起来向封建势力作斗争。李鸣珂深深感到，离开家乡整整四年，今日的南部与1925年的南部大不一样了，虽然山河依旧，但人民群众的觉悟已大为提高，不但"打倒列强"和"铲除军阀"的口号已成为群众的行动，而且共产主义理论也开始传播。他的老同学和老朋友中，已有不少人经过了革命洗礼，意志坚强起来，并且光荣地加入了中国共产党。当时的南部县是四川一个小军阀李伟如的防区，因李部所占地盘小，而部队开支大，加之贪官污吏和土豪劣绅的盘剥，每年所征粮款和苛捐杂税都非常重，广大人民生活极苦，因而要求推翻军阀封建势力的革命热情很高。同时，李伟如对南部县的统治又不如刘湘统治重庆那样严密，可以利用各种机会，发展革命力量。鉴于上述情况，李鸣珂等确定了"发展农村党组织，加强党对农民运动的领导"的指导方针。他动员同乡尹绍伊从成都回到南部，以国民党员的公开身份筹办国民党南部县指导委员会，掩护党的秘密工作。他还把在外地加入党组织回到南部的马安华、李仕修组织起来，成立了南部县第一个党支部。李鸣珂同南充中心县委派来的项志平一道，抓住国民党反动派捣毁左派国民党南部县指导委员会一事为导火线，有领导有组织地向国民党右派和封建军阀势力发起了一场猛攻。他们在黄金、三合、元坝、永定、流马、寒坡等乡镇发动农民群众，建立农民协会，减租减息，抗税抗捐。

这些革命活动，惊动了当地的地主豪绅和封建余孽，他们纷纷要求军阀李伟如派兵镇压。为了回击反动派，党动员各界群众，开展声势浩大的斗争。由共产党员李仕修、赵文浩等率领永定区的数百名农协会会员，开往县城示威，队伍沿途不断扩大，增至数千，进入南部县城，冲入县衙门，高呼："强烈要求县府惩办捣毁县指导委员会的凶手熊仕卿、孙铸成！""发还农民修建潼（南）保（宁）公路的血汗钱！"县知事和马路局长吓得魂飞云霄，仓皇从后门逃走。群众气愤之余，砸烂挂在墙上的"明镜高悬"匾，捣毁了公堂。接着，以县团练局长为公开身份的共产党员张友明召集市民大会，揭露熊仕卿等人的罪行，号召商人罢市，学生罢课，声援农民的正义行动。会后，将捣毁县指导委员会的凶手熊仕卿、孙铸成游街示众，人民群众皆大欢喜。在觉悟的人民面前，在强大的政治攻势和社会舆论压力下，军阀李伟如无可奈何，不得不把熊、孙二人监禁起来。

李鸣珂为了发展党的组织，培养党的干部，积蓄革命力量，曾建议在县城办一所小学，作为党开展工作的联络点、交通站。不久，"群乐小学"诞生了。随着群众运动的发展，革命斗争的深入，群众中涌现出一批积极分子，有的被发展为党员，有的被吸收为团员。此后，南部县的党组织领导南部人民向敌人开展了可歌可泣的斗争。如1932年发生的"升保暴动"，声势之大，为全川之冠，这与李鸣珂等在那里艰苦斗争，创立南部县第一个党的支部是分不开的。

十

随着四川各地党组织的恢复和壮大，工农运动的不断兴起，以及武装起义的蓬勃发展，军阀刘湘一伙胆战心惊，在蒋介石的指使下，四处网罗大小军阀联合"剿共"。刘湘还在谋士们的精心策划下，采取各种卑劣手法，收买叛徒，以破坏革命。

针对这一情况，省委刘愿庵、李鸣珂、穆青等研究决定，在党员中进行革命气节的教育，要求大家坚定革命立场，树立共产主义必胜的信念，克服暂时困难，去迎接新的胜利，以粉碎敌人的阴谋。同时，由李鸣珂负责，加强锄奸保卫小组，开展针锋相对的斗争。李鸣珂领导的省军委派出一些坚强的共产党员打入刘湘的第二十一军军部及其所领导的特务委员会中，了解敌人动向，收集情报，便于对付敌人的破坏，进而主动地消灭敌人，处死叛徒。

由于军阀刘湘采取种种毒辣手段，从各个渠道破坏党的各级组织，党虽经多方防御抵制，但仍有个别意志不坚定的分子先后叛党投敌。易觉先是四川长寿县人，曾任党的忠县县委组织部长、省委士兵运动委员会委员兼江巴联防总会秘书长。他投入刘湘的怀抱之后，经常带着特务在重庆城内外捕捉革命者,甚至去万县、成都等地逮捕共产党员和爱国人士,真是十恶不赦!省军委经过研究,决定采取果断措施,除掉这个害人虫。

与此同时,敌人也准备对李鸣珂下毒手。1930年春天的一个夜里,在敌第二十一军副官处当勤务兵的地下工作者,找到李鸣珂报告情况,他说:"各地的军阀都急于要搜捕你,只苦于摸不着头脑,现易觉先叛变,他知道你的行踪,看来在重庆不能久留了,中央不是已经任命你为红六军军长吗?你快离开这里到湖北上任去吧!"李鸣珂回答说:"易觉先不除,四川党组织和广大党员的生命要遭到更大的危害,个人安危算得什么。我一定要根据省军委集体的决定,先将这个叛徒除掉,然后再去新的工作岗位。"此前,国民党的反动报纸就发表了一则"通缉令"式的"消息",要各地军警捉拿李鸣珂,"消息"说:共产党四川"省党部委员李鸣珂、黄埔生,于前数日来渝,在各处活动甚力,盛传该党以图取重庆之故……并已将其在涪陵所设之军委会移到重庆指挥一切云。"

易觉先的叛变,报纸上的"通缉",给李鸣珂的安全带来极大的威胁,他自己也很清楚,随时都有被捕的可能。但他大义凛然,愿为共产主义事业洒热血,而不吝惜自己。他向同志们讲,"胜利是争取来的,我们要日夜不停地工作,不要怕牺牲。当然不能听任牺牲,要在死亡线上求生,为革命牺牲是值得的。"他还嘱咐爱人李和鸣,要忠于党的事业,严守党的机密,抚养好孩子,并将各种文件进行处理,以防意外。

一天,叛徒易觉先带了几个匪徒破坏了党的江北特支机关,逮捕了特支负责人。匪徒们由江北回转途中,刚爬上朝天门码头,恰巧遇见李鸣珂、邓文书等外出执行任务。冤家相遇,格外眼红。易觉先一下扑到李鸣珂面前,恶狠狠地说:"我已反了党。"话毕,就支使特务捉拿李鸣珂。李鸣珂从容不迫,回答了一句:"我早已知道,你这无耻的叛徒。"接着,连发两枪。易觉先应声倒下,被结果了性命。李鸣珂机警地又连发数枪,先后打倒几个匪徒,其余人等吓得目瞪口呆,不敢上前一步。此时,被枪声惊动的城防司令部和团务局航管处,出动了大批敌兵,并宣布全城戒严,李鸣珂等不幸被捕。

十一

李鸣珂被捕后,最初被关在重庆卫成司令部里。省委书记刘愿庵等积极组织营救,派省农委负责人陈茂华去找卫成司令郭勋祺的亲戚、地下党员徐春芳,要想尽各种办法将李鸣珂救出来。可是,陈茂华这时已对革命发生动摇,虽口头答应,却迟迟不动。经刘愿庵再三催促,陈茂华才前往找人,结果晚了,李鸣珂已由卫成司令部转押到刘湘的第二十一军军部。李鸣珂在被捕、转押过程中,仍尽力宣传打倒帝国主义、打倒军阀以及共产主义一定要在中国实现的道理。对此,在第二十一军特委会写给刘湘的报告中,曾有这样一段记述:"此人是有才华的,善于词辩,被逮捕进部,见士兵宣传士兵,见夫役宣传夫役,有机会便利用。"

李鸣珂被押解到第二十一军军部后,刘湘首先派特务头子、第二十一军副官兼重庆警备司令李根固,带着刽子手贺蜀筠、宋毓萍等前来审讯。这帮人虽采取种种威胁利诱的卑劣手段,但共产主义战士李鸣珂根本不吃这一套。他把审讯室变成对敌人的审判室,把法庭当成宣传革命的讲台,义正词严地同反动派进行了面对面的斗争。

李根固问:"你是不是叫李鸣珂?"李鸣珂答:"我就是,你要怎么样?""你是共产党的省军委书记吗?"李根固又问。"一点不假!"李鸣珂毫无惧色,昂首回答。"你家住在什么地方?""住在天上地下,五湖四海。""你有哪些同党?""千千万万,数不清。""难道你不怕死吗?""怕死的就不是共产党。"李鸣珂铿锵有力的回答,像一记记沉重的耳光,打在李根固的脸上。他凶狠地威胁道:"你打死侦缉队员易觉先要抵命。"

"可惜杀得太少,连你们这般狗东西也该杀!"李鸣珂迎头反击,字字千钧。理屈词穷的李根固暴跳如雷地吼道:"我要把你千刀万剐!"李鸣珂淡淡的一笑,说:"留取丹心照汗青,虽死犹生。""审讯"再也无法继续下去了。李根固一伙像一群发了疯的野兽,对李鸣珂施以种种酷刑。但李鸣珂坚贞不屈,未向敌人供出半点党的机密。

在狱中,李鸣珂始终不忘一个共产党员的职责。他团结难友,用一切机会向难友们讲述革命形势,鼓励大家继续斗争。同时,他也知道敌人很快就可能对自己下毒手,便抓紧时间给省委书记刘愿庵、爱人李和鸣等写了遗书,以表达他对党的事业的忠诚,对同志的无限深情。现抄录于后:

给刘愿庵的信：

敦信同志：暂请出城，避免毒手。五弟请严施训练，将来是很有作为的，祝你领导四川革命成功！

给李觉鸣的信：

五弟：与你永别了，你在四川工作，不要走，你必须爱护敦信，在他指导下努力学习，以后不要发孩子的脾气了，你目前可请省委派到中央学习一次，训练转来了，到游击区去或仍努力继续军委工作都可，临行前几分钟对你讲的话，望牢记！

给刘愿庵、李觉鸣的信：

敦信、觉鸣俩同志：请速下乡暂避，闻说军部专门捉拿你两个，并准备拿到就地正法，望珍重。

给李和鸣的信：

和鸣：从此与你们一家大小永别了，不要伤心，好好教育我们的孩子，准备帮我复仇！你不要回家，同五弟住，或由敦信指定你地方住，你今后惟有革命，并听五弟及敦信的话，紧紧记住。

特务头子李根固的"审讯"，未捞到半点油水，刘湘便亲自出马，搞所谓公开"审讯"。他集合部队千余人，在一个大坝子里助威，想以此来慑服李鸣珂。李鸣珂带上沉重的脚镣，出牢房时，他向邓文书笑了一笑说："今天是我俩效忠于党，效忠于人民的日子了。"说罢，便昂首挺胸而去。

刘湘见到李鸣珂后，装出一副慈悲的样子说："李先生，你是既聪明又能干的人，要认清形势。你看过激党处处失败，只是捣乱，哪像个成功的样子，如能幡然悔悟，我们同造国家，你说好吗？"

李鸣珂高声说道："要我说，我就要说一个小时，不准插嘴。"

刘湘还以为李鸣珂要"回头"了，连忙答应："好，好！"这时，李鸣珂站在阶沿上，向左右看了看，然后说："士兵们，我们是穷人，世界上那样东西不是我们制造出来的，我们受着火热太阳的暴晒，受寒冷霜雪的刺扎，风吹雨打，肩挑背磨，白天晚上忙个不停，然而没有吃的，没有穿的，妻子老小病在床上吃不起药，无人管……"

李鸣珂的话打动了许多官兵的心弦，有的士兵流下泪来。他更提高嗓门说："这都是封建军阀、地主豪绅和贪官污吏剥削压榨造成的。他们征粮派款，拉丁拉夫，喝干了我们的血，不是我们命不好。"

刘湘再也忍不住了，他怒气冲冲，拍案叫道："不要听他宣传！"李鸣珂不理刘湘的恫吓，进一步说："社会上的寄生虫，假造什么道德法律来束缚我们，只许他们杀人放火，不准我们活命，我们要撕碎这些条文，我们要做主人，不当奴隶，大家要起来革命，要打倒我们的敌人军阀狗腿子……"

军阀刘湘急忙拦住了李鸣珂的话头，咆哮道："这是我的部队，你敢鼓吹？"李鸣珂轻蔑地笑着说："你这没有灵魂的东西。你睁眼看看，这些都是我们的人，不是你的！你如不迅速省悟，等几天，你的脑袋就要被他们的子弹穿过。"

刘湘恼羞成怒，狂吼："给我拉出去枪毙！"

是日下午，从第二十一军军部到朝天门码头的沿途，三步一岗，五步一哨。李鸣珂、邓文书、张绍武等四位同志被押赴刑场。沿途街道两旁，挤满了悲愤的人群。李鸣珂望着仍在受苦受难的工友、农友，高呼着"全世界无产者联合起来！打倒帝国主义！打倒蒋介石！革命胜利万岁！"等口号，英勇就义于朝天门外，时年三十一岁。

对李鸣珂等押赴刑场的情况，1930年4月29日的《国民公报》上，以《重庆共党开枪拒捕——打死侦探一名，拿获四名》为题进行了报道，原文如下：

本报廿号特约渝讯：渝二十一军军部于四月十九日午后，绑出共党四犯，赴朝天门外枪毙，均坐无顶肩舆，由大梁子下打铁街，约有两连手枪队押送，内有一犯，年约三十余，八字短胡，毫无惧色，沿途大呼共产党口号，如登讲演之台，闻系共产党著名首领李鸣珂，埠命令，该犯更名李春华，潜来渝市。竟敢于十八日晨，在城外击毙反共之调查易觉先，立即就擒，讯供不讳，临刑连受五弹。

又讯，十八日朝天门外有暴徒枪击侦缉员，死一人，伤三人，昨日下午四点钟，二十一军军部，已将当时拿获凶犯李春华、邓文书、龚锰新、张某四名，讯明枪毙。

李鸣珂英勇就义后，刘湘仍不解其恨，张贴布告，下令示众三天，不准收尸。但李鸣珂一生为劳苦大众的翻身解放而奋斗，深受党内外群众的爱戴，因此当天夜里，就有人冒着生命危险，将他的遗体运往南岸弹子石，安葬在松柏成荫的青山之中。

同志们在掩埋李鸣珂烈士的时候，还在他的口袋里发现一张纸条。这是他留下的最后遗言：

  天愁地暗，惨雾凄凉，千万人声沸腾，来到杀场，不觉恨填胸。我心中含着许多悲愤，别了！别了！别了！许多朋友别了，许多士兵别了，许多工农及一切劳苦大众别了。我今躺在血地上，切莫为我空悲痛，但愿对准我们的敌人猛攻！猛攻！

李鸣珂雕像

穆 青

◎ 王 斌 苏温泽

穆青

穆青（1898—1930），出身于四川省合江县福宝山区的一个农民家庭里。他的父母终年勤劳，全家仅能免于冻馁，但他们仍节衣缩食，设法让穆青读书。穆青七岁时，到骑龙义馆上学，因学习刻苦，成绩优良，深得老师和族长的喜爱，并在经济上得到资助。因此，穆青得以在辛亥革命后考入合江县中学，为第五班学生。

当时，四川保路运动、辛亥革命以及护国之役的革命声浪，先后传到合江，在青年学生中引起了强烈反响。穆青入校后，经常和进步同学一道上街讲演，反对袁世凯卖国、复辟的罪行。

五四运动爆发后，成都、重庆以及许多县份的青年学生纷纷集会，举行示威游行。在合江，县中学生也走出校门，上街游行示威，穆青这时已成为带头人之一。

穆青在各次运动中，特别是在五四运动中，受到了深刻的教育，初步接受了争取民主，讲究科学的民主主义思想。这一段时期，他还阅读了《新青年》等进步刊物，中国先进分子的社会主义思想对他也有所影响。他立志救国救民，决心寻找一条改造社会的道路。

此时，吴玉章正在成都成立留法勤工俭学分会，创办留法勤工俭学预备学校，输送有志青年赴法留学。穆青得此消息，十分高兴。在亲友们的支持下，他到成都进入了留法预备学校。经过短期训练之后，于1920年出川，由上海转赴法国。

当穆青这批留法勤工俭学学生到达法国时，法国正因在第一次世界大战期间遭到严重破坏，经济凋敝，寻找工作极不容易。因此，穆青和一些勤工俭学学生就先到里昂补习法语。不久，又就学于一所农业学校。后来，才进入蒙特里冶铁厂做工，干笨重的活。他们在工厂，看到法国工人尤其是华工，劳动条件恶劣，生活低下，加上自身的体验，对工人产生了深切的同情。

1921年，穆青和周恩来、赵世炎、蔡和森、陈毅、邓希贤（小平）、聂荣臻等参加了反对帝国主义和北洋军阀政府的几次斗争，曾到驻法公使馆请愿和示威，并开始研究马列著作。

1922年8月，中共中央通知在法国巴黎成立中国共产党旅欧支部。穆青参加了中共旅欧支部，并积极参与支部的各项活动。

1924年下半年，穆青奉调由法国转入苏联莫斯科东方大学学习，任中共莫斯科东方大学旅莫支部组织委员，后因患肺结核动手术，曾到黑海休养了一段时期；1926年初回到国内。

穆青回国后，党中央分配他到广东区委担任组织部长。

穆青到广东区委工作不久，3月20日发生了"中山舰事件"。区委领导成员都异常愤慨，多数同志主张给予反击。区委书记陈延年也赞成反击，但又认为这关系到整个党的政策，主张慎重。穆青的意见也是如此。

一天下午，广东区委一些领导人在陈延年办公室漫谈。陈延年说："唉，你们看，我的父亲，竟把无产阶级当作革命历史过程中的苦力，简直是苦力主义！""书生！书生！这怎么行呢！"邓中夏（省港罢工委员会党团书记）说："仲甫（陈独秀字）越来越显出是一个学究，哪里像一个共产党的领袖！"张太雷（区委宣传部长）说："他在开会讲话时，摇着白扇，简直像那城隍庙里的说书佬，没有一点革命党领袖的气概！"穆青对这些话，都点头表示赞同。

为了提高广大党员和工运、农运骨干的觉悟，区委决定举办党员干部深造班，由穆青领导的组织部负责具体工作。深造班的课程有社会发展史、唯物主义论、共产主义与共产党、中国共产党章程、帝国主义和中国革命的任务、中国职工运动、广东农民运动以及其他政治专题报告等。恽代英、罗亦农、萧楚女、邓中夏、彭湃、项英等被聘为教员，苏联顾问鲍罗廷曾多次到班上作专题报告，穆青也是主要教员之一。

1927年3月下旬，广东区委陈延年、邓中夏等赴武汉出席中国共产党第五次全国代表大会，穆青、赖玉润（区委秘书长）等主持日常工作。穆青仍负责党的组织建设，指导各级组织开展活动。不久，党中央指示广东区委设置秘密机关，以应付突然事变，并寄来了经费。区委缜密研究中央指示，立即采取了多项紧急措施。穆青负责分配各部门的秘密机关经费，掌握各秘密机关地址和相互联络情况。他主管的组织部则完全隐蔽起来，在广州市内外分设多处接头机关和通讯机构，均由他亲自掌管。区委还挑选忠诚可靠并有斗争经验的党员组织了秘密赤卫队。区委这些措施，对应付反动派后来实行的"四一五"大屠杀作了一定的准备，保存了一批骨干力量。

蒋介石在上海发动"四一二"政变后，广东反动派也在4月14日晚上动手拘捕屠杀革命党人。

4月15日晨，秘密交通员到穆青秘密住所来告诉他："昨晚半夜，文明路党、团区委办公处被反动军警包围，捣毁了机关，逮捕了油印员、交通员胡继声、洪兆潮等同志。""中山大学也有人被捕，听说反动派到宿舍抓人，学运书记毕磊起来反抗，被打死在床上。其他地方尚未弄清。"穆青叫他再去打听，弄清哪些机关出了事，哪些同志被捕，还叫他替自己买一件长衫、一顶呢帽、一副玳瑁眼镜。穆青送走交通员后，心情十分沉重。

早饭后，穆青向爱人王凛若说："不知军委机关怎样？你们邓老师从医院回来没有？"并叫她前去打听。邓老师即邓颖超，当时是国民党中央妇女运动讲习所主讲妇女运动史的教员。王凛若化装成富家小姐，去到军委机关所在的惠爱中路，从军委秘书朱凯的爱人刘荣芬处得知：邓颖超住院还未回去，朱凯和军委机关的黄亦辉被抓走了。在回家途中，她又听妇运讲习所的一位工友说，妇运讲习所团支部书记蒋舜华昨夜被讲习所学监、反动派暗探刘嘉桐抓了。王凛若回到秘密住所后，将所知情况告诉了穆青。

午后，交通员再次向穆青汇报，又得知刘尔嵩、李森、何耀全也已被捕。穆青的厨房有一扇小门与团省委书记黄居仁的住所相通。穆青打开小门，与黄居仁交换情况，又得知军委书记、黄埔军校政治部主任熊雄上火车去武汉时不幸被捕，惨遭杀害；政治教官、农民运动讲习所教育长萧楚女因患肺结核住在医院，也被敌人抓去杀害了。

穆青转回寝室，又挂念着宣传部，任卓宣（叛变后改名叶青）当时担任区委宣传部长。傍晚，穆青穿上哔叽长衫，戴上呢帽，架一副茶色玳瑁眼镜，扮成富商，同交通员一道出去找任卓宣。在任卓宣处又了解到：区委宣传部未遭到破坏；罢工纠察队和粤汉铁路工人武装曾同反动军队和反动的机器工会武装激战了三小时，当反动军队押送被捕工人在大街上走过时，工人们毫无惧色，昂首挺胸，还高呼革命口号，沿街群众无不为之动容。

4月17日，穆青、赖玉润、杨殷（区监委书记）、冯菊坡（区委工人部长）、罗绮园（区委农民部长，后叛变）、任卓宣、周文雍、吴毅等又聚集在一起开紧急会议。经过讨论，决定采取下列积极措施：（一）积极恢复和巩固各级党的组织，尽可能选拔过去不太露面、忠实可靠、敢于斗争的同志担任党支部书记，调周文雍负责领导广州市各工会党支部，掌握各工会赤卫队组织。（二）以各工会党支部和赤卫队组成的十人小组为基本队伍，掌握各工会的领导权和工人群众，同反动工贼展开各种形式的斗争。（三）由穆青负责组建广州市委，以加强广州市各级党组织的领导，指定吴毅任广州市委书记，周文雍为组织部长。（四）粤汉、广九、广三等三条铁路和运输工会于21日中午罢工一小时，以表示对反动派屠杀政策的抗议；以广东区委和所领导的群众团体的名义，发表《反抗国民党反动派残暴大屠杀宣言》，于21日中午散发。（五）加强广东济难总会工作，认真作好调查，想尽一切办法援救被捕的工会骨干、工人和学生，发动各工会团体进行请愿，要求释放被捕革命群众，赔偿损失。（六）由于区委和中央消息断绝，与所属各地党组织失掉联系，工作难于进行，根据杨殷建议，决定暂将区委迁到香港办公，以便一方面接上同中央的联系，另方面与东江、潮汕、西江、南路、琼崖等地加强联系，切实地领导各地党的工作。会议还确定由穆青、赖玉润等着手整顿各地党组织，到武汉向中央汇报情况，去香港设立区委办事机构。

广东区委4月17日紧急会议后，穆青根据会议决定，立即组建广州市委。4月下旬，在穆青主持下，召开了广州市委成立会议，市委工作很快开展起来。

4月底，穆青化装由韶关经湖南到武汉，向中央汇报"四一五"大屠杀经过。之后，绕道上海转赴香港。在香港，穆青和赖玉润、杨殷等组成领导机构，设立了区委办事处，组织部秘密处所和通讯联络机关等。几个月中，他们作了下列几项工作：（一）整理和加强了部分地区的领导工作，建立了潮梅、东江、西江、粤北、南路、琼崖等地区特委和联络机构。（二）恢复、整顿和加强了港九党的组织，调冯菊坡到香港领导港九地区工作，发展了港九各产业、各行业工会党支部。（三）通过广九铁路党组织和内河轮渡党组织，建立了与广州及各地的秘密通讯联络机构。（四）开展了宣传报道工作，以区委秘书处名义编辑、油印《红旗通讯》，宣传党的方针、政策和指示，报道广州和各地区斗争活动情况，秘密分送到广州市及各地特委。

穆青在香港工作期间，获悉陈延年在上海被蒋介石逮捕杀害，极为悲痛。陈延年牺牲后，党中央决定改广东区委为广东省委，不再领导闽南和广西地区，并任命张太雷为广东省委书记。穆青在省委仍担任组织部长。

1927年秋，广东省委迁回广州。

11月，党中央临时政治局在上海召开扩大会议，提出了"一切政权归苏维埃"的武装起义总口号。张太雷出席了这次会议。他回到广东后，根据党中央精神，于11月28日召开省委会议，通过了发动工农兵举行武装起义的决定。穆青奉派参加起义行动委员会工作，并负责与共产国际代表联系，因此移住东山苏联顾问住宅区。

省委会议后，穆青、杨殷、周文雍等分别到工人群众中秘密作宣传组织工作，号召武装起义。12月7日，广州工农兵代表大会在越华路一家电影院里秘密召开，决定12月13日起义。后起义消息被泄漏，起义提前到11日举行。

12月10日晚饭后,穆青低声对王凛若说:"今晚上我要同国际代表去参加武装起义。如果我牺牲了,你一定不要哭,也不要难过,相反,要为我牺牲得壮烈、有意义而自豪。你要听党的话,刻苦地学习,踏实地工作,继承先烈们未尽之志,为实现共产主义而奋斗!"然后拿出港币三十元给她说:"万一起义发生意外,党组织一时找不着你,你也找不着党,这三十元钱你就拿去作回家的路费吧!回到家乡再找党。"随即离开妻子下楼,去西关参加起义部队各级指挥员会议。

12月11日凌晨,广州武装起义的战斗打响后,穆青身穿黑色工人服,头戴鸭嘴帽,项系红领带,背挎一支上了刺刀的长枪,腰间捆着子弹带,紧张而有秩序地在指挥部工作。12日中午,指挥部在西瓜园召开群众大会,张太雷、恽代英、周文雍和穆青等出席大会,到会群众数万人。张太雷在大会上宣布:"一切政权归工兵苏维埃!"接着产生苏维埃政府,穆青为土地委员会成员之一。

广州起义的胜利,震惊了帝国主义和国内反动派。张发奎、李福林、薛岳等军阀在帝国主义支持下,立即向起义军猛扑过来。因敌我力量过于悬殊,起义军撤出广州。起义失败了。

12月15日,穆青送走了共产国际代表。16日下午,他和王凛若一起暂时去香港。

1928年元月,穆青夫妇从香港回到上海。不几天,周恩来、邓颖超到穆青夫妇所住的旅馆看望他们,穆青向周恩来汇报了广州起义的经过。随后中央通知穆青,派他去武汉参加湖北省委工作。穆青到武汉后，担任湖北省委组织部长。在武汉，穆青夫妇和省委秘书长任开国夫妇同住在法租界一幢房子的二楼上，前楼住任开国夫妇，穆青夫妇住亭子间。任开国夫妇都是四川人，穆青和任开国对外以表兄弟相称，以便掩护。

一天下午，一个穿深黄色长袍、戴咖啡色呢帽、年约二十六七岁的男人突然上楼来，声称找秘书长任开国，第一次被支吾出去了，不一会又上楼来，未说话就转身下楼去了。任开国、穆青都觉得有问题，决定立刻转移。穆青去住福昌旅馆，任开国和他爱人顾文衡去住另一家旅馆，王凛若留机关。

不久，任开国夫妇上街，碰见叛徒，任开国被捕。当晚，反动派在各旅馆进行搜查。鄂北区委接头点原来设在福昌旅馆，已被敌人破获，因此对福昌旅馆搜得更严。搜查前，侦缉队曾告诉茶房，通知旅客不要出房门，谁出来就抓谁。茶房未给穆青讲，穆青刚出房门，就被捕了。

湖北省委听说穆青、任开国被捕，立即派人赶来安慰王凛若和顾文衡，向她们表示，党组织一定想尽办法营救。王凛若提出准备去上海找她父亲的好友陈古枝，省委立即同意。王凛若到上海找到陈古枝，说自己的"表哥颜嗣良"从法国留学回来，路过武汉，被政府当局误认为是共产党逮捕了，请他搭救。陈古枝便托人写信给湖北省政府委员孙华佛要其帮忙。

穆青先被关押在武汉侦缉队里，敌人曾用刑逼供，他坚不承认自己是共产党员，结果被当作共产党嫌疑犯押解到武昌警备司令部。后由孙华佛活动该部副官长詹某，把他保释出来。

穆青出狱后，省委决定让他去上海医治刑伤，以免被敌人查出再遭逮捕。穆青夫妇又去上海，住在法租界一家成衣店的前楼。周恩来知道后，曾去看望他。穆青伤愈，中央决定派他以特派员身份到四川视察和协助省委工作。

1928年夏，穆青回到阔别八年的家乡四川。这时，整个四川也笼罩着乌云，白色恐怖十分严重。穆青到达中共四川省委所在地重庆后，同代理省委书记张秀熟朝夕相处，共同研究和指导各地党的工作。不久，四川省委召开了一次临时会议，会议作出了向中央建议留穆青在川工作的决议。会议结束后，穆青去川南地区视察。在川南泸州、自贡一带，党的工作比较活跃，组织建立得比较早，工农群众的发动工作也较为扎实。穆青根据自己参加广州起义的经验教训和别的同志建立农村根据地的经验教训，提出工作重点应该放在敌人统治薄弱的小城市，特别是边远县区。他选择了高县、珙县、筠连、永宁、古蔺等边区作为建立长期革命根据地的基点，而以泸县、叙府、自流井等三地为集结地，中心工作是宣传群众、组织群众、武装群众，建立工会和农民协会，在有条件的地方组织农民自卫军和工人纠察队，以至建立革命政权。经过穆青的动员、指导，当地党组织很快在自流井区的大坟包、三多岩等地，组织了盐井工人数千，建立了工人武装纠察队；在叙永、古蔺等地，先后建立了农民武装组织。

穆青生活艰苦，工作踏实，密切联系群众。他在川南经常化装成苦力或小商贩，到山区召集基层干部座谈，帮助他们总结工作，制定计划，鼓舞大家的革命斗志。一次，在一个霜冻的早晨，穆青与几位当地干部从江安去泸县，在途中被地头蛇、团阀程子芳发现，跟踪追来。穆青当时本已过度劳累，胃部疼痛，步履艰难，但他临危不惧，为掩护同志们脱险，独自断后。他忍痛爬上一个森林茂密的山头，居高临下，数处放枪，敌人不知虚实，以为中了埋伏，竟未敢穷追。到泸县后，穆青的病越来越沉重，但他照常坚持党的工作。

四川省委和穆青很重视争取进步人士，常常派遣党员参加军阀部队，争取其中倾向进步的分子为党工作。当时驻川南泸县一带的部队是刘文辉第二十四军所属唐瑛师。川南特委在穆青的指导下，作了争取该部参谋长的工作，取得成功。

1928年10月，正当穆青视察川南地区的时候，军阀刘湘破坏了党、团在重庆的省委机关，逮捕了省委代理书记张秀熟等二十余人。穆青闻讯后立即取道自流井去成都，在成都成立了四川临时省委，书记穆青（化名吕维新）兼任组织部主任，宣传部主任刘披云，职工运动委员会书记程子健。穆青、刘披云、张春帆和交通员许仁智、文书陈志筠五同志住在成都笆笆巷的一个小院里。他们为了敷衍敌人军警的查问，统一口径，说是由邻水县前来成都找工作做的；穆青和刘披云是兄弟，张春帆是表兄，陈志筠是妹妹，许仁智是佣人。一天军警查户口来了，对他们产生了怀疑，除留下像个农村姑娘的陈志筠看房子外，把其余四人带走。幸好共产党员李欣云在街上看见他们，他立即去找他在四川军阀田颂尧部工作的父亲进行活动，加上三军联合办事处军法官彭某先后审问穆青、许仁智等，未获可疑口供，才让他们取保释放出来。

1928年底，刘愿庵在莫斯科出席中共第六次全国代表大会后回到成都。1929年初，省委召开第二次扩大会议，选举新省委。刘愿庵为书记，穆青任组织部长。

根据省委扩大会议关于发动群众、开展武装斗争的精神，1929年至1930年初，省委先后发动和领导了万源固军坝起义、旷继勋起义和涪陵罗云坝起义。在各次起义中，组织部在穆青领导下，积极调配了党性强、有能力、斗争经验丰富的干部去参加领导。如派出罗世文、邹进贤等到旷继勋部参加旅委和前委领导；派李鸣珂（省军委书记）去涪陵任起义总指挥等。穆青也常常亲自去各地检查工作。

1930年初，四川形势越来越紧张。穆青置白色恐怖和生死于度外，在四处驻扎军队、警察且街上布满特务、叛徒的山城，仍昼夜不停地到党的基层组织去指导工作，找党员谈话。这期间，他曾写信给亲友们，表示对未来充满希望，还寄去"埋骨何须桑梓地，人间处处是青山"的豪迈诗句。

1930年3月22日，穆青（吕维新）正行经回水沟街上，突然被认识他的叛徒、敌侦缉队长邹荣芳带人逮捕。在敌人的法庭上，穆青沉着镇定，不承认自己是共产党员，也不承认自己叫吕维新，更不承认自己当过中共省委书记和组织部长。当叛徒出面指供时，他以叛徒同他为女人争风吃醋因而陷害他来搪塞，竟弄得敌人一时难辨真伪。这个情节，可以从当时刘湘军部所辖特委会写的一份摘由为"省委书记吕维新被捕"的报告中看出，现摘录如下：

易觉先既到万县,重庆方面的反共工作,完全交由邹君主持,邹这时已被任命为侦缉队长……邹君只知道他是吕维新,是省委书记,故于三月二十二日率同本部差遣数人,在回水沟街上将他捕获……据邹君报告:吕维新在一九二八年七月CP川南代表大会时,曾作省委代表参加此会议,会毕,吕即由自流井上成都召集其余未被获之委员,在成都组织临时省委。

因他不承认是吕维新,而是袁雨苍(当堂取出袁雨苍名片),说是成都人,最近由上海转渝,替时闻通讯社清理渝报各家账目,住在七九书店,系上海泰东图书公司介绍的。问他时闻社介绍你来有无信件,他说仅有图记一颗。明明他的舅[岳]父王旭初在法院任检查官,他答应没有亲戚。提共产党嫌疑犯严××与他对质,他假意不认识。而严曾在窗内被令其指谁为吕维新,谁为陈泽煌,严指出不差,因吕、陈均到总土地二十五号同她谈过话也。后来,逼问不过,他说大概是二月十几,在商业场见两女子,因其行动轻薄,即尾之到她们住所,另一位姓杨,杨系邹夫人一说是什么姐妹,我认为是随便玩的地方,只说我姓李,没有说姓吕,邹某来撞见,大起醋意,当下我们口角一场。二十几又去过一次,问严进工厂没有是实,从未劝她拿此一百一十元开店子。说我是吕维新,明明是邹某教她的。并且做了一篇很长的呈文申辩,说邹君如何挟嫌诬告他,如何利用严××神经昏聩时来诱惑欺骗她,令她诬他的罪。同时,在叙泸的证据又搜查不着,只得搁下……

就是这样,穆青利用敌人对叛徒既不全信,又无可靠证据的弱点,编造情节,竟使敌人对他无法辨识,只好将他移禁巴县监狱。不料,同年5月初,省委机关又因叛徒出卖被军阀破坏,书记刘愿庵等被捕,一部分文件和会议记录落入敌手,使敌人从这些文件和记录中,最后查明了穆青的身份。敌特委会的报告接着说:

> 嗣后,在浩池街省委临时机关破获后,搜出许多重要文件,有一册是三月份的常务会议,有维、敦、宽(维新、敦信、宽怀)的笔录,又载"维新此次被捕,即受邹荣芳之害",又称"自维新被捕,钟鸣被难,常委极不健全",又载"严与这次反动分子邹、杨在一块,从此吕即被捕",又载"自三月二十日起,同志在狱中者省常委一人"。查袁雨苍是在三月二十二日被捕,在他以前没有捕获任何人,在他以后,狱中没有第二个吕维新者,从这方面考查,袁雨苍即吕维新,自无疑义了。

敌人既已查实袁雨苍确系吕维新,曾任中共四川省委书记,就不会放过他了。以此,他的岳父王旭初先生虽多方营救,并无效果。穆青在巴县监狱中,见到了张秀熟等同志,向他们传达了党的"六大"精神,介绍了四川党的组织建设和群众工作的现状。他沉着、乐观,常写大字,还用中、法、俄几种文字给外面的亲友写信,表达自己的革命乐观主义精神。4月下旬,穆青等在狱中听说省军委书记李鸣珂等在朝天门打死

穆青故居

十恶不赦的叛徒易觉先，心情无比痛快。过了两天，传来李鸣珂、张绍武等四位同志被刘湘抓住英勇牺牲的噩讯，悲痛万分。

5月的一天早上，穆青突然被提走。下午，传来噩耗，他被刘湘杀害了。穆青遇难后，他的爱人领出遗体，把他葬在重庆南岸海棠溪。

穆青的一生，是为人民为党鞠躬尽瘁的一生。他胸怀磊落，百折不挠，多次面临死亡而仍奋斗不息直至献出自己的生命。他的诗句——"光明日月无私照，万古经天给与人！"正是他光辉一生革命精神的写照。

冉钧

◎邱富贵 张宣材 赵秀蓉 王斌

冉钧（1899－1927），原名高镒，化名浩然。中国共产党早期的优秀党员，重庆工人运动的先驱和四川建党时期党组织的领导者之一。1927年4月1日，被军阀刘湘杀害于重庆，时年二十八岁。

冉钧

冉钧烈士的一生虽然十分短暂，但却是战斗的一生，光辉的一生。

一

冉钧于1899年诞生于四川江津县福寿乡一个穷苦人家里。父亲冉德高，母况氏，全家终日辛劳，不得温饱。1905年，冉德高因积劳成疾，不幸去世。从此一家五口的生活重担全落在了冉钧的母亲况氏身上。

况氏如同中国千千万万的劳动妇女一样，具有慈祥、勤劳、勇敢和吃苦耐劳的美德。当丈夫去世后，她从悲伤欲绝中清醒过来，立志不改嫁，决心含辛茹苦把儿女抚养成人。为了能活下去，她带着儿女们从乡下迁到江津县城内，以卖茶水和帮别人洗衣服为生。

在"万般皆下品，唯有读书高"的旧社会里，况氏深感只有让儿子上学读书，将来才会有出头之日。于是，她想方设法进入江津手工丝厂做工，工休时帮他人洗衣，两个女儿在家卖茶水，以辛劳所得，供冉钧及其弟冉治权上学。

由于家境贫寒，生活艰难，冉钧认识到求学的机会来之不易，因而他奋发努力，刻苦攻读，每期考试皆名列前茅。哪知好景不长，当冉钧刚从小学毕业，母亲便流着眼泪对他说："儿啦！我已从丝厂失去工作。单靠卖茶水、洗衣服再也不能供你兄弟俩读书了！"冉钧理解妈妈的话，默默地同意了，但内心却十分难过。以后经亲戚的帮助和介绍，况氏又带着孩子于1913年来到重庆，到南岸罗家湾一丝厂做工。

20世纪初叶的重庆，是旧中国半殖民地的缩影。"太阳旗""星条旗""米字旗"在王家沱日租界和英美领事馆里挂着，外轮和军舰横行长江，洋货充斥整个市场，不少民族资本家兴办的工厂、商店先后倒闭关门。况氏所在的工厂不久亦倒闭。她再次失业了。冉钧想继续读书的希望也就随之破灭。严酷的现实，在冉钧幼小的心灵上打下了穷人生活道路十分坎坷，人世间就这么不公平的烙印。

经人介绍，冉钧进入重庆米家街一家盐店当学徒，又因亲戚关系，让他半工半读。这样，冉钧读中学的愿望实现了。机不可失，他加倍努力，废寝忘食地学习，在盐店里干完杂活后，就赶紧温课做作业。由于他刻苦用功，成绩优异，深得老师和同学的喜爱。

随着时间的流逝，袁世凯称帝垮台，张勋复辟失败，俄国十月革命成功等消息不断传到重庆。特别是1919年北京爆发的五四反帝爱国运动，把科学、民主和思想解放的新风吹到了山城，使冉钧的思想又向前迈进一大步。

此时，老同盟会员、曾经留法的革命教育家吴玉章，在四川倡导留法勤工俭学。重庆地区，由重庆商会会长汪云松及社会名流温少鹤、杨希仲、曾吉芝等筹集杂费，创办起"重庆留法勤工俭学预备学校"，招生百余人。学制一年。校址就在夫子池内。冉钧受当时盛行的"富国强兵""教育救国""实业救国"等思潮的影响，加之自己又饱尝人间辛酸，目睹帝国主义对中国的蹂躏，便毅然前往报考，决心到法国去学习科学文化及民主政治，以便回国后救国救民。他被学校录取了。

二

1920年暑期，重庆留法勤工俭学预备学校的学生学习期满，经学校进行毕业考试和法国驻重庆领事馆的口试及体格检查，合格者有冉钧等80余人。同年8月，冉钧与戴坤忠、傅汝霖、沈泽民、熊云章、邓希贤（小平）一道，乘"吉庆"轮由重庆起程，出三峡，过武汉，经七天七夜航行到达上海。短暂休整后，转乘法国"盎特莱蓬号"轮于9月11日启航。经香港、西贡，于中秋之日抵达新加坡。这批爱国青年为了表达赤子之心，大家欢聚一堂，面向祖国，观赏明月，共度出国后中华民族的第一个传统佳节。之后，取道科伦坡、红海、苏伊士运河、地中海抵达法国马赛。辗转近五十天，才在1920年10月下旬到达了法国首都——巴黎。在巴黎小住两天之后，他即同傅汝霖、戴坤廖等二十多人一起，去果伦中学补习法语，主要练习会话，以便能在法国独立地工作和生活。

通过九个月的法语补习后，冉钧等所带经费均先后用完，没办法，只有同郭天枢等到巴黎寻找工作，挣钱度日。可是，第一次世界大战后的法国，经济枯竭，百业萧条，不少工厂关门，罢工风潮四起，加之停战后，部分法国士兵回到原有工作岗位，因而要想找个工作却十分困难。冉钧等费了很大力气，才进入时乃得工厂作散工，成天干拾木头、锯铁、打扫清洁等笨重活。有时还去酒馆、饭店和旅社洗碗、擦地板。后又同郭天枢等考入巴黎享罗汽车厂当技术工人，生活境况才有所好转。

饱尝过人间的饥饿和辛酸的冉钧，在工厂很快就和法国工人在情感上融洽起来。他亲眼看到战后法国工人的痛苦生活：工作时间长，劳动条件差，工资低，经常遭受失业的威胁。冉钧对法国工人十分同情。出国前，冉钧原以为法国工人的工作条件一定很好，生活会很富裕。可是，无情的现实作出了相反的结论，这便使他想起了"天下老鸦一般黑，穷人处处皆一样"的中国谚语。但这是为什么？他还没有得到明确的答案。

法国是巴黎公社的诞生地。20世纪20年代初，民主空气较为浓厚，思想活跃，各种思想、流派可以互相争鸣。诸如马克思主义、国家主义、工团主义和无政府主义等思潮激烈地斗争着。中国留法勤工俭学中的先进分子赵世炎、周恩来、李富春、李立三、刘伯坚、聂荣臻等，在旅欧学生和法国工人中宣传马克思主义，组织大家学习《共产党宣言》等马、恩的著作，召开各种座谈会，研究革命理论，组织群众团体等。冉钧和傅汝霖等积极参加上述革命活动。通过学习和实践，冉钧的思想豁然开朗，逐步认清了资本主义剥削、压迫及帝国主义侵略的本质，懂得了剥削制度是天下工农劳苦大众受穷受苦的根源，从而激起了投身革命斗争的强烈愿望。

在李立三、聂荣臻等人的帮助下，冉钧很快加入了中国社会主义青年团，后转为中国共产党党员。

1924年夏，中共旅欧支部决定派一批党、团员赴苏联莫斯科东方劳动大学深造，冉钧是其中之一。他在苏联系统地学习了马克思列宁主义，亲眼见到了苏联人民与敌人作斗争的勇敢精神和建设社会主义的坚强毅力，看到了人类发展的方向，对中国共产党领导的革命事业和共产主义前途充满信心。

三

1925年，冉钧遵循党的指示，肩负驱逐列强、振兴中华的重任，从苏联返回祖国。接着被派到四川重庆工作。此时，正是国共合作时期，四川同全国一样，掀起了赶走帝国主义、打倒北洋军阀的热潮。冉钧一到重庆，就立即投入这一伟大洪流。

同年5月，上海发生了"五卅惨案"。消息传到山城，激起了人民群众的无比愤怒。共青团重庆地委立即领导各阶层群众，成立了"英日惨杀华人案重庆外交后援会"。党派冉钧负责这一工作，领导重庆人民声援上海工人阶级，抵制和销毁仇货，禁止外轮停靠重庆港口，举行声势浩大的示威游行。通过上述活动，狠狠地打击了英、日帝国主义在重庆的侵略势力，广泛地提高了山城人民反对帝国主义的觉悟和培养锻炼了一批革命骨干，使斗争取得了胜利。

接着，冉钧又积极参加创办重庆中法大学，整顿国民党四川省党部，以及筹建中共重庆地委等工作。他不空谈，不争功，踏踏实实地干了大量的实际工作。

8月，广州国民党中央党部派吴玉章回四川整理党务，统一思想，健全组织，以求一致反对帝国主义，打倒北洋军阀，并办理国民党第二次全国代表大会四川代表的选举工作。这时，吴玉章已在北京由赵世炎介绍加入了中国共产党，因而也肩负着组建中共四川党组织的任务。

吴玉章回重庆后，从团结合作的愿望出发，首先将在渝的国民党员组织起来，并重新推选黄复生、朱叔痴、唐德安、邓懋修、郭云楼、张赤父、吴玉章等九人，组成中国国民党四川省临时执行委员会，吴玉章任组织部长。省临时执行委员会下设秘书处，冉钧和邓劫刚、张克勤等负责秘书处的工作，处理日常事务。省临时执行委员会一成立，其内部左派和右派的斗争就异常尖锐，冉钧等成为斗争中的左派先锋战士。

为了加速国民革命，培养革命干部，吴玉章提议在重庆创办一所学校。起初，他找国民党四川临时执行委员会委员黄复生、朱叔痴等商量，遭到抵制。于是，他就同杨闇公、冉钧、杨伯恺、张克勤等商量，得到热情支持。冉钧等即着手筹集经费，选择校址，聘请教员等事宜。9月4日，中法大学在重庆大溪沟谭家花园附近的一座房子里正式开学。吴玉章任校长，童庸生任教务，杨伯恺任训育，张克勤任事务，杨闇公、冉钧、周贡植等兼任教员。江北中学、合川联合中学和重庆省立第二女子师范等附近各地的进步学生，听说要办中法大学，都纷纷前来报考，开学时就达二百多人。

在创办中法大学的同时，吴玉章又积极着手整顿国民党的组织，把省党部由冉家巷迁到莲花池，加强日常党务工作，拟具各县、市党务计划，选派各县、市筹备人员。冉钧因负责组织方面的工作，整日辛勤忙碌。他作为吴玉章的助手之一，同邓劼刚、张克勤等一道，工作搞得很出色，到10月20日为止，各市、县已成立四百四十个区分部，共有国民党员八千余人。各县、市又按照规定选举了出席国民党第二次全国代表大会的代表。10月29日公布结果：吴玉章、杨闇公、童庸生、邓懋修等7人当选。除黄复生外，其余都是共产党员。这不仅挫败了国民党右派破坏国民党第二次全国代表大会的代表选举工作的阴谋，而且推动了全川革命形势的发展。

国民党四川省临时执行委员会中的右派成员，消极抵制中央党部整理四川党务的指示。朱叔痴表示自己是同盟会员,不是国民党员,故不到会办公,谢宝珊等三人以省议员的身份,借机赴成都阴谋复活四川的省议会,陶闿士则潜心佛典,久不就职。这样一来,省临时执行委员会的工作就落在秘书处邓劼刚、冉钧、张克勤等人的肩上。特别是当吴玉章等赴广州出席国民党第二次全国代表大会后,国民党四川省临时执行委员会已无委员留渝,凡例行公事都由秘书处的邓劼刚、冉钧、张克勤等照章办理。

不料,待吴玉章、邓懋修两位负责人刚离渝去穗,国民党右派张赤父即从成都潜来重庆,与朱叔痴等人密谋,准备将省临时执行委员会机关搬往成都,以瓦解由吴玉章所主持的以国民党左派为核心的省党务机构。11月25日,张赤父写信给邓劼刚,要他散发通知,订于28日召集省临时执行委员会成员和重庆市党部委员联席会议。邓与冉钧、张克勤研究后认为:这是背着吴玉章、邓懋修等领导人整垮左派省党部,建立以国民党右派为核心的省党部的严重阴谋,必须坚决抵制,不予办理发通知一事。次日,朱叔痴、张赤父到莲花池省党部,斥责办事人员不听从执行委员的意见,坚持28日必须开联席会议。会议结果,国民党右派的意见占绝对优势。但邓劼刚、张克勤等拒绝签字。张赤父等又以势压人,一面将省党部搬至成都的意见报告给国民党中央党部,一面通告全省各级党部。同时,把国民党四川省临时执行委员会的文件印信送交成都。斗争十分激烈。后经国民党中央党部仲裁,于1926年元旦作出决定:国民党四川省党部仍在重庆办公;日常事务仍由邓劼刚、冉钧、张克勤等负责办理，冉钧立场坚定，态度鲜明，坚持国共合作，为巩固党的统一战线，做出了积极的贡献。

在此期间，冉钧还同邓劼刚、刘成辉等一道，创办了《四川国民》，宣传孙中山联俄、联共、扶助农工的三大政策，宣传国共两党团结一致，唤起全国民众，打倒列强，铲除军阀的重大意义。冉钧夜以继日地撰写文章，编辑稿件，刻印发行，事无巨细，他都任劳任怨地干，是个勤奋的革命实干家。

在组建中共四川省委时，吴玉章、杨闇公、冉钧、童庸生、周贡植等，积极宣传马克思主义，认真培养积极分子，发展党员，选拔干部，做了大量深入细致的工作。1926年春，中共重庆地方执行委员会（代行省委职权）在重庆成立。当时仅有党员二三十人，领导机构比较简单，由杨闇公任书记、冉钧负责组织工作、吴玉章负责宣传工作，三人组成干事会（相当于后来的常委会），负责日常工作。

中共重庆地委建立后，杨闇公、冉钧、周贡植等认真贯彻执行中共中央关于加强国共合作，发展和扩大反帝反北洋军阀的爱国统一战线的政策与指示，坚决同国民党右派和国家主义派作斗争。因而四川的形势好，党的组织发展快，不少县、市先后建立起党的组织，并派出共产党员到各地组织国民党县、市左派党部。同时，对川军一些将领也进行了较深入细致的统战工作。如何光烈部旅长秦汉三、江防军黄隐部旅长黄慕颜，被吸收为共产党员。第二十军杨森部师长向时俊、第二十一军刘湘部旅长郭勋祺、第二十八军邓锡侯部旅长陈书农等，都先后倾向革命。冉钧曾被党派到向时俊部，任师政治部组织科长兼政训班教官，开展党的军运工作。他大力宣传国民革命，讲述孙中山的新三民主义，并策动部队向左转，倒向广州国民革命政府，起来反对帝国主义，打倒北洋军阀。

1926年9月5日，英帝国主义悍然炮击万县，制造了震惊全国的"万县惨案"。杨闇公、冉钧、周贡植等立即领导四川人民开展了反对英帝国主义，声援"万县惨案"的群众运动。重庆赓即成立了"九五惨案国民雪耻纪念会"。抗议英帝国主义的暴行。冉钧等负责领导"雪耻纪念会"，于9月9日，在重庆夫子池召开了近六千人的市民大会，提出了"废除一切不平等条约""对英帝国主义实行经济绝交"等主张。会后，举行了包括全市工、农、商、学各界三万余人的示威游行。

重庆是一个工商业和交通运输较集中的大城市，历届统治者都千方百计地收买工贼，组织御用工会，笼络麻痹工人，以便于他们更多地压榨和统治重庆工人阶级。中共重庆地委成立后，很快建立起工人运动委员会，由程子健任书记，委员有刘远翔、曾俊杰。因冉钧搞党的组织工作，也积极参与工运的领导。

1926年，重庆的工人运动在党的领导下不断高涨，各行各业工人都先后建立起代表自己利益的组织，多达三百余个，工会会员达一万余人之多。这时，重庆的一些反动劣绅和土豪妄图篡夺工人运动的领导权，纠集一些资本家和小业主，准备成立代表资产阶级利益的重庆市工会。

为了粉碎劣绅、土豪的阴谋，党及时派出冉钧与程子健等一起，筹组代表工人阶级利益的重庆市总工会，以加强对山城工人运动的领导。经过发动群众，建立各行业基层工会，选拔干部等筹备工作，于1926年11月21日正式成立了重庆市总工会。由叶南奎、汪述平、程子健任正、副委员长。大会向全国发出了"为谋自身解放，应时势要求，进谋民族解放，废除一切民族压迫，期促革命成功，俾国家政治经济各地位均得平等，起而组织工会"的宣言。次日，工会组织工人群众游行，庆祝重庆工人有了全市性统一的组织。大家纷纷表示：遵循工会宗旨，"从此努力进行，不达目的，誓不中止。山河易改，此志难移。"重庆市总工会成立后，重庆工人阶级更加有觉悟、有组织、有力量，成为一支反帝反封建的主力军。

重庆市总工会成立四天之后，国民党（左派）四川省第一次代表大会在重庆开幕。冉钧与杨闇公、朱德、刘伯承、陈毅、刘愿庵、李嘉仲等共产党员参加了大会，并参与大会的组织领导和秘书处的工作。大会首先选出了组织审查委员会，冉钧、刘愿庵、李嘉仲等九人为委员。大会秘书处下设文牍、议事、速记、庶务和印刷等股，负责会议各方面的工作。冉钧为议事股长，刘愿庵为文牍股长，任煜（白戈）为速记股长。整个会议由中共重庆地委领导，冉钧、刘愿庵等日夜操劳，做各种具体工作，保证大会顺利进行。会议历时十五天，听取了杨闇公的政治报告、工人运动报告、农民运动报告，刘伯承的军事报告等，发表了由杨闇公、刘愿庵、陈宣三等起草的宣言，通过了惩治右派分子，加强对反动的国家主义派的斗争等多项正确提案。大会宣言发表后，得到了重庆人民的拥护，在全川人民中引起了广泛的反响。会议的成功，与杨闇公、冉钧、周贡植、邓劼刚等正确执行党的统战政策,长期艰苦地对国民党进步人士开展工作是分不开的。

四

冉钧不但对人民的革命事业忠心耿耿,对敌斗争坚决,而且生活简朴,情操高尚。他因年幼丧父,家中贫苦,母亲终年奔波,为其全家生活而积劳,十分心痛。所以,他非常疼爱妈妈,在法勤工俭学时,常写信回家问候。回国后,曾将母亲接来重庆休息了一段时间,母子二人勤俭度日。他所得的微薄薪资,除维持最低生活外,一部分交给党做活动经费,办刊物、印文件。他曾多次写信给弟弟冉治权,嘱托其多照顾母亲,以便自己能将全部精力贡献给党的共产主义事业。他在一封信中说:"母亲家贫,余不能顾及,有负期望。但一念及大众同胞痛苦,不得不尔……望弟好自为之。"在处理个人婚姻问题上,冉钧也是以革命工作为重。他的母亲与姐姐从成家立业、不断烟火的旧传统观念出发,曾多次劝他早日成亲,而且想尽方法,托人代为寻找其适合的女友。冉钧为了集中精力学习和工作,不为所动,婉言劝解妈妈和姐姐说:"我年纪还不算很大,时候还早,弟弟有了儿子,我也就有后代了。"母亲见儿子执意不肯,也就不好再提及了。冉钧一心扑在为民翻身解放的事业上,直到牺牲时,尚未结婚。

1927年初,国内政治形势发生急剧变化,蒋介石先后派心腹杨引之、戴弁等到四川,策动军阀破坏国共合作,镇压革命群众运动。

3月24日,英美军舰炮轰南京,激起重庆各界人民的无比义愤。中共重庆地方执行委员会决定:以国民党重庆莲花池省党部出面,召集重庆市总工会、农民协会、学生联合会、妇女联合会、商民协会等革命团体和市民,以及在渝的共产党员、共青团员和国民党左派共数万人,在打枪坝举行声势浩大的示威集会,抗议英美帝国主义的罪行。3月31日清晨,重庆各界群众先后到达打枪坝,中共重庆地委和国民党莲花池党部负责人杨闇公、冉钧、周贡植、李筱亭、程子健等,都提前进入会场。会前,冉钧、程子健发现会场秩序不好,察觉一些身份不明的人混在群众队伍中捣乱,他们立即嘱咐工人纠察队队长张克勤等严密注意动向,维持好场内秩序,使会议能够正常进行。

当漆南熏刚宣布大会开始,突然"砰砰"几响枪声,会场顿时乱起来。此时,军阀刘湘、王陵基、兰文彬等豢养、收买的打手们,听到信号便一齐掏出手枪、铁尺、木棒和钢刀,见人便打,逢人就杀。杨闇公和冉钧等在主席台上不顾个人安危,呼喊群众不要惊慌,就地卧倒。但会场秩序已失去控制。一些群众纷纷向会场外跑去,而各个路口已为反动派的机枪封锁。在敌人的屠刀下,有的被砍死,有的被枪击毙,有的遭人踩死,当场被捕者百余人,伤者无法计算。冉钧在工人纠察队和革命群众的掩护下,跳城墙脱险,急去江北县政府暂避,当日幸免于难。深夜,他为了通知幸存的同志转移,销毁党的秘密文件,毅然冒着生命危险,渡过嘉陵江回到莲花池住所。当时，有的同志劝他迅速转移，不要再回市内，以避免敌人的追捕。冉钧却解释说："达三、树菜（漆南熏）都牺牲了，我怎么可以一个人偷着活呢?"

4月1日9时许，冉钧和任煜（白戈）一道去刘成辉（团省委书记）家，准备找杨闇公研究"三三一"惨案后的善后工作。途中，他们十分警惕，两人分开前行，相隔两丈多远。因冉钧曾负责"英日惨杀华人案重庆国民外交后援会"和重庆市总工会的工作，常活动于群众之中，故敌人认识他，也非常恨他，当冉钧、任煜两人行至七星岗天主教堂附近，便被军阀刘湘、王陵基派出的便衣特务发现。刽子手们举枪射击，冉钧被击中，当场壮烈牺牲，年仅二十八岁。

冉钧烈士虽然离开我们了，但他那忠于共产主义事业的崇高品质和大无畏的革命精神，将激励全国人民在"四化"建设中奋勇前进。冉钧烈士永垂不朽！

王维舟

◎ 四川大学川陕革命根据地科研组（徐正明 执笔）

王维舟（1887－1970），中国共产党的优秀党员、老一辈无产阶级革命家，是最早在四川开辟革命根据地的著名领导人。他一生中经历了漫长的革命战斗途程：从参加四川保路斗争、辛亥革命，到投身护国讨袁战争；从加入朝鲜旅华共产主义小组，到转入中国共产党，投入第一次大革命的洪流；创建了"川东游击军"，接连发动三次游击战争，实现了同红四方面

任西南军政委员会副主席时的王维舟

军的胜利会师；他参与了开拓与保卫川陕革命根据地的战斗，继而经历了艰险曲折的二万五千里长征。在到达陕北后，他曾进红军大学学习。抗日战争时期，他曾在陇东担负保卫陕甘宁边区的重任；解放战争时期，他在重庆智斗顽敌，随后返回延安，保卫党中央；全国解放初期，他参加了建设大西南的工作，以后在党中央监委任职。

王维舟在长期的革命斗争中，热爱与坚持革命真理，对党和人民赤胆忠心，具有坚定的革命毅力和大无畏的斗争精神，养成了艰苦卓绝、密切联系群众的优良作风和严格要求自己、顾全革命大局的组织观念，在人民群众中享有很高的威信。在党的第七次全国代表大会上，他被选为候补中央委员；在党的第八次全国代表大会上，被选为中央委员、中央监察委员会委员。1943年2月，王维舟被评为陕甘宁边区劳动模范。毛泽东曾书赠王维舟"忠心耿耿，为党为国"八个大字，1970年1月10日，王维舟在北京逝世。

一

王维舟，原名天桢，1887年6月10日出身在大巴山区的宣汉县清溪场王家坝一个贫苦农民家里。父亲王正启，号光迪，是个老实忠厚的农民，秉性刚强，生活简朴，毕生辛勤耕种田地。母亲徐氏，出生劳苦家庭，粗通文字，十分重视对子女的教育。王维舟排行第五，有一兄、三姐、一弟。

王维舟八九岁时，靠父母节衣缩食，进了私塾，但刚读到十三四岁，即因连年灾荒，苛捐杂税繁重，家庭负债累累而被迫辍学，随父务农。此后，每年秋收下来除交付地租、债息，所剩无几。迫不得已，他只好在十九岁那年离开家乡，到宣汉县城冉立三（又名冉崇根）的货栈当学徒谋取生路。

二

王维舟到货栈后，每天从早到晚给那些客商端茶送饭，擦桌扫地，还要肩挑背扛货物，常常累得筋疲力尽，而所得的报酬，仅能维持自己的最低生活。当时，宣汉县叫东乡县，归绥定府（今达县）所管。这里虽然是偏僻山区，但同样受到清王朝反动统治者的剥削和压迫，弄得民不聊生。年轻的王维舟在货栈里当店员，常常听到贫苦的老人们讲述当年农民领袖的革命故事，讲述清王朝的腐败和穷苦人民的悲惨命运，他总是情不自禁地发出感叹："只恨手无三尺剑，斩尽天下有钱人！"

就在当学徒期间，王维舟结识了一批具有民主主义思想的知识分子景昌运、冉雨生、宋更新等人。景昌运是东乡县第一个留日学生，在日本加入了孙中山领导的"中国同盟会"。1906年回国后，任东乡县劝学所视学。他在当地积极改革教育，设立劝学所，宣传民主革命思想。王维舟兼任该所会计，管理办学经费，月薪三串钱。

三

1909年，王维舟为实现他"富国强民"的理想，去成都报考四川总督赵尔丰办的新军学堂。但因错过考期，只好考入东门外新民兵工厂半工半读学校（原四川大学工学院旧址，现为南光机械厂）。这个学校的学生，大多来自无地可耕的青年农民、失业的手工业者、城市贫民和失学青年。他们对社会上的政治活动较为敏感。当时，四川人民正在集股自办川汉铁路。王维舟的家乡东乡县，按地丁旧额摊派了九百五十股，每股白银五十两。1911年5月，清政府悍然宣布"铁路干线国有"政策，将粤汉、川汉两铁路拍卖给英、美、法、德帝国主义，四川人民无比愤怒，成立了"四川保路同志会"。8月24日，成都开始了保路罢课、罢市，继之，全川的保路运动蓬勃兴起。9月7日，成都的工人、学生数千人举行示威大游行，前往总督府请愿，要求归还路权，释放"保路同志会"被捕的蒲殿俊、罗纶等人。当天，王维舟和同学们一道参加了示威请愿的斗争。不料，四川总督赵尔丰竟下令军队向手无寸铁的群众开枪，制造了骇人听闻的"成都血案"。王维舟目睹反动统治者这一罪行，感触颇深，认识到赤手空拳只能任人屠杀。当夜回校后，他即与一些同学商议，决定分别回到各自的家乡发动群众，拿起武器，推翻清王朝的统治。

王维舟回东乡以前，东乡的"保路同志会"已于7月成立，不久，王维舟的家乡清溪场也成立了"保路同志会"，由宋更新领导，宣传"推翻满清""复兴汉室""建立中华民国"等主张，并提出"鼓舞兆民之英气""痛除奸宄之官气""速组民众之武装""力遏列强之侵凌"等四条行动纲领。王维舟回到东乡后，便与景昌运、宋更新、龚权山、刘事杰、冉雨生等十多人取得联系，以"东乡保路同志军"名义，推冉崇根为首领，以附近团练为基本队伍，建立一支新军，发动武装起义。王维舟亲自从双庙场、双河场经胡家坝到晋光寺、南坝场、天生场等地巡视串联，发动群众。仅半月响应者即达数万人之多。起义日期原定12月2日。王维舟调集靠城八十里以内乡镇的武装，每个乡镇出兵二十人至六十人，准备攻城。他自己则事先进入城内潜伏，担任军事总指挥。冉崇根、景昌运等负责去做警佐李树兹的争取工作。不料被县知事吴巽发觉了这一情况，王维舟等人决定将起义日期提前两天。

11月30日，由王维舟率领事先埋伏在城内的精壮部队，分头到西门、北门收缴了守城的清兵武器，将城门打开，各乡镇起义军随即一拥而入，包围了县衙门、警察局，活捉了经征局长吴朝清。次日晨，起义军涌进县衙门，知事吴巽躲藏起来，经景昌运等人劝降，吴巽交出了印信、公物、文卷及枪械，打开监狱，释放了全部犯人。接着，组织东乡军政分府，冉崇根任参谋兼民军司令，王维舟任警备队长，因他熟悉账务，所以又总理财政。12月2日，在文昌宫召开全县代表大会，一致赞成释放吴巽出境。东乡军政分府出榜安民，社会秩序井然，东乡即告光复。

东乡光复后，王维舟积极准备夺取绥定府的军事行动，原驻绥定府的清军有一个府练营。为了有把握夺取胜利,王维舟与大竹县蒲凸山"孝义会"领导人李绍伊商定,联合攻占绥定府,起义军围城十多天,府官广某(满族)在起义军声威震撼之下,被迫派人出城乞降。起义军准其率部投降,并允诺保全其身家性命。协议达成,广某派清府官员高举白旗,剪去辫子,俯首跪地迎接政府,推士绅王瑜南主持政府工作,达县宣告光复。

紧接着,王维舟及时率领原有武装部队返回东乡,挑选精干六千余人,改编为北伐大队,自任大队长,下辖三个中队,制定了经陕西北上的作战计划,对部队加强军事训练和政治动员,提出"直捣幽燕,驱逐鞑虏"的战斗口号,激励士气。后得军政府指示,谓奉南京陆军总长黄兴电令:清帝已宣布退位,南北议和,北伐告停。可是,辛亥革命的胜利果实,不久却被北洋军阀袁世凯所篡夺,四川人民武装起义所夺取的政权,亦落入封建军阀和旧官僚手中。此后,军阀割据,连年混战,广大劳动群众又重陷入被剥削被压迫的深渊!

辛亥革命既已结束,王维舟所指挥的北伐军被缩编为一个营,约五百余人,驻宣汉县。王维舟改任宣汉县团练局长,任务是剿匪安民。经年余,匪风大敛。1913年4月,王维舟进成都警备军官学校,学习了两年。后来,省警备司令卢卿锡调他担任绥定府警备司令兼达具警备队长。

四

1915年12月，袁世凯恢复帝制，激起了全国人民的愤怒。王维舟邀达县进步人士杨荫槐、洪秀生、尹守白等人商定，以自己所率警备部队为基础，组建讨袁护国军，推颜德基为司令，杨荫槐、郑启和为副司令，王维舟任第一纵队司令。护国军首先以武力推翻了达县拥袁的黄知事，随即率部攻克营山，击溃袁军钟体道部一个旅，又回师攻克宣汉，活捉宣汉县长李策安，军威大震。继又攻取开江、开县，在开县歼灭北洋军阀吴光新（段祺瑞部）一个团。

1917年秋，孙中山在广州召开非常国会，宣布成立护法军政府。这时，护国军改称"靖国军"，王维舟任该军一个营的营长，率兵攻克宣汉城（东乡改称）。年底，又率所部攻克开江、云阳、奉节等地，与北洋军吴光启部展开了激烈战斗，并将其赶出四川。在攻克奉节后，王维舟升任团长。奉节知事不甘失败，某日，白天设宴招待王维舟，表示"欢迎"驻军，夜间却派地方武装包围了王维舟驻地（团部），枪声四起，王维舟率部奋起还击。王维舟又调驻在郊区的部队包围了敌人，使敌人腹背受击，粉碎了敌人的进攻。其后，王维舟继续率部连克巫山、秭归、巴东、利川、建始等县城，大败袁系军阀王占元、吴光新部队。

王维舟之所以能征善战，和他治军严谨，重视军风纪，不讲私人情面很有关系。1918年，王维舟奉命援陕，因前线失利，驻守万源城。那时，颜德基部分军队及滇黔军溃兵在官渡湾、诸葛坝、王道坪、皮货铺、庙坡、大竹河一带抢劫扰民，王维舟闻讯，即率部将他们赶走。一次，其弟王大千酒后无故鸣枪，王维舟坚决要撤掉他的职务。虽经全团官兵多次请求，仍罚禁闭七天。1919年3月19日，王维舟整顿军队。营长王永修、雍跃先，连长周绍轩等因不服从管理，当即被缴枪解职。王永修等发动兵变，将王维舟押赴巴州郑启和部，幸颜德基率部营救，郑启和才未敢加害，以礼送回。广大群众对王维舟的为人，深为敬仰，在县城东门外刘家祠给他立德政碑："除暴安民"；又在北门外大石盘立碑："东乡屏障"；在赤溪场立碑："兆民赖之"。

护国、护法之役虽胜，但由于军阀林立，互相吞并，战乱不断，苛税繁重，依然民不聊生。王维舟目睹东乡人民的苦难，深想十年奋战，救民于水火的愿望已成泡影，便毅然于1920年5月弃职离家，奔赴上海，另寻救国救民新路。

五

王维舟到上海后，眼界更为广阔。俄国十月革命的胜利，五四运动的影响，马列主义的传播，使他认识到只有走社会主义的道路，才能真正救国救民。他非常想去苏俄学习革命经验以改造中国。后经朝鲜人金笠和李某介绍，王维舟加入了朝鲜旅华共产主义小组。这时组织上同意在适当时候介绍他去苏俄学习。

1920年秋，上海虹口公园举办"远东运动会"，有中国、日本和菲律宾三国学生参加。朝鲜旅华共产主义小组决定在运动会上散发汉、日、英三种文字的传单，宣传爱国思想，历数帝国主义的罪行，号召广大青年团结起来，打倒帝国主义和国内反动派，让帝国主义滚出中国去！王维舟报名参加了这次行动。他和许持平、肖华清等九人，各带手枪进入会场。8点正，运动会宣布开幕，他们散发的传单与会场上的各种商标广告混在一起，五彩缤纷。不久被巡捕发现，发出紧急警号，大肆搜捕。后来，巡捕见许持平还在继续散发传单，首先向许扑去。许开枪还击。场内秩序大乱，运动会被迫停开。王维舟趁乱跑出会场，搭电车赶回霞飞路渔阳里、宝康里。当他刚把几个同志放在室内的文件收拾妥当时，巡捕赶到，搜查许久，毫无所获。参加这次行动的同志，除王维舟幸免外，其余人枪均遭扣捕，被囚于虹口万国监狱。

在共产主义小组领导下，王维舟积极开展营救工作。他通过种种关系，找到孙中山先生的英籍法律顾问林白克，他答应以六百大洋为代价，设法营救。许持平因开了枪，预计会判重刑。王维舟即化名"许安平"，以兄长的身份先后五次到会审公堂为他辩护，声称："我弟持平在上海求学，参加运动大会时，不知何故竟遭逮捕。他只有十五岁，还未成人，在法律上也不能构成犯罪。请求早日释放！"最后，肖华清等七人被驱逐出租界。但许持平一直下落不明。通过这次斗争，使王维舟对帝国主义的本质有了新的认识，更加坚定了反帝决心。

1920年冬，王维舟经朝鲜旅华共产主义小组的批准，化装商人，从上海乘船出发，经牛庄（即今营口）、安东，拟取道朝鲜，再转到苏俄。但当时的朝鲜还是日本帝国主义的殖民地，鸭绿江大桥有日军把守。于是，他只好转经哈尔滨至满洲里，通过朋友关系的帮助，进入苏俄境内，于1920年底到达伊尔库茨克。他在那里和从广东、浙江、上海去苏俄的工人、学生共十余人，一起学习俄语和马列主义理论，七八个月的时间。其后，王维舟一行获准在莫斯科参观了一个星期。不久，又被邀请参加了伟大的十月社会主义革命四周年庆祝大会，见到了无产阶级的革命导师列宁。在大会上，列宁庄严地预言："整个资本主义世界一定要崩溃，无产阶级一定要在全世界取得胜利！"这在王维舟思想上留下了永恒的纪念。1921年底，王维舟等人启程回国。

六

1922年初，王维舟回到北京后，组织进步青年学生学习和宣传马克思列宁主义，宣传俄国十月社会主义革命对人类解放的伟大意义及其对中国革命的影响，宣传劳工神圣，宣传反对帝国主义和封建主义，宣传走苏俄的道路，以教育人民，提高觉悟，增强斗志。

王维舟鉴于当时苏俄国内发生灾荒，就带领进步青年发起组织"俄灾救济会"，宣传无产阶级国际主义精神，援俄救灾。又同其他同志一道组织北京大、中、小学生游行、募捐，扩大宣传影响。仅一月多，即募得救灾捐款数十万元，购成物资运送苏俄。后又到上海募得一笔不小的捐款。1923年上半年，上海募捐工作刚刚结束，他就得到家中发来母亲病危的急电，由朝鲜旅华共产主义小组金笠批准，回家省亲。

王维舟回家不到三天，其母即不幸逝世。四川军阀刘存厚慕其名，派人来请他去当师长，他断然拒绝。他想在家乡创办教育事业以培养革命新苗。在和冉雨生商议后，决定将办在庙宇内的清溪寺小学，改名为"宏文小学"。王维舟又把自己家里的房屋献出一部分创办"新群女子小学"，并亲任校长，聘请思想进步的知识分子冉雨生、胡俊辉、尹素筠（女）、胡俊辉等人加入由他创立的共产主义小组。他们白天向学生进行反帝、反封建教育，并着重宣传俄国十月社会主义革命的伟大胜利；夜间，分头去农村串联，访贫问苦，开办工农夜校，启发工农群众的觉悟。军阀刘存厚风闻这一情况，曾三次派便衣武装搜捕王维舟，但王维舟在群众掩护下，都机智巧妙地对付过去了。

这时，党领导的第一次国内革命战争已经兴起。朝鲜旅华共产党小组（朝鲜共产党于1925年建立）电促王维舟去武汉。他就把宏文小学交给其侄儿王波（即王天辅之子）经办，自己即赶回武汉参加大革命斗争。

七

1925年春，王维舟被组织上调到汉口从事革命统一战线工作。同路前往的还有周伯世、冉海舫等。这时，经组织批准，王维舟已由朝鲜共产党党员转为中国共产党党员。在武汉，王维舟参加了毛泽东主持的中央农民运动讲习所的学习。毛泽东亲自讲授的《农民问题》和《农村教育》等课程以及《湖南农民运动考察报告》，还有彭湃的讲课，给王维舟留下了深刻的印象，为他以后在四川发动农民群众，开展游击战争，奠定了思想基础。

  1927年初，帝国主义加紧干涉中国革命。在帝国主义和买办资产阶级的拉拢、收买下，蒋介石积极准备叛变革命。3月31日，蒋介石唆使四川军阀刘湘在重庆制造了"打枪坝惨案"。王维舟十分愤怒，在武汉组织"三三一惨案救济会"，声讨刘湘的反革命罪行，救济死难烈士家属。上海"四一二"反革命政变发生后，四川军阀颜德基一个师驻安徽，处于动摇状态，还派冉子静（四川奉节人）来武汉暗地接洽。中共中央军委派王维舟为代表，前往安徽争取颜德基。此事被安徽省主席蒋鼎文侦悉，蒋鼎文迫使颜德基派兵逮捕。王维舟闻讯后，机智地登上"三北公司"的"奉浦"轮，安全回到武汉。

  5月间，蒋介石为颠覆武汉国民政府，消灭革命力量，不断指使粤、桂、川、黔四省军阀出兵进攻湖南、湖北。中共中央军委又派王维舟、高语罕去四川做军阀杨森部的工作，并带去一批枪支子弹，以示对杨的支持。这时杨森已接受蒋介石任命，担任第五路前敌总指挥，出兵进攻鄂西。驻宜昌的夏斗寅也已接受蒋介石的指示，佯装战败，将宜昌让给杨森部队，向武汉方向推进。王维舟押运的武器弹药运至沙市，便被夏斗寅全部扣留。当时，船夫靠岸，夏部便开枪射击，击毙一人，击伤多人。王维舟被夏部扣留，随军押送。船至新捷下游时，王维舟趁看押人员疏忽，机智逃脱，急奔汉口，及时向军委汇报。此时，武汉北伐主力军正在鄂豫边境武胜关同军阀张作霖作战，后方异常空虚。不久，夏斗寅部迫近距武汉四十里的纸坊。情况十分紧急，留驻武汉的叶挺师、黄埔女生队、工人纠察队等，勇敢地投入了战斗，将夏部击退，武汉得以转危为安。随后王维舟参加了李富春领导的政治部工作，继又到湖北仙桃镇抗击川军对鄂西的进攻。后因湖南许克祥背叛革命，冯玉祥也投蒋，武汉形势每况愈下，王维舟又回到武汉。第一次国内革命战争失败后，共产党员惨遭屠杀，全国一片白色恐怖，党转入了地下活动。王维舟同周伯世一道，离开武汉，潜回四川。

八

1927年8月初，王维舟乘轮船溯长江而上，到万县下船后，即住马家、薛家栈房。他来往于万县、开江、达县之间，会同已回川的曾在大革命时期活动在北京、上海、广州、武汉等地的川籍共产党员，共同筹划在四川地区重新开展党的工作，组织地方武装，搜集枪支，发动游击战争。不久，他们就搞到了200多支枪。

1928年元月，王维舟到开江普安场建立了中共宣汉特别支部；随后又在广福、甘棠、长岭、天子店等地发展党的组织，并把建党、群众工作和武装斗争紧密结合起来。在王维舟帮助下建立起来的中共广福支部，组织进步师生白天上课，夜里到农村宣传，提出"反对拉兵拉夫！""反对苛捐杂税！""打倒贪官污吏！""打倒土豪劣绅！""实行土地革命！"等口号；还成立了广福乡妇女协会，举行了一千余人的妇女集会、游行，提出了"打倒封建主义！""男女要平等！""妇女要解放"等口号。这里的游击武装也迅速建立起来。

由于王维舟和回川的其他共产党员的共同努力，万县、梁山、开江、开县、大竹、城口、万源等地的许多学校先后建立了党的组织。党加强了对工会、农会和群众运动的领导，把工作重点放在农村，在农会中培养积极分子，选拔勇敢的青壮年建立武装小组，收集刀矛枪支，进行军事训练，打击军阀和地主豪绅，积极准备开展武装起义，以期在川、陕、鄂三省交界的城口、万源、巫溪、开县、宣汉等地建立根据地。1928年春，王维舟在开江广福场活动时，适逢万源县固军乡厚坪的共产党员李家俊从渝返乡路过，便与他共同商讨了开展武装斗争的问题。由李家俊负责，组织农会和赤卫队去收集刀矛，抗捐抗税。并发动原杨森部队的营长徐允士以及固军坝团总吴会治参加起义。

1929年3月，固军坝地区根据上级党委指示，成立了以李家俊为组长，唐伯壮、雷玉书为副组长的起义领导小组。王维舟派去八十多位身带短枪的青年干部，又从开江运去一百多支长短枪和一批弹药。4月27日，万源固军坝、白羊庙，宣汉厂溪、官渡等地农民武装，铁矿坝的工人武装，以及从梁山（今梁平）、开江县来的工会会员、农会会员，会聚在固军坝附近的龙潭河，打出了党在四川领导的第一支红色工农武装的旗帜："中国工农红军川东游击军第一路"。李家俊为司令，雷玉书为副司令，全军共三百余人枪。川东军阀刘存厚闻讯，急派第三路（旅）廖雨辰部一个连，进驻白羊庙。5月12日，游击军发起攻击，激战数小时，全歼敌人，缴枪三十多支。战斗中，雷玉书副司令负伤后牺牲。白羊庙大捷后，游击军即在固军坝、白羊庙周围建立起纵横四十余里的一块游击根据地。直到8月，廖雨辰率兵反扑，游击军才主动撤离，移至外线作战。11月初，游击军再次攻克白羊庙、固军坝。11月中旬，刘存厚又派宣汉驻军吴建臣等两个团，由官渡攻打固军坝，对游击军进行"围剿"。这时，由王维舟派去打入敌军内部的共产党员冉南轩从宣汉天生桥拉出一个连八十多人枪在七里峡起义，击溃敌一个营，参加了川东游击军。刘存厚大为震动。与此同时，在宣汉王家场、明月场一带活动的共产党员李光前、邓延刚，在王维舟的领导和支持下，也组织起一支武装队伍。游击军由于得到冉南轩、李光前两支队伍的配合作战，给宣汉敌军以严重威胁，迫使敌人将进攻固军坝的军队撤回，从而粉碎了敌人的"围剿"。1929年冬至1930年春，游击军乘军阀刘存厚部内讧之机，积极发展以固军坝为中心的游击根据地。在固军坝附近的龙潭河成立了县农会，各区、乡也相继成立了农会。游击武装发展到一千多人，分三个支队，同敌军四个团以及万源、宣汉、城口等五个县的民团作战，先后打下万源的石塘、铁矿、白沙，宣汉的厂溪、官渡、樊哙以及城口的双河、余坪、固溪、明通等地，革命声势震惊成都。1930年4月，刘存厚在平息了内讧之后，复调集一万人以上的兵力，对游击根据地进行"围剿"。这时，省委领导机关几次遭到军阀刘湘的"特务工作委员会"的破坏，省委书记刘愿庵、军委书记李鸣珂惨遭杀害，省委遂决定调李家俊到省委工作。李家俊走后，由于领导力量削弱，加之敌强我弱，这支游击军于1930年7月全部失败。

在这期间，王维舟又以百折不挠的精神，在开江县任市铺、广福场等地，发动群众，组织农民武装，开展斗争。中共梁山地下党组织也在虎城场、南岳场一带，组织共产党员打入团局的壮丁队，组建了由石怀宝、蔡奎等领导有六百多人、四百多支枪的虎南游击队。其时，中共四川省委受"立三路线"影响，命令川东刚刚成立的游击武装南渡长江，进至鄂西南的建始、恩施地区与红二军团会师，然后"共同包围武汉"。7月29日，任市铺和虎南等游击队南下，在忠县西北的黄钦坝，与共产党员李光华、李次华、李维领导的梁山太平乡壮丁队，王一贯领导的梁山龙抄乡壮丁队会合，组成了拥有三千多人的"川东游击纵队"。李光华任纵队总司令，王维舟任副总指挥。这支新军成立不久，军阀刘湘即派驻忠县的陈兰亭师、驻梁山的王致义师进行"围剿"。因敌我力量悬殊，起义军避敌精锐，转移至忠县黄水坝，恰遇陈兰亭部堵截，遂在沙河场与敌展开激战。在这紧急时刻，游击纵队干部便在忠县后山黄金场召开紧急会议，讨论部队的行动问题。在"左"倾路线的影响下，多数同志误认为，"一个中心城市胜利即一省胜利，一省数省胜利即全国胜利"。省委派来的牛大鸣说："这是上级党的命令,下级党应服从。"王维舟则认为,部队成立不久,缺乏战斗锻炼,思想也不稳定,行动不统一,战斗力不强,应暂缓东进为宜,即使要执行上级指示,也应选派部分精锐东征,余部回本地农村游击。经过三天的争论,王维舟的正确意见被否决。8月初,部队南下至忠县的石宝寨渡过长江,进抵石柱县西界沱,与活动在涪陵、丰都、石柱边界的由赵启民率领的一支游击队伍会合。整个游击队进至石柱县西罗坪,被刘湘的陈兰亭师包围,起义军疲惫应战,激战三昼夜,最后弹尽粮绝,遭到惨重损失。李光华、李次华受伤被俘,后被害于丰都。起义军余部在"八德会"武装的掩护和帮助下,返回梁山、达县地区。

1930年底,王维舟在梁山、达县、开江交界的以百里槽为中心的地区重建根据地。经过发动群众,组织农民协会,很快发展成为一支拥有五百余人枪的游击队伍。

1931年4月初,中共四川省委在成都召开会议,王维舟、王波前往参加。会议结束,王维舟奉命返回川东开展第三次游击战争,王波留在成都工作。王维舟抵达万县后,暂住由宣汉迁来的长兄王佐卿家楼上,等待游击区来人护送去根据地。第二天黄昏时,王维舟到盘龙石公园散步,见路上军警密布,戒备森严,势态紧张。他正在纳闷之际,忽然遇到在四川地方部队任职时结识的副官长李培之,李悄悄告诉他说:"你来万县,已被叛徒向王陵基告密。刚才军警已包围了你兄长的家,因未抓到你,已将你兄长的一家人抓起来严刑拷打,正追查你的下落。家中财物已被匪徒洗劫一空。"李培之引他潜至在四川地方部队任职时的一位好友李重仁的父亲店内（钱庄），连夜化装成妇女并怀抱婴儿，坐于轿内，前面打着钱庄灯笼，越过警戒线，到达后山菜花寨。三天以后，由交通员来接头，把他护送到梁山、开江、达县交界的根据地，尔后又投入新的战斗。

根据省委指示，第三次游击战争的主要任务是破仓分粮，训练农村青年，扩大游击武装力量，王维舟任川东军委书记和川东游击军总指挥。总指挥部设在宣汉、开江、开县三县交界的六厂坪，后移驻宣汉芭蕉场大山坪。王维舟召集紧急会议，传达省委指示，纠正执行"立三路线"的错误，总结经验教训。会议根据省委的指示和游击队广大干部的意见，确定了新的工作方针。

总指挥部成立后，对分布在梁山、宣汉、达县、开江、万源等地的游击队进行了改编，分三个支队并分三路发动、组建。第一支队长蔡奎，第二支队长谯长吉，第三支队长由王维舟兼任。第一支队首先在达县万家坝一带进行组织。王维舟在开江县广福场活动，他从被撤掉团总职务的曾敬孙、李介眉那里，搞来步枪六七十支，武装了这个支队。但出乎意外，第一支队因混入了阶级异己分子，只在那里活动了两个多月，就被反动富农分子金长毛叛变出卖。他勾结官兵，又对游击队放毒，趁战士们昏倒时，突然将游击队包围、屠杀。蔡奎虽被一个农民救出，不久仍遭杀害。

第一支队失败以后，另外两个支队更加谨慎稳妥行事，按原定计划，发动群众，组织农会，破仓分粮，发展游击队，扩大根据地。

游击队的发展和根据地的扩大，震撼了四川军阀的反动统治。在游击队总指挥部附近的清溪场、南坝场、芭蕉场，敌人加强兵力，经常有一营人或一团人驻扎。各个乡镇到处张贴捉拿王维舟、悬赏十万元的通缉令。刘存厚还增派他的第二师到铜鼓石、下八庙一带游击区"围剿"，并且逼近游击军总指挥部。

游击军总指挥部根据敌我势态发展，调集各地游击队主力，采取灵活战术，打有准备之仗，胜利地进行着反"围剿"的斗争。在宣汉铜鼓石一战，游击军将刘存厚增派的第二师击溃，活捉了刘存厚的表弟—匪军上校团级副官、南坝场禁烟局长陈炳章，以他作为人质，换取了刘存厚的五万块大洋，狠狠打击了敌人的威风，振奋了游击军的士气。

1932年夏，梁（山）达（县）中心县委的活动中心由梁山、大竹地区转到达县蒲家场，中心县委书记杨克明参加了游击军的领导，在宣汉、达县一带深入农村发动群众，抗捐抗税，并吸收一大批斗争中涌现出来的积极分子入党，扩大了游击队伍。同时分成若干小股游击队袭击团防，没收税款，镇压顽固的豪绅地主。王维舟转至开江广福场一带坚持游击战争，增派得力党员干部前往城口、万源游击区，加强和恢复游击活动，并经常同中心县委保持密切联系。经过不长时间的努力，达县、宣汉、城口、万源、梁山及开江、开县地区的游击战争开展得十分活跃。在游击区内，党的领导加强了，农民协会发挥了有力的作用，还成立了赤卫队、少先队、儿童团、妇女会等群众组织。

九

1932年底，正当四川军阀混战于川西，而川北防守空虚的时候，红四方面军越过巴山，进入川北。消息传来，川东游击军广大指战员和游击区的革命群众，莫不兴奋异常。川东游击军总指挥部数次派人前往通江、南江、巴中，想与红四方面军取得联系，都杳无音讯，几次派去的人也不知下落。王维舟回忆这桩往事说：由于张国焘路线的错误，可能是对派去接头的人不信任，遭到了杀害。

为配合红四方面军的行动，扩大游击根据地，争取与主力红军会合，中共四川省委指示川东军委和梁、达中心县委，迅速动员一切力量，巩固和扩大游击军。在红军入川和各地革命浪潮高涨的影响下，川东游击军在1933年夏秋之间迅速发展到两千多人，随即进行改编：川东军委书记王维舟任川东游击军总指挥，冉南轩任第一支队长，王波任第二支队长，蒋群麟任第三支队长，积极活动于宣汉、达县、城口、万源、开江、开县广大地区，牵制了四川军阀刘湘、刘存厚两个师的兵力。

1933年8月，红四方面军乘胜进军，不仅粉碎了军阀田颂尧的三路围攻，开拓了纵横两三百里的根据地，部队由四个师改编为四个军，而且正在发起仪（陇）、南（部）进攻战役。这时，王维舟率领川东游击军主动发起攻势，袭击达县、宣汉之间的双庙场、马渡关、元山场、清溪场等地的敌军；曾在南坝场、峰城场击溃敌人两个团。10月，红四方面军赢得了营

（山）渠（县）战役的胜利，乘胜向宣汉、达县方向推进。王维舟率领川东游击军，有力地配合红四方面军组织的宣（汉）达（县）战役。刘存厚放弃宣汉，连夜南逃，游击军堵住渡口，消灭两连敌人，并缴获装满枪支弹药及其他军用物资的十几只船。

在宣汉南坝场，游击军还包围了廖雨辰从万源败退的八个团的兵力，相持一周。这时，徐向前到了宣汉，即派许世友率主力增援。两军配合，猛攻南坝场、圣灯寺大山，全歼敌人。川东游击军便在南坝场、黄金口、普光寺一带，同红四方面军胜利会师。

川东游击军对红四方面军入川作战的胜利，起了有力的配合作用。正如朱德在《祝维舟同志五十六寿辰》一文中指出："有着这一批川东游击队伍，才使入川的红四方面军能迅速的扩大起来。"

川东游击军同红四方面军会合以后，盘踞在达县、宣汉、城口、万源的封建军阀刘存厚狼狈逃走。革命红旗在达县、宣汉地区飘扬，广大工农群众欢天喜地。参加游击军的人数陡增数倍。梁达中心县委书记杨克明，在达县几个乡活动几天，就组织了数千人。整个川东地区，游击队伍达三万人之多。这时，川东游击军已发展到一万多人。

1933年11月2日，在宣汉城东门外广场上召开了军民大会。王维舟受命主持了这个大会。会上由红四方面军的政治委员陈昌浩宣布：川东游击军正式改编为红四方面军第三十三军，辖三个师。经党组织决定：原川东军委书记、川东游击军总指挥王维舟任红三十三军军长，原梁达中心县委书记杨克明任政治委员，任命蒋群麟为九十七师师长，冉南轩为九十八师师长，王波为九十九师师长。

就在这个时候，四川军阀刘湘在蒋介石的指使下，已就任四川"剿匪"总司令，发动了对川陕革命根据地的六路围攻。刚成立的红三十三军，立即投入了粉碎刘湘六路围攻的战斗。王维舟指挥全军，担任左翼阻击任务，负责从宣汉芭蕉场到开县、宣汉间樊哙店长达四百余里的警戒线。敌人以为红三十三军成立不久，新兵很多，不堪一击，反动气焰十分嚣张。哪知这支由翻身农民组成的、经过战争严峻考验的游击队员为骨干的军队，怀着对军阀的深仇大恨，有力地抗击了敌人的猖狂进攻。在开县、宣汉间的杨柳关一带，在开江高桥一带，红三十三军曾勇猛地击溃敌人的猖狂进攻，与敌王芳舟部及廖雨辰部对峙二十余天。就在红四方面军"收紧阵地，诱敌深入"的部署下达以前，还曾发起最后一次反攻，把敌人赶出几十里外，打到开江三口、温塘井一线。当奉命撤至南坝、前河以西一线时，仍节节阻击，粉碎了敌人多次进攻。后来在厂溪、官渡、固军坝等战斗中，又歼灭敌主力三个团。在万源清花溪、罗文坝战役中，除担任钳制敌人的任务外，还消灭地方反动武装两千多人。

1934年6月，红三十三军奉命东出，攻占城口。以后在罐口场、庙坝场一线坚守阵地两月之久，先后击溃郝耀庭、王太旦、崔二旦部的多次进攻。8月，红四方面军发起反攻，红三十三军不仅积极参加正面作战，而且在严重缺粮情况下，筹集粮食供应兄弟部队,在粉碎刘湘"六路围攻"中起了重大作用。

1934年春,王维舟还曾组织指挥过红三十三军消灭"神兵"的战斗。当时,活动在万源、宣汉一带的反动地主武装,趁红军前方吃紧之机,发动叛乱,十分猖狂。他们利用封建迷信组织什么"孝义会""大刀会""扇子会""大本团""圣母团"等反动会道门,说什么他们"真神护身,打不死","红军的机关枪打不响",等等。王维舟在川东游击军时期,早有打反动"神兵"的经验。他一面向广大群众宣传科学文化,破除封建迷信,一面对反动会道门头子及其巢穴采取歼灭的措施。这次,他让副军长罗南辉率领一支专打"神兵"的部队,经罗文坝、王坝、清花溪,沿宣汉后河,再扫到万源县全境及城口县城下。每战必胜,歼匪两千多人。这对巩固川陕苏区起了积极的作用。川陕省委还为此对红三十三军进行了表彰。

然而,当时在红四方面军担任要职的张国焘,对红三十三军却从来不予信任。王维舟曾在苏俄列宁召集的东方和平会议上见过张国焘。红四方面军入川后,他两人又常见面。张国焘始终认为他是知识分子,对他的很多建议不采纳,对他率领的部队也加以歧视。王维舟部队改编后,人多弹药少,武器、弹药缺少补充。张国焘在作战中对该军的指导也很不及时,有时还失去联络和配合,使之几次处于孤军奋战、被敌包围的困境。对于张国焘的这些作为,王维舟很难理解,但为了顾全大局,他总是努力克制,严格要求自己,仍然忘我地工作和战斗。

使王维舟感到最痛心的是张国焘执行宗派主义的组织路线和错误的"肃反"政策,杀害了经过党多年培养出来的三百多名青年干部。红三十三军成立还不到半月,在宣汉双河场召开绥定党代表大会时,即以"审查代表成分"为借口,将川东游击军干部黎时中、龚堪庸、龚堪彦、王荣澍、牟永烙等七十余人逮捕杀害。与此同时,陈昌浩在宣汉冉家垭口,将二九五团团长吴某与副团长邓某及连级干部五人妄加杀害。张国焘又以调动工作为名,将达县、宣汉及红三十三军中的知识分子郑廷壁、修焘、王心敏、王心正、任俊卿、高继升等五六十人,分送各县保卫局处决。与王维舟并肩战斗过的原川东游击军的高级领导干部蒋群麟、冉南轩在分别任九十八师,九十七师师长不及一月,便接到通知去巴中参加所谓"军事会议",惨遭活埋。在粉碎刘湘"六路围攻"的战斗进行得正激烈的时候,张国焘从火线上撤换调走军政委杨克明以及团、营、连、排干部共五十多人,除杨克明、杨正坤因幸免或营救外,其余均下落不明。尽管遭到如此骇人听闻的残杀,红三十三军的同志们并未对革命悲观失望,仍然勇敢杀敌,一往无前,他们坚信那不白之冤,总有一天会得到昭雪!

十

1934年11月中旬,王维舟得到通知,随总部徐向前去巴中清江渡参加军事工作会议。会上,徐向前作了军事报告,总结了反"六路围攻"的经验。张国焘提出放弃川陕根据地,向甘南发展的错误主张。徐向前等则主张依托老区发展新区。此后，红四方面军被迫撤离川陕根据地，开始了艰苦的长征。1935年1月至2月间，王维舟被调到总部参加广（元）昭（化）战役、陕南战役的指挥工作。3月，红四方面军发起强渡嘉陵江战役。战役前，王维舟随徐向前、王树声在西线嘉陵江沿岸寻找渡江点，他们的足迹踏遍了嘉陵江上下数百里，发现苍溪县附近的塔子山山多隘险，敌人虽在沿江修筑了很多碉堡，但防守兵力薄弱，于是决定在此渡江。部队先在苍溪后山凉风垭下小河边制造了三十多只木船，每船能容一排人，渡江前夜，将木船秘密运到塔子山小溪口。3月28日，渡江战役开始，王维舟在塔子山上指挥炮兵，王树声在江边指挥突击队偷渡。两人并肩作战，配合战斗。当木船快接近对岸时，才被敌江防部队发觉。王树声即电话通知王维舟下令开炮。山上的二十四门迫击炮向早已测好的目标猛烈射击，掩护渡江突击队登陆。在数路大军的猛攻和密集炮火的威力下，敌人惊慌失措，全线江防土崩瓦解。

胜利渡江之后，红四方面军横扫嘉陵江西岸敌据点，半个月内连克昭化、剑门关、梓潼、青川、江油、平武、中坝、北川等地。当红四方面军主力正向北川、平武、碧口川甘边推进时，在后方主持工作的张国焘慑于敌人的"川陕会剿"，在强敌向通江、南江围攻时，他就率领后方机关和红军撤过了嘉陵江，擅自放弃了老苏区，迫使红军经茂县西渡岷江，进入理县（杂谷脑）少数民族地区。王维舟和红三十三军广大指战员对放弃川陕苏区，是不满意的。

1935年6月中旬,红四方面军与中央红军在懋功会师,王维舟奉命同傅钟一道去马塘欢迎党中央和毛泽东主席。全军指战员无不欢欣鼓舞,而张国焘却包藏祸心。王维舟在和张国焘的接触中,发现他不尊重党中央、毛主席和周恩来副主席,歧视中央红军。联系到张国焘5月中旬在茂县成立"西北特委"和"西北联邦政府"时的情况,王维舟更产生了疑虑,两河口会议后,张国焘拒不执行党中央决定的北上的方针,在红四方面军干部中散布流言蜚语,要求改组中央军委和红军总司令部,并在供给上百般刁难。王维舟担心如此下去,会分散革命力量,于革命事业不利。

1935年8月20日毛儿盖会议后,中央决定将红一、四方面军混合编为左、右两路军,并派朱德、刘伯承和张国焘一道率领左路军北上。王维舟率领的红三十三军属左路军,与朱德、刘伯承时常见面,他想越是困难,越应和衷共济。9月初,左路军主力北上到达阿坝。党中央电令张国焘率左路军向东与右路军靠拢,全力向北推进。张国焘却以种种借口按兵不动。朱德总司令督促张国焘执行中央指示,并在阿坝准备了干粮。部队到达嘎曲河岸,适遇河水陡涨,张国焘令王维舟率一个团沿河岸探察渡河点,正待出发,他又下令停止探察。嘎曲河水不太深,只要决心过河,总是可以设法过去的。而张国焘以"嘎曲河水涨","粮食缺乏"为借口,命令全军往阿坝撤退。行至一处宽阔的草地,又下令停止前进,暂时休息,召集高级干部会议。会上,张国焘问大家:我军是前进呢?还是返回南下呢?有的高级干部也指责中央红军的北上是"逃跑主义",

主张红四方面军"不该往北逃跑",朱德总司令坚持原则,坚决维护中央的方针,指出北上是正确的,南下是错误的。由于意见分歧,秩序大乱,张国焘则不但要红四方面军孤军南下,而且主张全部南下,急令秘书发出密电,迫使徐向前、陈昌浩率红四方面军一部脱离右路军南下。对于张国焘的这种错误行径,王维舟是忧虑和不满的,行动上是被迫的。当左路军返回阿坝,经马塘、绰斯甲一带草地进驻卓克基时,张国焘又令王维舟率领一个团绕嘎曲河上游去接陈、徐率领南下的红四方面军。后接陈昌浩电,由原路经黑水返卓克基,王维舟又返回绰斯甲。

这时张国焘开始公开进行反党活动。10月5日,在脚木足拉拢一些干部开会另立中央,自封"中央主席",并捏造是非,诽谤党中央。朱德、刘伯承坚持原则,坚持团结,反对分裂,耐心向干部解释。王维舟对于张国焘的分裂行为是看清楚了的,但由于一贯受张国焘歧视、怀疑,此次会议只是列席旁听,无发言权,也只好忍气吞声。

部队在卓克基编成两个纵队,其中一个纵队由倪志亮任总指挥,王树声任副总指挥,王维舟任参谋长。在张国焘的错误路线指导下,部队南下,占芦山、天全等县,最后在名山县百丈关与国民党川军恶战。王维舟参加了指挥百丈关的战斗。红军伤亡惨重,不得不退回草地,翻夹金山,于1936年2月西进甘孜地区。这时,王维舟被张国焘任命为中央五局局长,兼任抗日联军总司令。红三十三军虽未宣布取消,却已名存实亡,过丹巴时与红五军合并了。

1936年7月,红二、六军团到达甘孜与红四方面军会合。在朱德、任弼时、贺龙、关向应、刘伯承以及徐向前等强烈要求下,张国焘被迫同意北上。

王维舟领导的五局其任务是侦察和调查通过草地的路线。部队在荒芜辽阔的草地,粮草无着,困难不小。王维舟总是当先行官,筹粮措款,扫清障碍。在阿坝南面,敌人派了上千骑兵,堵住红军去路。部队只好集中战马,组成骑兵师。许世友、王维舟率领这支骑兵师,选择有利地形,占领山头,敌人上来,就扔手榴弹,用机关枪扫射;敌人溃逃了,粮食也就有了。在那最困难的日子里,由于张国焘的歧视和虐待,朱德没有马骑,王维舟从五局挑了五匹壮马,使朱德、康克清和参谋部的同志能骑马行进。部队过了阿坝,涉嘎曲河,经过上、下包座,到达甘肃哈达铺,进驻岷州城下。岷州城被甘肃敌军鲁大昌、邓宝珊坚守,红军四面包围未拿下。张国焘主张绕道青海到甘北、新疆,打通"国际路线"。朱德、刘伯承等主张与党中央、毛主席会合。开了几天会,争论不休,最后仍执行张国焘主张,经拉卜寺草地向青海方面前进。在岷州时,张国焘命王维舟西去洮州(即今临潭)做李经义部(邓宝珊的一个旅)的争取工作。经过一番工作,任命李经义为抗日纵队司令,使红军较为顺利地进至洮州。该处因系草地,粮食奇缺,部队进退两难。继续往前走,全军将有自取灭亡的危险,想回中央,又无颜见毛泽东、周恩来。党中央和毛泽东不计前嫌,派陈赓率部队来迎接,要张国焘与中央红军会合。经再三劝说,张仍固执己见,拒不会合。而敌人大军愈益逼近,唯一上策是越过甘陕公路北上,靠近中央红军驻地。张国焘被迫往会宁方面前进。敌人紧跟追击,红军尾随部队在会宁以南的华家岭阻击歼敌,原红三十三军副军长、五军团副司令罗南辉在是役中英勇牺牲。

部队越过甘陕公路,到达会宁与红一方面军会师后,王维舟参加了山城堡战斗,是役后即进驻保安,终于回到了党中央的身边。

十一

在保安,王维舟和刘伯承一起见到了毛泽东。王维舟当面向毛泽东报告了张国焘如何搞分裂阴谋活动,挑拨红一、四方面军的团结,反对党中央,如何歧视红三十三军,残酷杀害数百青年干部的种种事实。毛泽东面示说,目前因红四方面军尚在甘北未完全过河与中央会合,四方面军的干部也还未完全认识到张国焘错误路线对革命的危害,因此对张国焘的错误的深入揭发检查,时机还不成熟,希望作好准备,还要他暂时保守秘密。

到保安后,中央任命王维舟为中央军委四局局长。1937年1月,他又随中央直属机关迁到延安。经本人请求和中央批准,王维舟进延安红军大学学习。当时的红军大学(西安事变后改名"抗日军政大学")设备非常简陋。师生们住窑洞,没有教室就在院坝里上课,没有黑板就在墙上写字。艰苦的学习生活,对于过惯了游击生活、吃过长征困苦的王维舟来说,已感到很舒适了。他十分珍惜这个学习机会,如饥似渴地学习马列主义和毛泽东著作，既学政治，又学文化，兴奋之情难以言喻。特别是毛泽东在百忙中经常来抗大讲课、作报告，给学员们很大的教育和鼓舞。

在抗大学习期间，中央领导开展了批判张国焘错误路线的斗争。王维舟积极参加了这一斗争。王维舟对张国焘所犯错误的揭发，严肃认真，实事求是，不夸大，不隐瞒，坚决执行党中央和毛泽东对犯错误的干部的正确政策。

十二

王维舟在抗大毕业后，正值卢沟桥事变发生，伟大的抗日战争开始了。1937年8月下旬，陕北主力红军三万余人，正式改编为"国民革命军第八路军"，王维舟任一二九师三八五旅副旅长。1938年初，旅长王宏坤调抗大学习，王维舟任旅长兼政委。

红军在陕西三原县云阳镇一带改编后，三八五旅作为留守部队进驻陇西三河镇；一个月以后，又进驻陇东庆阳一带。三八五旅的主要任务是保卫陕甘宁边区，保卫党中央，巩固八路军的总后方，同时组织生产自给自足。当一二九师主力奔赴抗日前线转战太行山区，在晋东南开辟抗日根据地时，三八五旅加紧了防特、剿匪，保护边区军事、政治、经济、文化等各种组织和群众团体的工作，同时开始组织生产运动。当1939年底至1940年初，国民党掀起了第一次反共高潮，胡宗南部队侵占了淳化、旬邑、正宁、宁县、镇原五座县城时，三八五旅进入前沿阵地，投入了紧张的备战。当1941年1月国民党制造"皖南事变",掀起第二次反共高潮后,三八五旅进行了反"摩擦"的斗争,一面练兵打仗,一面组织生产。1941年至1942年间,陕甘宁边区同其他解放区一样,财政经济处于极端困难的状况,正如毛泽东所说:"我们曾经弄到几乎没有衣穿,没有油吃,没有纸,没有菜,战士没鞋袜,工作人员在冬天没有被盖。"(《抗日时期的经济问题和财政问题》)党中央和毛泽东及时提出了"生产自给"的方针,王维舟积极响应,他同三八五旅指战员坚决表示:敌人在哪里进犯我们,我们就坚决把他消灭在哪里;敌人封锁我们,只能促使我们生活得更好。在王维舟的率领下,抽出七七〇团开赴大樵山脉创办农场,向荒山进军,向土地要粮食。

大樵山脉,在陇东合水县东,连绵数百里,山脚下有大凤川、小凤川。这一带有数百亩可开垦的荒地,附近又有大片原始森林。要把这没有人烟的荒山荒坡变成美土良田,自然不是一件容易的事情。从小在农村磨炼过的王维舟,对于开荒种地并不陌生。他向干部战士作思想动员,群策群力,白手起家,热火朝天地干起来。没有农具,拾破铜烂铁自己炼铸;没有宿舍,用树枝、野草搭临时草棚。因三八五旅战士多是南方人,不熟悉北方下种季节和生产管理技术,就请当地老农指导。仅一年工夫,获得了农业丰收,既有粗粮,又有稻米,解决了全旅指战员的吃饭问题。

王维舟还组织了运输队,到三边(定边、靖边、安边)地区去驮盐,解决了部队和边区人民的食盐问题;又以盐换布,解决穿衣问题。部队还砍树烧木炭,解决煮饭和取暖的问题,组织畜牧业和手工业，做到了每个战士养一头猪、一只羊、两只鸡，四人养一条牛。用羊毛纺线，织毛衣、毛袜和手套等御寒物资，节省了开支。

王维舟还发动指战员自己动手，建造营房。各级干部自己设计蓝图，自己动手施工，不到半年时间，各营除宿舍外，还修有教室、阅览室、俱乐部、浴室、理发室和公共体育场等。从合水县城到大凤川，这一百多里的弯曲小道，用了两个多月时间，修成了一条平坦的大马路。在大凤川和小凤川的衔接处还修了一座大木桥。后来这些大小建筑大都被胡宗南部队破坏，少数还保存到现在。

经过部队几年的辛勤劳动，荒无人烟的大凤川变成了土地肥沃，禾苗茁壮，绿树成荫，交通方便的"小江南"。

1943年2月，王维舟被评为陕甘宁边区劳动模范，并获赠一件珍贵的纪念品：一块矩形的漂白布，四边印有红色图案，中间闪耀着毛泽东的亲笔题词"忠心耿耿，为党为国"。副题是"书赠王维舟同志"，落款是"毛泽东"。（原件存中国革命军事博物馆）

1945年4月，王维舟出席了中国共产党第七次全国代表大会，被选为候补中央委员。毛泽东接见了王维舟。

十三

1946年1月，周恩来等一行七人赴重庆谈判，并参加了政治协商会议。党中央、毛泽东派王维舟去重庆，任中共四川省委副书记。

1946年3月，王维舟带领全家，告别陇东战友，秘密地来到了重庆。先期到达重庆参加政治协商会议的中共代表团成员吴玉章担任中共四川省委书记。从此，两位老革命家又生活在一起，战斗在一起。开始，中共四川省委是秘密活动的。后来，因国民党政府要"迁都"南京，以周恩来为首的中共代表团也必须迁移，党中央决定中共四川省委公开，以便进行统战工作和对付国民党。4月30日，周恩来在重庆举行的最后一次记者招待会上，公开了中共四川省委，介绍了吴玉章、王维舟为省委正、副书记。周恩来、董必武等离开重庆后，中共四川省委的担子更重了。省委的同志们团结一致，信心十足，工作干得很出色。经过斗争，国民党官方不得不承认我党的合法地位。

但是，随着国民党对东北解放区和中原解放区的大举进攻，随着全面内战的爆发，重庆的气氛已经很紧张。办事处的门前屋后，军警岗哨林立，便衣特务监视。尤其是对王维舟，国民党十分害怕，报纸天天造谣，今天说王维舟已到川北打游击，明天说王维舟要在重庆搞武装暴动，为加害王维舟制造舆论。7月，蒋介石公开下令限王维舟三天内出川。重庆市长、代行营主任张笃伦借请客吃饭为名，把吴玉章、王维舟请到他家，传达蒋介石限期要王维舟出川的命令。张笃伦说：你王维舟是搞兵变暴动的专家！我党考虑到王维舟的安全，也为了便于应付更困难复杂的局面，决定王维舟撤走，并疏散大部分同志。然而，国民党当局却又故意刁难，不给王维舟签发出走的飞机票。为此，吴玉章专门去找国民党要人张群说理。第二天，张群送飞机票给吴玉章时说："王维舟是搞军事的，他不走，大家不放心！"可见，国民党何等害怕共产党人搞武装斗争！

王维舟及其一家，由国民党派机送到南京。这时，周恩来、董必武、邓颖超等正在南京同美蒋反动派进行针锋相对、寸土必争的斗争。王维舟在南京待了两个月，后经周恩来交涉，才率全家乘专机返回延安。

十四

1946年9月，王维舟返回延安时，国共谈判已经完全破裂，国民党反动派发动了全面进攻，不仅大举进犯中原、山东、晋冀鲁豫解放区，而且以大军包围陕甘宁解放区。奉中央命令，王维舟任陕甘宁、晋绥联防军副司令。1947年3月，国民党反动派由全面进攻转为重点进攻，蒋介石调集三十四个旅、二十三万人的兵力，进攻陕北解放区，轰炸中共中央所在地——延安。而当时陕北的兵力只有六个旅、共两万余人。为了诱敌深入，打击和消灭敌人，党中央和毛泽东决定撤离延安。毛泽东说："少则一年，多则两年，延安仍要回到人民的手中的。"王维舟怀着必胜的信念，在党中央和毛泽东的亲自指挥下，协助和配合野战部队，给机关干部和军民作动员，指挥和帮助中央各机关撤离延安，向陕北绥德和"三边"一带转移。

1948年4月下旬,延安重新回到了人民的怀抱,王维舟也重返延安。为了迎接新的胜利,党中央于5月迁至河北平山县西柏坡村。毛泽东曾指示王维舟等说:"敌后各战区不断取得胜利,全国反攻的形势即将到来了。我去华北,计划解放全中国的事情,延安收复后的善后工作,你们去做。"遵照毛泽东的指示,王维舟继续留在延安处理收复后的善后事宜。西安解放后,又前往西安,准备解放大西南。

十五

1949年3月,党中央在西柏坡村召开了具有历史意义的七届二中全会。王维舟出席了这次会议,听取和学习了毛泽东的重要报告,认识到党的工作重点由农村转移到城市的重要性和迫切性。他用心钻研进城以后党在经济、政治、文化等方面的基本政策。会后,他去北京学习参观,又返回西安,为进军四川作准备。不久,中央任命王维舟为进军大西南的西路军副司令。1949年12月29日,王维舟随军进驻成都。

1950年8月,西南军政委员会成立,王维舟任副主席。次年,他作为中央人民政府南方老根据地访问团川陕分团团长,回到当年曾经战斗过的地方,访问老红军、老游击队员及军烈属,搜集川陕革命根据地的文物资料。在整个访问过程中,他深感这个工作的重大意义。战友的重逢,乡亲的会晤,往事的回顾和未来的憧憬,把他和根据地人民紧紧地连在一起。

西南是个多民族的地区,全国少数民族当时有三千多万人,西南就占了将近一半。历史上遗留下来的民族隔阂,尚须作大量的过细的工作。王维舟对民族工作是有深切体验的。他担任了西南民族事务委员会主席、西南民族学院的院长后,同少数民族同胞的关系很密切,不但同被剥削、被压迫的下层人民有强烈的阶级感情,而且按照党的政策,积极做上层头人的统战工作。

王维舟在西南军政委员会工作期间,十分尊重西南局的领导。对西南军区司令员贺龙,他既尊重,又亲密无间,两人见面无话不说。对党分配的各项任务,他总是努力去完成。他组织观念强,工作积极主动。组织上照顾他年老体弱,通知他的秘书,有些会议他可以参加,也可以不参加,但是他只要接到通知就一定要去。

十六

1954年,西南军政委员会撤销,王维舟调任党中央监察委员会常务委员。同年被选为全国人民代表大会常务委员。1956年夏,他离开重庆去北京。

1956年9月,王维舟参加了党的第八次全国代表大会,被选为中央委员。

王维舟在北京生活的年代里,我国社会主义革命和社会主义建设既取得了显著的成绩,也走了一些弯路。对于阶级斗争的扩大化,对于干部中的浮夸风,对于经济建设中的瞎指挥,他感到这是历史前进中出现的新问题,需要总结经验予以解决。他坚信党能够克服缺点，纠正错误，不断前进。

使王维舟不能理解的是，在"文化大革命"中，为什么有人把党说得一团糟，把我国社会主义革命和社会主义建设成就一笔抹杀？为什么党的民主生活不正常，社会秩序、生活秩序遭到破坏？为什么老一辈革命家都变成了叛徒、特务，各级领导干部都变成了走资派？他目睹一场大浩劫，"为党为国"，忧心忡忡。

当层层揪斗"走资派"的风刮到中国人民解放军总部的时候，总政治部主任肖华受到很大的冲击。对于肖华的历史和现实、思想和工作，王维舟素有了解。什么"走资派"？为什么要"揪"？要"斗"？出于对同志的关心和爱护，他嘱肖华去他家暂住。这种正义的行动，竟然被江青视为"保皇"，诬蔑王维舟"窝藏走资派"，是个"不甘寂寞的老头"。如此恶毒的诽谤，王维舟非常气愤。忧虑和郁积，使年过八旬的革命老人健康状况每况愈下。一次，长征时期的警卫员贺长清去医院看望他，他说：现在把我党我国搞成个什么样子啊？他哭了！贺长清也哭了！这位"忠心耿耿，为党为国"的老一辈无产阶级革命家，在悲愤中于1970年1月10日含恨逝世了！

1979年12月29日下午4时，在北京八宝山公墓礼堂举行了王维舟追悼会。正如悼词所说："王维舟同志的一生，是革命的一生，是战斗的一生。他的逝世是我党的一大损失。我们悼念王维舟同志，要学习他忠于党，忠于无产阶级事业的革命精神。要学习他密切联系群众，艰苦奋斗的优良作风。我们要化悲痛为力量，更紧密地团结在党中央周围，高举马列主义、

王维舟为西南民族大学的题词

毛泽东思想的旗帜,坚决贯彻执行党的十一届三中全会和五届人大二次会议精神,为实现社会主义的四个现代化而努力奋斗。"这就是我们党对王维舟同志一生的公正的评论。王维舟虽然逝世了,但他的革命精神,他对革命事业的赤胆忠心,将永远留在人间。

刘伯坚

◎ 白明高

　　刘伯坚（1895－1935），是中国共产党的优秀党员，无产阶级革命的坚强战士，优秀的红军指挥员之一。他早年勤工俭学于比利时、法国等国，是"旅欧支部"的组建者和领导者之一。在第一、二次国内革命战争时期，他为党和人民做出了卓越的贡献。1935年3月21日，刘伯坚英勇牺牲于江西大余县。1962年的"八一"建军节，叶剑英元帅曾赋诗怀念烈士：

刘伯坚在法国

红军抗日事长征,夜渡雩都溅溅鸣。
梁上伯坚来击筑,荆卿豪气渐离情。①

全诗寄托着我党、我军和我国人民对这位无产阶级革命家的怀念,也再现了烈士的光辉形象和崇高的革命情操。1982年,刘伯坚牺牲四十五周年,邓小平等人亲笔给烈士题词,表达党和人民对他永志不忘的感情。

一

刘伯坚是四川平昌县龙岗寺(原属巴中县)人,生于1895年1月9日,谱名刘永福,后改名刘永锢,号刘铁侠、刘铸。中学时更名刘伯坚、刘毅伯,在国外时曾用名大冶、毅伯等。

刘伯坚的远祖于清朝乾隆年间由江西灌州郡青华山迁入四川,数代清贫。其父刘贵显得亲友资助,始置田产二十余亩,居家龙岗小镇,开栈房兼营杂货。

刘伯坚的父母都有一定的文化,为人善良正直,忠厚朴实,对欺压百姓的官绅兵匪非常憎恨。他们经常给孩子们讲"车胤囊萤""精忠报国"的故事,希望孩子长大刻苦学习、报国报民,光宗耀祖。刘伯坚未足五岁,就在父母的督促下识字、背童诗。七岁入学,常常读书到半夜,喜欢练毛笔字,深得家人和师友的喜爱。十二岁时,父母送他到乡下外公和大舅

---

① 《解放军报》,1962年7月30日。

父（都是清末秀才）执教的"专修馆"攻读经书。刘伯坚很不满意，曾几次逃学回家。后来，二舅父苟秉衡（清末武生）早晚教他学拳术，练气功，骑马射箭，演唱川戏。外公和大舅父也增加新的教学内容，改变旧的教学方法，他才安下心来。一年多后，他身体健壮，成绩优良，成为全校多才多艺的优等生。

刘伯坚的外公和舅父虽是旧知识分子，但都具有强烈的爱国主义思想，又特别注重气节。他们除教刘伯坚攻读"四书""五经"等典籍外，还给他选了一些富于爱国思想和奋发精神的古典名篇，其中，他特别喜爱背诵文天祥的《正气歌》和司马迁的《陈涉世家》《刺客列传》等气势磅礴的诗文。尔后，刘伯坚入龙岗"义学堂"，教师易子仪又给他讲了屈原的《离骚》和岳飞的《满江红》，更激起他对爱国诗人和民族英雄的敬慕。

辛亥革命前夕，刘伯坚在庙上得罪了和尚和官绅。父亲怕儿子再惹事生非，便带他外出做生意。他跟父亲跑遍了附近几座县城，目睹国事日非、官绅肆虐、民不聊生、饿殍遍野的景象，对清王朝的腐朽残暴深为愤慨。每次碰到有人背地里宣传同盟会纲领，他都要掏根求源问个明白。他把"驱除鞑虏，恢复中华，建立民国，平均地权"铭记在心，一路上给父亲背诵，不时受到父亲的警告。一次，去一座府城做买卖，他见到称为"同志军"的青年人在街头人群中宣传、高呼口号："严惩赵尔丰，收回铁路权！"给他留下了深刻的印象。回到家中，便将同盟会的十六字纲领写成条幅，张贴在自己寝室内。

1911年爆发的辛亥革命，废除了两千多年来的封建制度，开创了共和大业，举国志士欢欣若狂。刘伯坚同父亲从外地回家不久，武昌首义胜利的消息传到龙岗，他高兴已极，立即带头剪掉发辫，身着短装，高举写着同盟会纲领的四方灯笼，邀集一群好友，在街上大唱大跳，以示庆贺。

1912年春，刘伯坚进入离家五十里的岳家寺"金斗寨高等小学堂"（今平昌县金山中学）学习。校长是一位姓余的翰林，在辛亥革命前夕辞去陕西省提学使，隐退回乡办学。担任史地和数学的教师，都是一些青年先进人物。这些人对刘伯坚的思想颇有影响。一次，学堂以"士先器识而后文艺"命题作文，他即冲破八股框框，结合时事，旁征博引，指出古往今来一些文人，"文不符质，虚饰华美，六朝陋习，殷鉴不远，贻害无穷也……"那位翰林校长阅后批道："笔势纵横流畅，历数'文人无行'之害，矢志上进，大器固不待晚成也。"但刘伯坚并不满足于此，决心冲破旧的牢笼，追求新的生活。

二

1913年春，刘伯坚高小尚未毕业，便考取了"省立巴州中学"。他异常勤奋，刻苦地研读当时从国外传进来的"新学"。据他那时的同学回忆，刘伯坚为学好英语、数学，有时睡上床还伸出手在被面上默写生字、公式，甚至梦中还念出一串外语。由于他辛勤好学，日益精进，成绩总是名列前茅。一年半以后，刘伯坚认为这所学校是"新学不新""死水一坛"，便转学到达县"绥属联中"去了。

刘伯坚在绥属联中读书时，国内外局势极其混乱。他经常阅览报刊，留心时事，觉得辛亥革命并没有给社会带来安宁，也未减轻人民的疾苦，只是倒了个皇帝而已。这时，他已经成为一个喜欢思考并有独特见解的年轻人了。他担任学校主办墙报的选稿人，常以刘铁侠、刘毅伯、刘伯坚等署名发表文章。他的文章才气横溢，富于鼓动性。在一篇以《国难当头，匹夫有责》为题的文章中，他号召人人行动起来，维护"共和"，反对军阀割据，反对帝国主义战争，曾遭到保守派师生的攻击。1915年秋，刘伯坚离开绥属联中，满怀热望，步行五百八十里山路，到四川东面门户万县，就读于省立万县师范。

刘伯坚在师范读书期间，是他政治思想迅速升华的时期，也是他以爱国主义思想观察社会，进行社会活动的时期。目睹插着外国国旗的轮船在长江横冲直撞，洋人到处开商埠、设关卡、办教堂，践踏祖国的肌体，他感到痛心疾首，忧心忡忡。他写道："堂堂炎黄子孙，岂容洋奴欺辱，凡有血气之伦，莫不枕戈饮血……"面对复辟倒退的势力，他喊道："再穿上黄马褂，是对民族的耻辱，时代的背叛……"这个阶段，他常对亲友说："你们喊我读'书'，可是，我这蛀书虫，要从书本里面跑出书外，去四方寻找救国之道，探索治国之术。"抱定这个目的，他于1917年初到了成都。当他得知青年学生可自筹经费去北京找吴玉章、蔡元培协助赴欧勤工俭学时，心中非常高兴。但由于经费无着，当时未能如愿。1918年春，他经友人介绍到嘉陵道驻保宁府道尹（阆中）陈炳堃处做秘书。他办事精干,才思敏捷,文章出众,颇得陈氏器重,除给他月薪一百二十元外,并准备荐举他任苍溪县县长,他婉言谢绝说:"我不谋高官厚禄,只图求知救国……"

这年冬末春初,刘伯坚的家乡龙岗、佛楼一带,三千农民掀起武装抗捐,县府派兵前来镇压。刘伯坚一方面支持农民武装斗争,一方面又通过陈炳堃的关系搞合法斗争,终于迫使官府让步,斗争获得基本胜利。事后,官方对他深为不满。不久,他便毅然辞官不做,呈书禀告父母:"父辈家非殷实,儿欲奋发深造,不得不恒游远方求知……"

1919年2月16日,刘伯坚再赴成都,考入成都高等师范学堂补习外语,同其好友积极准备旅欧勤工俭学。秦德君在回忆这段情况时说:1919年五四运动中,经川东道尹署教育科长秦树枫介绍,与刘伯坚相识,他给我的印象特别深切。他态度沉静而诙谐,作风显得老练持重,作事仔细不苟,遇问题自有见解,但不轻易开口。爱劝人独立思考,留心时事。刘伯坚鉴于我思想开化,带头参加社会活动,多次来少城省立女子实业学校,找我联系工作,邀我旅欧勤工俭学。当五四运动在成都掀起轩然巨波,刘伯坚奋勇异常,置身运动前列,积极传播新思想、新文化,如饥似渴地阅读介绍和宣传马列主义的文章。通过如火如荼的革命运动,使他受到了锻炼,在思想上进一步坚定了追求真理,救国救民的信心。

第一次世界大战后的欧洲,在俄国十月革命的影响下,无产阶级革命风暴此伏彼起,当时法国是靠近革命高潮的地区,刘伯坚决定去法国寻求革命真理,1919年8月他离开成都,9

月抵北京,由"四川留京学会"分到吴玉章办的高等法文专修班学习,先居"寓食膳",而后食住在以南充学生为中心组成的"食劳轩"。此间,他还常去北京大学旁听班补习法语,并与赵世炎等主办了《工读》半月刊,研究工读价值,讨论工读方法。

三

1920年5月,刘伯坚在同乡学友中借贷五百银圆,办好出国手续离京赴沪。6月25日凌晨,乘法国"波尔多斯"号邮轮驶向远洋,航行四十日抵法国马赛,越日,至巴黎。"此行来法同学共二百四十四人,除由沪落船九十七人外,其余由香港落船,均系广东官费生。"刘伯坚到巴黎后,被分配到比利时工业城市霞洛瓦劳动大学半工半读。他很快地脱下学生装,穿上工作服,置身到工人阶级的行列中。他当搬运工,推小车、洗擦机器,干活不分粗细。就这样开始了在欧洲边劳动边求学的艰苦生活和革命活动。据当年同他在一起的伍桂馨后来说:刘伯坚身强力壮,干活儿一个人顶两个人,背、挑两行都行。别人一次扛一件东西,他一次扛两三件,还开小跑。挣来的钱除维持自己生活外,都支援困难的同学或作革命活动的经费。1921年初,刘伯坚从比利时来到法国巴黎,进一步研读了《共产党宣言》《法兰西内战》《资本论》《国家与革命》和苏俄革命的经验。加入了由赵世炎、李立三组织的劳动学会,积极从事勤工俭学生和华工的组织工作,与中法反动派以及各种各样的困难进行了不屈不挠的斗争。如1921年2月,以争取"三权"(吃饭权、工作权、求学权)为主要内容的"二二八"运动,同年6月至8月的"抗拒中法大借款"运动,以及这年9月的"进驻里昂中法大学"等斗争,刘伯坚都是积极的组织者和参加者。在占领里昂中法大学的敢死队中,他和赵世炎、李立三等冲在最前面。这时的刘伯坚已由一个满腔热血的爱国主义者开始转变为共产主义者。他坚信,巴黎公社和列宁领导的十月革命道路是唯一正确的道路,共产主义是中国光辉的未来。他从巴黎寄回龙岗的信中写道:"欲使祖国富强,当从世界改革史中求之"。同时,他对资本主义世界也有了直接的感触和清醒的认识。他认为发达的资本主义国家,虽比封建落后的中国先进,但是本质上一样黑暗腐败。他在另一封家信中说:"考察欧洲各国的政治、经济、文化、风俗习惯后,不是原有所思的美妙"。

1922年初,由赵世炎、周恩来发起,邀请部分团体代表在巴黎共同商讨组织旅欧"少年共产党"的事宜。刘伯坚积极响应并参加了这一活动。会后,他回到比利时建立和发展了基础组织,并先后介绍聂荣臻等加入"少年共产党"。在此期间,刘伯坚与赵世炎、周恩来等保持最密切的联系,互相通信,交流情况,并赠诗互勉。

1922年6月下旬,刘伯坚、聂荣臻代表旅比支部,出席了中国少年共产党在巴黎西郊布伦森林中的一个地方召开的第一次代表大会。会后,刘伯坚回比利时,贯彻大会的各项决议,大力开展工人运动,发展壮大党的组织。同年8月,根据国内党中央的决定，成立中国共产党旅欧支部，"少年共产党"中够党员条件的转为中共正式党员。刘伯坚任比利时党支部书记。

1923年2月17日至20日，"少年共产党"又在巴黎西郊一个小镇上召开临时代表大会。按国内党中央和团中央指示，将"少年共产党"改名为"旅欧共产主义青年团"，通过了周恩来起草的新团章，选举了新的领导机构，周恩来为书记，刘伯坚、肖朴生等为委员。下分三个支部：旅法支部、旅德支部、旅比支部。

1923年秋，刘伯坚被选为中共旅欧总支部第三届书记。他由比利时霞洛瓦城迁居巴黎哥德伏化街，专门从事总支部的领导工作。为进一步开展党、团的革命活动和宣传马克思主义，他继续努力办好油印《少年》月刊（后改名为《赤光》），邓小平还参加刻写油印。他和赵世炎、周恩来、傅钟等经常为刊物撰写有关宣传马列主义和时事评论方面的文章，和国家主义派的《先声周报》、受无政府主义影响的《工余杂志》、基督教的《青年会星期报》，展开激烈的论战，驳斥了他们散布的反动的和错误的言论，提高了勤工俭学学生及华侨的思想觉悟。

刘伯坚在负责中共旅欧总支部工作期间，经常到学生和华工中间去了解情况，掌握思想动态，积极发展党的组织。从中央到地方尚有不少知名党员如蔡畅等，就是当时由他亲自介绍入党的。总之，刘伯坚在旅欧党团组织中做了大量工作，积累了丰富的斗争经验，对党的建设做出了重要贡献。

四

1923年11月，党选派刘伯坚、李合林等十余人，第二批赴苏联莫斯科"东方劳动者共产主义大学"学习（以下简称"东大"）。刘伯坚到了列宁的故乡后，得以实地考察十月革命后的苏联在列宁和斯大林领导下所发生的翻天覆地的变化。他亲眼看到苏联人民和世界人民对中国革命的巨大支持，更加增强了对共产主义和中国革命胜利坚定不移的信心。他在给父母的信中说："到了没有剥削、没有压迫劳工的国度，一切焕然一新，……街头无乞丐，路途无盗贼，真是道不拾遗，夜不闭户。男为此目的而奋斗，望堂上勿念！"热情洋溢地赞扬了世界上第一个新生的社会主义国家，表明了自己为在中国实现这一社会制度而奋斗的坚强决心。

刘伯坚在"东大"学习期间，正值苏联战后经济恢复时期，生活比较艰苦。他非常珍视这一学习机会，倾注全力系统地有计划地研究马克思列宁主义理论和十月革命的经验，并应用这些理论来分析中国革命的历史、现实和前途，总结经验教训，指出前进方向，深受中国学员的爱戴和尊敬。不久被公推为旅莫支部干事会负责人，连任旅莫支部书记达三年之久。

旅莫期间，刘伯坚十分繁忙。他不仅要负责在"东大"和"中山大学"学习的二百多名党员的政治思想工作，而且还承担旅莫华侨的事务。他从不叫苦，不知疲倦，总是任劳任怨，埋头苦干。由于他工作积极负责，待人宽厚热情，凡是赴苏学习的中国学生和来访的华侨，或需回国的同志，都乐于找他帮忙，而他也总是积极协助，妥为安排。当时，人们由衷地赞称刘伯坚是中共党内的驻苏大使。

1925年5月，国内爆发了"五卅运动"，掀起了反帝斗争新高潮。旅莫支部根据党中央的决定，安排全部中国留学生分期分批回国，投身到实际的革命运动中去。刘伯坚和干事会的同志日夜奔波，为回国的学生办理手续。正当刘伯坚准备回国的时候，旅欧勤工俭学的邓小平、李大章等三十多人，因抗议帝国主义残杀中国人民的暴行，举行游行示威，被法国政府驱逐出境，转至苏联学习。党又决定让他留下做接待和安排的工作。

这年秋末冬初，冯玉祥因军事失败转而倾向苏联，派鹿钟麟等一批西北军将领赴苏参观学习，向苏联求援。刘伯坚遵照党中央的指示，组织"东大"一批积极分子负责接待和安排，同他们一道去各地参观，向他们宣传革命思想。不久，冯玉祥又派一批由失业、失学知识青年组成的"学兵团"赴苏学步兵、炮兵、空军等。刘伯坚将这批学兵分别介绍到苏联各军事院校，同时派"东大"的李一特、曾涌泉等人分赴各地军校，做他们的政治思想工作。这为尔后西北军的转向革命，奠定了基础。

为了进一步团结教育在苏联各地学习的留学生和华侨，宣传革命思想，交流学习经验，1926年初，刘伯坚与旅莫支部负责共青团工作的曾涌泉等人自筹经费，创办了《前进报》。他用多种笔名，撰写政论、时评、学习心得以及中国革命问题研究和国内新闻报道。文章生动活泼，短小精悍，有的放矢，切中要害。这份报纸流传在苏联各地以及德、法、比等国的华侨学生和工人中，颇受旅欧华侨和各地留学生的欢迎，影响相当广泛。

1925年10月，王明到莫斯科中山大学学习。他一来就反对旅莫支部向留学生进行的"无产阶级化、纪律化"的教育，认为是清规戒律，攻击旅莫支部的同志像一群和尚，主张解散旅莫支部，要中共党员加入苏共，对已加入苏共的党员，主张不应再受中共的领导。在男女交往的问题上，王明提倡适应资产阶级的"杯水主义"（即不郑重的恋爱），反对无产阶级道德观。他拉拢一些人与旅莫支部挑起一场斗争。刘伯坚坚持党的原则，组织留学生对王明的错误观点进行了斗争，力主旅莫支部应当存在，坚持加强留学生的政治思想工作。刘伯坚的立场和观点受到多数党员的支持和拥护。

五

西北军在冯玉祥的领导下发动"北京政变"后，改称国民军。由于倾向革命，遭到反动军阀的仇视。1926年春，冯玉祥在军事上完全失利，处于孤立无援、分崩离析的境地。在国内外反动派的围逼之下，他不得不通电下野。共产国际和中国共产党向他伸出了友谊之手，先后派李大钊、苏联顾问鲍罗廷等通过各种渠道与之进行联系，在这样的情况下，冯玉祥决定赴苏学习、考察，探求出路。这是冯玉祥政治生活中的一件大事，也是他思想发生转变的重要转折。趁冯赴苏考察的机会，中国共产党和共产国际委派刘伯坚参加帮助冯玉祥转化的具体工作。刘伯坚接受任务后，拟出具体方案，热情地投入了这一工作。

1926年5月9日正午，刘伯坚组织"东大"和中山大学的中国男女学生四五百人，偕同苏联各界人士到莫斯科车站欢迎冯玉祥，使冯极为感动。几天后，刘伯坚、曾涌泉等又以《前进报》记者身份到冯的驻地"欧罗巴旅馆"拜访，并送他一套《前进报》。双方就国内外形势的发展，进行了毫无拘束的交谈，冯玉祥大为折服。尔后，刘伯坚邀请冯玉祥到"东大"和中山大学参观、讲话、座谈，为他开欢迎会。中山大学特授予冯玉祥"名誉学生"的头衔。通过各种形式的交往，彼此增进了了解，关系十分融洽。在此基础上，刘伯坚系统地向冯玉祥介绍十月革命的成功经验，苏联红军的建军原则和方法，分析如何才能彻底解放中国的劳苦民众，实现孙中山先生的遗愿。即使在归国途中的火车上，刘伯坚也不放松对冯玉祥的宣传，"谈俄国革命成功的原因""救国救民救世界之意愿"。冯氏深受影响。

冯玉祥在苏考察三个月，思想发生一定的变化，他领悟到："中国若不进行革命，改善平民、士兵待遇，国家民族皆至危险。"他说："革命彻底成功，必须有鲜明的主义及正确党员为之领导"。他表示欢迎刘伯坚等共产党人和苏联军事顾问乌斯曼诺夫将军到西北军协助工作。冯氏这一变化，刘伯坚起了很大的作用。1926年9月16日，冯玉祥、刘伯坚以及苏联顾问等一行人抵达国民军驻地五原。当时冯部从南口败退至察绥一带，士气低落，军心涣散，士兵衣着褴褛，给养困难，连有些随冯玉祥出访归来的人员，也深感灰心失意。刘伯坚以革命乐观主义态度，给大家鼓气，带头克服困难，稳定军心。冯玉祥这时完全接受了国共合作纲领。他说："我这是没有办法而去，有了办法而来"。9月17日，在"五原誓师"大会上，冯公开宣言："现在我所努力的，是遵循孙中山的遗嘱，进行国民革命，实行三民主义"，即"唤起民众，铲除卖国军阀，打倒帝国主义，求中国之自由独立，并联合世界上以平等待我之民族，共同奋斗"，且"宣誓生死与共，不达目的不止"。旋即宣布改西北国民军为国民联军，冯玉祥自任总司令，配合南方国民革命军北伐，任命刘伯坚为总政治部主任。接着，刘伯坚发表讲话，对冯玉祥的进步和五原誓师行动给予充分的肯定，并提出全军建立政治思想工作的任务、目的和意义，指出了今后斗争的方向与前途，从而大大地鼓舞了全体官兵的士气。由于冯玉祥"认清了中国苦痛祸乱的来源，知道革命的方法并且加入了革命的党派，接受国民党一、二次全国代表大会宣言与决议案并促其实现"，"不仅在口头上有革命的表示，在行动上也表现革命的精神"。中国共产党遂要求全党十分重视对国民联军的工作，并对国民联军提出了六点建议。刘伯坚认真执行了中共中央的指示。在五原誓师会后，他选派大批政工人员到各军、师、旅、团，分别成立政治部、政治处等机构，担负部队党务和政治训练，整顿和发展队伍。这样一来，国民联军军威大振，来归者甚众。如原先投靠绥军商震的石友三部，通过刘伯坚的耐心工作后,毅然重返冯部。当时刘伯坚给家人的信中说:"我住到石友三家,吃的朋友饭,穿的朋友衣,干的朋友事"。

经过一段时间的艰苦工作,部队很快发展到二十多万人。根据中央北方区领导人李大钊秘密拟发的"固甘援陕,联晋图豫"的战略计划,刘伯坚提议总部迁往战略重地包头,北可获得苏联的援助,南亦便于直接取得党的北方区委的领导。党为了加快转化西北军的工作,先后派出刘志丹、宣侠父、方仲如、安子文等,任冯部各军政治部主任,协助刘伯坚整顿和改造这支军阀部队,增强部队的战斗力。刘伯坚还先后在五原、包头、银川、西安等地创办了军政干校和各种军事训练班,招收进步青年学生、下层军官和有文化的士兵入学,培养了一大批基层骨干,其中不少学员被刘伯坚等秘密发展为中共党员。每期,刘伯坚都亲自兼任政治课,编写学习辅导材料,主讲"新三民主义""劳工神圣""社会主义概论""国家与革命"等。他讲课善于理论结系实际,深入浅出,并谈锋甚健,深受学员欢迎。课间休息时,他还教唱《国际歌》,与学员一道练武习操。深夜还要为学员修改稿件,鼓励大家给总部主办的《中山日报》(原西北军机关报《西包头日报》)和各军创办的油印报刊投稿,反映部队生活和学习情况。他经常深入到士兵中去,检查工作,了解情况,解决问题。哪怕是战士的琐屑问题,他都亲自过问。他每天工作十八个小时,整日孜孜不倦,眠食俱废,对于部属,虽一分一刻的时间,亦要查问如何度过,并填表报告他。据当时的学员回忆:"刘主任(刘伯坚)

没有一点官架子，是我们的启蒙老师"。官兵中流传着这样的话："听过刘主任一次讲演，当关半年薪饷"。冯玉祥本人也认为，刘伯坚确实有热心，有毅力，有才干，有卓著的工作表现，大家无不钦佩他。由于刘伯坚的卓越工作，整个国民联军的精神面貌很快发生了显著的变化。

1926年10月，国民联军为了援陕，刘伯坚随军转战宁夏，总部驻进银川。这里蒙、汉、回民族杂居，交通闭塞，文化落后，封建势力很大。为了打开局面，他建议从两方面去抓政治工作：一是抓好上层知名人士的统战工作，二是抓好基层群众宣传教育工作。他同冯玉祥在银川召开各界人士座谈会，给上层人士宣传革命道理，强调团结一致，打倒列强，铲除军阀，废除封建制度。他带领总政宣传人员，协助各界人士，分别成立了农民协会、商会、学生联合会、妇女会等群众组织，团结大众，发展革命。他还举办各种训练班，给宁夏地方培养革命骨干。

1926年10月，广东国民革命军先后攻克武昌、南昌。国民联军遂于11月分兵十路，取道甘肃，进援陕西。28日，解除了直系军阀刘镇华部对西安的围困。年底，总部迁往西安城。从此，国民联军站稳了脚跟，改变了被动挨打的局面。

大军进驻城市，刘伯坚特别重视对官兵进行军风军纪，军民联系的教育。12月底，部队进占潼关，会师中原指日可待。就在这时，蒋介石派大批亲信和特务到国民联军总部和各军部，破坏国共合作，离间高级将领之间的团结。由是彼此掣肘，矛盾层出不穷。在这错综复杂的环境中，刘伯坚既注意团结高级将领和上层党、政人士，又及时地揭露了那些制造分裂、图谋不轨的人的丑恶面目。同时，又公正地调解将领之间的纠纷，博得他们的信任和敬慕。

1927年4月12日，蒋介石发动了反革命政变。4月28日，李大钊被杀害。刘伯坚十分愤慨。他迅速同西安党组织一起发动群众，掀起规模巨大的讨蒋运动。4月16日，在西安市莲花池召开了三十余个团体、六万多人参加的"拥护革命军肃清后方，会师中原大会"。向全国人民，向冯玉祥，向武汉政府发出五项通电。会后整队游行示威。刘伯坚代表国民联军总部接见了游行群众，表示坚决拥护支持群众的革命行动。5月5日，在党的领导下又在西安红城（今新城）举行了纪念"五一""五五"，声讨蒋介石反革命罪行大会，参加者约十万人，刘伯坚在大会上彻底揭露蒋介石自"三二〇"事件以来的各种反革命活动，并向全国全世界通电宣布蒋介石的罪状。在人民群众的支持下，在高涨的革命气氛中，冯玉祥终于宣布命令，率师出陕，"援鄂攻豫，会师中原"。刘伯坚率领大批共产党人和革命青年随军东下，进驻潼关。5月15日攻克洛阳，30日克复郑州，6月1日占领开封，与唐生智部胜利会师，实现了"会师中原"的战略计划。冯玉祥在军事上取得了重大胜利，处于十分重要的战略地位，他的政治态度如何，就成为一个举足轻重的问题了。当时刘伯坚已看到冯玉祥的政治态度转变，托人转告党中央派到郑州了解情况的张国焘："冯玉祥对武汉的态度不好，倾向南京蒋介石"。果然，6月10日，冯玉祥参加汪精卫召开的"郑州会议"。接着应蒋介石的邀请，参加徐州会议，在蒋的拉拢下，冯玉祥终于由动摇而公开投靠了蒋介石。7月15日，汪精卫公开叛变革命，实现了宁汉合流。冯玉祥也在河南等地和军队中进行大规模的反共"清党"活动，下令查封各县农会，扣押和审讯部队中的共产党人。在形势非常紧张的情况下，刘伯坚镇静地布置工作，嘱咐周围同志："要随时准备应变，迅速转入地下斗争"。对公开身份的共产党员，他坚决要冯玉祥安全送出境，冯玉祥慑于刘伯坚、邓小平等共产党人在西北军民中的崇高威望，又深感全靠这批人帮助他才起死复生，故而没有采取"杀"的方法，一律用武装押送出境，即所谓"礼送"。

第一次国内革命战争虽然失败了，但刘伯坚等人在西北地区点燃的革命烈火并未熄灭。他们在西北军中传播的马列主义真理也没有消失。刘伯坚以自己的实际行动，为党在西北军中树立了崇高的威望。

六

1927年7月，刘伯坚来到白色恐怖的武汉，积极投入挽救革命的斗争。在郭沫若的住处，他对一位来访的老乡（任张发奎部宣传干事）说："没有什么忧虑，革命的事业不会就此罢休"。不久，刘伯坚同爱人王叔振一道去上海从事党的秘密工作。在白色恐怖下，他不顾个人安危，扮成学者、商人，深入基层，鼓舞群众，组织力量，进行斗争。

1928年春，党又派刘伯坚去苏联学习军事。他先后在莫斯科军政大学和伏龙芝军事学院学习。同年6月18日至7月11日,他参加了在莫斯科召开的中共第六次全国代表大会。经过一段实际斗争,现在又回到课堂,系统地有计划地研究马列主义军事学说。因此,他十分珍惜这一机会。据当时和他一起学习的刘伯承回忆说:"刘伯坚同志学习很用功,学得很好。一次我邀他去打球,他说'我的功课还没有做完,现在不能玩'"。

1930年夏,刘伯坚曾赴德国柏林和苏联的南部一些地方考察,一路上就自己观感所及,写下很多诗词,集为《旅欧诗组》。在这些诗词中,抒发了他在国外学习期间,无时不考虑国内的革命斗争,想念着在国内同反动派浴血奋战的同志和战友。

1930年秋,刘伯坚结束了在苏联的学习生活,回到上海,与王叔振一起取道福建,秘密前往中央苏区。刘伯坚到达苏区后,担任中共中央军委秘书长职务,同毛泽东、朱德,周恩来一起,为扩大红军、粉碎蒋介石反革命"围剿",巩固和发展红色根据地而斗争。

1931年11月,在江西瑞金召开的第一次全国工农兵代表大会上,刘伯坚当选为中华苏维埃共和国中央执行委员会委员,兼任工农红军学校(后改称"红军军事学院")政治部主任(校长是何长工)。这所学校先后为红军培训了军事干部近五六千人,周恩来到校视察后,表彰该校"比黄埔军校还办得好"。

刘伯坚在中央苏区工作不久,王明从苏联回国。他借助共产国际的力量,在党的六届四中全会上,取得了党中央的领导权。他在思想上、政治上、组织上、军事上推行"左"倾冒险主义。刘伯坚对此十分不满，始终坚持党的正确原则，支持毛泽东的农村包围城市的道路，支持军事上以少胜多的游击战争。因此，被王明视为眼中钉，遭到排斥和打击，刘伯坚以党的事业为重，忍辱负重，仍忠心耿耿地为党工作。对那些受王明打击和迫害的同志，他体贴入微，关怀备至。宋任穷被"左"倾机会主义者撤了师政委职务，警卫员也被取消了。有一次，派宋下农村扩大红军，他手腕因骑马摔坏了，拿东西很困难。刘伯坚立即叫自己的警卫员照料他。宋任穷在回忆这段历史时，语调沉重地说："刘伯坚同志为人正直，是非分明，平易近人，是党的好同志。"

七

1931年12月14日，震撼中外的"宁都起义"爆发了。这次起义不是偶然的，而是刘伯坚、邓小平等一批共产党人在西北军中播下的革命种子，开出的一支报春花。宁都起义是第二次国内革命战争时期党领导的一次成功、重大的武装起义，它给蒋介石反动派以沉重的打击，鼓舞了全国人民抗日反蒋的革命热情，对扩大红军力量、巩固和发展中央革命根据地，起了重要作用。1937年，毛泽东在延安接见部分宁都起义的同志并合影，题词："以宁都起义的精神，用于反对日本帝国主义，我们是战无不胜的"。

国民党二十六路军的前身，是冯玉祥的西北军的一部。

1931年春，被调往江西进攻红军，连遭挫败。"九一八事变"爆发，民族危机加深，中国共产党向全国人民发出了抗日救国的伟大号召，二十六路军广大官兵困处内战前线，既慑于红军威力，又苦于蒋介石对"杂牌军"的歧视，深感于民族危机严重，于是响应中国共产党的号召，发出了"回老家，打日本"的呼声。他们联名通电蒋介石，要求北上抗日。蒋介石不仅严加拒斥，而且派出嫡系部队堵住二十六路军的去路。二十六路军进退维谷，处境艰难，广大官兵深切怀念老政治部主任刘伯坚，盼望把他找回来，挽救这支部队。这时部队中与上级党有联系的党员只有七十三旅上尉参谋刘振亚。旅长董振堂批准他以"回家探亲"为名到上海去找刘伯坚。刘振亚到上海后，见到了中央军委负责军运的朱瑞和原西北军的袁血卒、王超、李肃等（均系党员），方知刘伯坚已赴中央苏区工作。根据中央军委的决定，袁、王、李三人随刘振亚到二十六路军工作，成立了秘密党支部，由刘振亚任书记。很快发展了赵博生入党，积极筹划起义。

此时，南昌地下党一个交通站被敌人破坏，二十六路军党支部暴露了。部分党员名单落入敌人手中。12月5日，蒋介石的南昌行营拍来十万火急电报，严令缉捕刘振亚、袁血卒等，星夜送南昌惩处。接着又派专机传来蒋介石彻底清查二十六路军中"反动分子"的手令。幸亏"急电"和"手令"全部落到当时主持工作的赵博生手里。形势万分紧迫，党支部研究决定，一面由赵博生发出"遵令即办"的回电，敷衍南昌行营，一面派袁血卒星夜赶往苏区找刘伯坚。袁血卒化装越过赤白封锁线，到瑞金叶坪中央军委所在地，见到刘伯坚，报告了全部情况，刘立即向中央作了汇报。翌日晨，由朱德主持军委会议，叶剑英、左权、刘伯坚、李富春、王稼祥等参加，袁血卒也应邀列席。会议研究了二十六路军的暴动方案，分析了暴动成功的主客观条件，也讨论了万一暴动失败需要采取的措施。决定派红四军出动配合行动。毛泽东指示：行动需要坚决，要注意保密，万一不能全部暴动，局部暴动，也是好的。袁血卒即带上叶剑英给的军用地图，由刘伯坚星夜送他离开瑞金。

中央军委指示刘伯坚负责起义的具体指挥工作。刘伯坚与左权、王稼祥等携带电台，到宁都附近的固原镇。原订13日举行暴动，恰巧这天蒋介石为笼络杂牌部队，运来武器弹药、军饷棉衣。刘伯坚等遂决定：礼物照收，起义推迟一天。14日夜，以赵博生参谋长的名义在二十六路军总部召集团以上军官大会。由董振堂亲自率领特务连巡逻于总部和七十四旅之间，以应付不测事件的发生。会中一士兵因过分紧张而走火，赵博生当即宣布起义。除二十五师的一个团被敌人骗走外，二十六军总部、两个师部、六个旅部、十一个团以及独立营和直属部队，全部参加了暴动。15日晨，一万七千多名官兵浩浩荡荡开赴苏区。刘伯坚率众欢迎。起义官兵大声呼喊："刘主任您好！刘主任，您好！"刘伯坚频频点头说："昨天晚上，我一夜没睡好，真替你们担心。列宁讲过：'暴动的时机成熟了，一分钟也不能延误！'现在我们胜利了！"当晚，部队暂驻固原休息。刘伯坚起草了《在原国民党二十六路军于宁都起义后加入红军宣言》。次日晨，部队出发前，刘伯坚代表中央军委讲话，宣布起义队伍改编为中国工农红军第五军团的命令，并宣读了毛泽东和朱德签署的委任状，任命季振同为红五军团总指挥，董振堂为副总指挥兼十三军军长，赵博生任红五军团参谋长兼十四军军长，黄中岳任十五军军长，刘伯坚任红五军团政治部主任。此后，刘伯坚便与萧劲光、王如痴、何长工、黄火青、程子华等一起，致力于把这支队伍建成一支英勇善战的红军。

刘伯坚在红五军团主持政治部工作期间，坚决反对王明提出的"要兵不要官"的错误口号。他相信绝大多数起义军官是要革命的。如"左"倾机会主义者决定遣送黄镇回家，他就当场拍起胸脯说："这人能写会画，很有用处，政治上由我担保"。时至今日，黄镇仍对刘伯坚之子刘虎生说："要不是刘伯坚担保，我连参加革命工作的权利都没有。他生前不愧是一位政治活动家，是我的启蒙老师。要不是他善于做团结教育人的工作，说不定当时有许多起义过来的官兵要离开红军"。对于起义归来的姬鹏飞、王幼平、李达、李雪山、张永厉、刘向三等人，刘伯坚非常尊重和爱护。

刘伯坚在对红五军团进行整顿、改造之中，十分重视加强部队的文艺宣传工作。他不仅创办了《猛进报》，而且还组建了"猛进剧团"，并以政治部的名义开办"文化娱乐训练班"，为连队培养宣传骨干。他经常在部队开展歌咏、戏剧活动和体育比赛。有时甚至拎着石灰桶，亲自刷写标语。他主张自编自演，多反映苏区军民的斗争，并抽空给作者修改稿件、剧本。黄镇回忆说："刘伯坚工作再忙，都要挤时间去给大家修改剧本。那时我写了好几个剧本，都是通过他修改的。《破草鞋》经他改后，演出效果很好。后来邓小平还叫把这一段加进《万水千山》中去。反对开小差的《英勇上前线》一剧，先由苏区教育部长瞿秋白看过，后又转交刘伯坚修改。他说：对那个开小差的战士，要写他通过帮助后的思想转变过程，就更有教育意义。我按刘伯坚的意见修改后，演出很受欢迎。李克农等合作的《杀上庐山》这出戏，由刘伯坚亲自修改，指导排演。他要我扮蒋介石这个角色。演出时，周恩来、朱德等许多中央首长看得哈哈大笑，拍手叫好。"

1934年10月，红军主力开始长征。刘伯坚在"左"倾错误领导的排斥和打击下，离开了红五军团，调往赣南军区任政治部主任，坚持敌后斗争。他没有因受排斥而消极，也没因革命遭受暂时挫折而悲观，仍一如既往，以革命者的大无畏精神，去经受严峻的考验，继续投入新的战斗。

赣南军区政治部驻扎在于都县的黎板桥，这是当时红色区域剩下的最后一个大的集镇。主力红军决定从这里渡于都河，冲出敌人包围。刘伯坚率部搬运材料，担任架桥任务。黄镇路过，去拜望他，两人依依惜别。他豪情满怀对战友们说："为了革命的需要和革命的发展，同志们要到较远的地方去。但是，我相信这个时间不会很长，预计两三年胜利后，我们会重相见的。"叶剑英黄昏时来到桥头，两人并肩挽手地在岸边互叙革命友情，一时难分难舍。二十八年后，叶剑英满怀激情写下了《建军纪念日怀战烈》，其中一首就记录着这次感人肺腑、催人泪下的悲壮场面。

主力红军撤离后,形势日益危急,斗争越来越艰苦,政治宣传工作显得更加重要。刘伯坚将原《火星报》《战斗报》的人员设备合并,继续坚持办《红色中华报》,在极端困难的条件下,出版发行达四个月。他还亲自带着政工人员和文工队,翻山越岭,为军民宣传演出,通过各种有效的形式,教育群众在极其困难的条件下继续保卫苏区,保卫土地革命的胜利果实,开展游击战争。一次,袁血卒因事去政治部找他,他正忙于给游击小组、儿童团分配任务,布置坚壁清野,号召大家行动起来,"使闯入红色区域的白鬼子,找不到水喝,得不到补充,得不到休息,处处遭到困难,受到打击"。他告诉袁血卒,"贺主任(贺昌)的指示,我们已经照着执行了,我觉得还要加上一条群众性的对敌宣传。"刘伯坚相信群众,依靠群众,深入做思想政治工作,对安定群众情绪,鼓舞军民斗争,收到了良好的效果。

但是,由于当时担任中央分局书记的项英,深受"左"倾冒险主义影响,拒不接受正确意见。1935年初,中央分局、中央办事处和赣南省级机关、部队,被敌人围困在狭小的仁凤地区,陷入非常严重的危险境地。2月中旬,中央机关等决定分五路突围。为了中央机关和主力安全转移,刘伯坚断后掩护。3月3日午后,他率领的机关和部队,准备最后向粤赣边境游击区突围,苦战一天一夜,军区司令蔡会文和共青团赣南省委书记陈丕显与部分队伍冲出了五倍于我的粤军包围圈。赣南省委书记阮啸仙壮烈牺牲。4日上午,刘伯坚率部冲杀到牛岭附近,为掩护政治部所属宣传部的一些小战士,不幸左腿负重伤，昏倒在地。"红小鬼"谢有才用尽全身力气背他走，他醒来后坚定地说："小鬼，谢谢你。不要背我。快、快冲出去要紧，多冲出一个人，多添一份革命力量！"这时冲来个大个儿将他背到一个小山包。蔡会文又找来医生和担架，派人冒雨摸黑把他抬到信丰塘村附近的山岗树林中隐身。天亮前，刘伯坚身边集拢一批冲散的红军战士和文工团员，准备作最后的战斗。拂晓，枪声大作，敌人从四周围上来了。刘伯坚翻下担架，拔出手枪，一步一颠向敌阵逼近。他命令部队："快冲出去，我来掩护！"在打完最后一粒子弹后，不幸落入敌人魔掌。

八

刘伯坚 3 月 4 日受伤弹尽被俘，最初被关押在驻信丰（原登贤县）的国民党粤军第一军第一师第一团团部。由于蒋介石对陈毅、刘伯坚等均以数万元悬赏缉拿，并将照片发至官兵手中。因此刘伯坚被俘后，立即被认出身份。敌团长出面劝降，设宴款待，劝刘伯坚顺应"潮流"，"识时务者为俊杰"。刘伯坚义正词严驳斥了敌人的劝降滥言。后来这个敌团长说："刘伯坚这个人，真不愧是特殊材料制成的！"五天后，被押解至江西大余监狱。粤军第一军军长兼驻赣第六绥靖区司令余汉谋，同他的参谋长星夜从赣州赶到大余，坐镇指挥审讯。在大余十二天的铁窗生活中，刘伯坚以共产党人钢铁般的意志，忍受着敌人的折磨和伤口的疼痛，同敌人进行了顽强的斗争，并给后人留下了气吞山河、光照日月的珍贵遗墨。他给其凤笙大嫂的信,至今还珍藏在中国革命历史博物馆。

刘伯坚被关押的江西大余县监狱

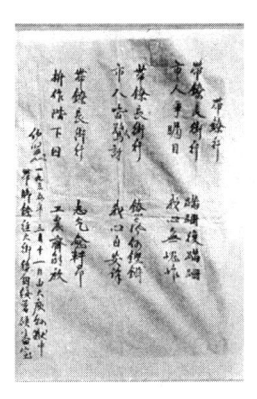

刘伯坚在狱中写下的《带镣行》

敌人多次诱降无效后,3月11日上午,便将刘伯坚从大余监狱移至绥署候审室。敌人故意押着他走繁华的大街,以震慑群众,妄图从精神上瓦解刘伯坚的斗志。刘伯坚正气凛然,气宇轩昂,拖着一副十多斤重的铁镣,向含泪伫立的乡亲们频频点头示意。他的英雄气概,深深地铭刻在大余人民的心中。

敌人开始对刘伯坚进行新的审讯。但是居于受审地位的不是刘伯坚,而是国民党反动派。敌人的军法处长问:"你为什么要加入共产党?"刘伯坚铿锵有力地回答:"我看你们国民党,毫无治国救民的办法,故加入共产党,致力于土地革命和工农的解放事业"。敌人尴尬地追问:"你们共产党人有办法,为什么现在弄得一败涂地?"刘伯坚冷视而笑:"胜败乃兵家常事,古人说'野火烧不尽,春风吹又生'。只要革命火种不熄,燎原之火必然漫天燃起"。军法处长恼羞成怒，大声咆哮："我不是在这里跟你论古道今！我问你：你们野战军奔川黔的意图是什么?"刘伯坚神态自若地说："此次主力红军出动川黔之意图很明确，是将苏维埃运动扩大到全国范围去，建立苏维埃更大的根据地。何况，现在日寇入侵，为保卫国家疆土，我们更需要号召和团结千百万群众实行民族革命战争。""不许你在这里宣传赤化，转移目标"。敌人只好草草收场。"给你纸笔，三天之内交笔供上来"。

刘伯坚拖着沉重的脚镣回到绥署监狱。当天下午在狱中写下了那首气贯长虹的抒怀诗《带镣行》，忠实地记录了这次转监途中的情景：

带镣长街行，蹒跚复蹒跚。
市人争瞩目，我心无愧怍。
带镣长街行，镣声何铿锵。
市人皆惊讶，我心自安详。
带镣长街行，志气愈轩昂。
拼作阶下囚，工农齐解放。

这些壮丽诗句，字字熠熠生辉，句句焕发光彩，充分表现出刘伯坚甘为无产阶级革命事业赴汤蹈火的英雄气概，誓为工农解放战斗不息的彻底革命精神，以及与国民党反动派血战到底的革命气节。当时同狱的赣南军区政治部秘书廖昔昆（四川内江人）、独立十六团参谋长陆如龙（广西百色人）、中央办事处交通科长连得胜（上海人）、会昌贸易分局石采办事处营业部主任王志楷（江西兴国人）等四人，争先诵读，感慨不已！在刘伯坚的帮助和感染下，他们都表现得勇敢坚强。

敌人逼刘伯坚等辨认所有被俘的人。刘伯坚看看这些朝夕相处的同志，摇头回答说："我不认识他（她）。"因此，许多同志被当成普通战士和一般群众给释放了，出狱后又继续为党从事革命工作。

刘伯坚虽然身处缧绁之中，又受各种酷刑，行动艰难，但他为了揭露敌人监狱的黑暗，抒发自己渴望中国革命事业早日胜利的夙愿，寄托对战友继续努力完成革命事业的殷切希望，3月13日清晨，以炽热的革命激情，写下了一首长诗《移狱》：

> 大庾狱中将两日，移来绥署候审室，
> 室长八尺宽四尺，一榻填满剩门隙；
> 五副脚镣响银铛，匍匐膝行上下床，
> 狭门咫尺隔万里，守者持枪长相望。
> 狱中静寂日如年，囚伴等吃饭两餐，
> 都说欲睡睡不得，白日睡多夜难眠；
> 檐角瓦雀鸣啁啾，镇日啼跃不肯休，
> 瓦雀生意何盎然，我为中国作楚囚。
> 夜来五人共小被，脚镣颠倒声清脆，
> 饥鼠跳梁声啧啧，门灯如豆生阴翳；
> 夜雨阵阵过瓦檐，风送计可到梅关，
> 南国春事不须问，万里芳信无由传。

大庾县附近的梅岭,即大庾岭。宋置梅关,为南北交通孔道。古往今来,不少诗人过此咏诗题词。当时是赣粤边的一个游击区。陈毅和刘伯坚等分路突围就是到这一带去打游击。此时,他在狱中不是考虑个人的安危和荣辱,而是想到突围战友是否胜利到达梅关,重新打起革命的红旗,长征的同志们又是否一路顺利。

3月19日夜,面对透进狱中的一抹苍白的月色,他想到自己不能再与同志们并肩战斗了,不胜遗憾,慨然写下一首七绝《狱中月夜》:

空负梅关团圆月,囚门深锁窥不得。
夜半皎皎上东墙,反影铁窗皆虚白。

3月20日,刘伯坚与世长辞的前一天,他又给"凤笙大嫂并转五、六诸兄嫂"的第三封信。信中说:"弟在唐村被俘时,就决定一死以殉主义,并为中国民(族)解放流血,曾有遗嘱及绝命词寄给你们,不知收到没有?弟为中国革命牺牲毫不遗恨。不久的将来,中国民族能得解放,弟的热血不是空流了的。"在生命的最后时刻,他谆谆教育后代,一再嘱咐虎、豹、熊三个孩子,"最重要的,诸儿要继续我的志向,为中国民族的解放努力流血,继续我未完成的光荣事业"。

3月21日10时许,一队全副武装的敌人打开铁门。刘伯坚冷眼一看,心中明白,最后的时刻来到了。他转身艰难的整理了一下军装,然后坦然自若地迈开沉重的脚步,向外走去。敌人将他押到城隍庙大殿前（粤军军法处），桌上早已摆好几样酒菜。敌军官颤抖地说："刘先生，请吃吧！吃了有事商量！"刘伯坚微微一笑："吃吧，吃了去死有啥商量的！"刘伯坚从容进食，然后将碗筷一推，引吭高唱《国际歌》。

敌处长狰狞一笑说："刘先生！多天不见了，让你考虑的问题怎样了？"刘伯坚斩钉截铁地说："我根本没有什么可考虑的！""难道你就不怕死吗？""怕死？怕死不革命，革命不怕死。要杀便杀，要写没有的，何必多废话！"敌军法处长拍案而起："好，今天就枪毙你，看你这伙匪党强硬到几时！"刘伯坚哈哈大笑。"就请枪毙吧，共产党员是毙不尽杀不绝的！""住嘴！我问你在正法前还有什么后事？"

"后事吗？有。第一，我要写封家信，交代我的子孙后代要将革命进行到底！不许你们扣留。第二，我死之后要把我葬在梅关。""为什么死了还要葬在梅关？"

"葬身于梅关，站得高望得远，使我死后也能看到革命的烽火到处燃烧！""让熊熊的烈火把法西斯制度彻底烧掉！"敌人摇头叹气道："死到临头还要这么硬。"只好拿给他纸笔。刘伯坚镇定自若，挥笔疾书，谆谆叮嘱爱人王叔振：

> 你不要伤心。望你无论如何要为中国革命努力，不要脱离革命战线，并要用尽一切力最教养虎、豹、熊三幼儿成人，继续我的光荣事业。
>
> 我葬在大庾岭梅关附近。

十二时快到了，就要上杀场，不能再写了。致以最后的革命敬礼！

刘伯坚

三月二十一日

于大庚

刘伯坚将笔搁下，整整衣冠，昂首走出敌人法庭，登上刑车，向沿途告别的群众纵情高呼："中国共产党万岁！打倒国民党反动派！打倒蒋介石！"一个伟大的共产主义战士就这样与世长辞了！

刘伯坚一生追求真理，坚持真理，为中国人民的解放，为共产主义事业流尽了最后一滴血。他虽死犹生，他的精神永远激励着我们前进！

编 后 记

为了缅怀先烈，教育后代，促进社会主义精神文明建设，深入宣传共产主义思想，中共四川省委党史工作委员会（前身是四川现代革命史资料组，1981年底经中共四川省委同意改为四川省委党史研究室。1983年3月经省委决定将省委党史研究室与省委党史征集委员会合并，成立中共四川省委党史工作委员会）从1980年起多次研究筹备编辑四川党史人物传。1981年5月四川省中共党史研究会成立时，在研究会下设党史人物传组，并具体安排了写作计划。1982年5月，省委党史研究室会同四川省中共党史研究会在成都召开了编写《四川党史人物传》和《四川革命烈士传》的工作会议。

在会后的将近十个月的时间里，各地区、各高等院校承担编写任务的同志为搜集资料到烈士生活和战斗过的地方进行调查，走访老同志，查阅档案资料，不少烈士家属也提供了宝贵资料。在这一基础上作者写出了初稿。为了落实人物传的编辑工作，于1982年10月成立了《四川党史人物传》编辑组。编辑组成立后与各地区、各单位的作者进行了广泛联系。

编辑组收到稿件后，又与作者共同磋商、研究作了多次修改,有的稿子修改达五次以上。然后由编辑组将修改稿复印分送北京、成都有关领导和老同志,请他们审阅修改。

在审阅修改的基础上,于1983年2月21日至25日在成都召开了审稿会议。杨超、任白戈、张秀熟、陈文、郝谦、林超等同志出席会议,与省委党史研究室办公室负责同志、四川省中共党史研究会人物传组、人物传记编辑组的同志一道对四川党史中的重大事实及人物传编辑过程中遇到的问题作了讨论,确定了处理这些问题的原则。同时,也对《四川党史人物传》第一卷、第二卷和《四川革命烈士传》的名单作了研究和确定。会后,编辑组的同志根据会议确定的原则召开了多次会议,研究、讨论解决这些问题的方案和措施。在各个传记所涉及的四川党史事实,我们查找了各方面的资料和回忆材料,力求做到准确。但是,由于这一漫长的历史时期,党长期处于地下环境,原始资料保存不多,而且查证工作还在进行过程中,肯定地说还难免会有搞错和遗漏之处。为了广泛征求领导和同志们的意见,中共四川省委党史工作委员会决定,先在《党史研究资料》上发表过去未曾发表过的传记,征求意见,以便把人物传的工作搞得更慎重、更好些。

可以告慰的是,一传两稿的作者,均能以表彰先烈为主,以大局为重,在我们与各地区、各单位素不相识的作者联系后,都能以高风格对待这一问题,曾莱传、廖恩波传、余泽鸿传的作者都合作得很好。

在整个编辑过程中,我们得到中央和省的有关领导同志的大力支持。杨超、任白戈、张秀熟、郑伯克等领导同志在工作繁忙、年事已高的情况下，给我们提出修改意见并熬更守夜亲自动手改稿。陈文、彭塞、林超等同志认真审阅了全部稿件，提出了很多宝贵意见，并且亲自改稿，使我们避免了不少错误。这不仅体现了他们对《四川党史人物传》编辑工作的重视和关切，也是对编辑组同志工作的极大鼓舞。

杨尚昆同志为《四川党史人物传》书名题字，任白戈同志写序，聂荣臻同志、杨超同志、张秀熟同志题词，这对四川各界人士缅怀先烈，继承先烈遗志，开创四川社会主义建设新局面，无疑是很大的鼓舞。我们在这里谨致谢意！

由于我们水平所限，工作中缺点错误不少，请同志们提出宝贵意见，使我们今后的工作做得更好。

1983年2月13日初稿
1983年5月25日修订